序 言

"**高**高兴兴上班去，平平安安回家来"一直以来是所有单位倡导的口号，意欲人们能够安全顺利地完成一天的工作，平安回到家中和家人团聚。

安全与生产是相互依存的关系。施工过程中必须保证安全，不安全就不能生产。人们常说："安全促进生产，生产必须安全"，就是这个道理。正确理解与掌握安全与生产的辩证关系，反对只见局部、不见整体，只见树木、不见森林，把安全与生产完全割裂开来的片面的孤立的观点。特别是在当前市场经济的新形势下，必须克服安全工作"说起来重要，做起来次要，忙起来不要"的错误思想，树立"一切为安全工作让路，一切为安全工作服务"的观念，坚持安全为天，安全至上，把"安全第一，预防为主"的方针落到实处，从而保证安全生产的健康发展。

为了更好地推动安全生产的理念，同时保障生产经营企业从业人员的生命健康权利，我们编写了这本关于安全生产的法律书籍。本书运用通俗易懂的语言，将晦涩的法律知识展现给老百姓。

本书的第一部分为安全生产热点问题答疑，笔者精心选取了一些热点问题，每个问题都以小案例的形式出现，通过对每个案例的法律分析，解决老百姓在日常生产生活中可能会遇到的问题。本书的第二部分用裁判案例的形式，选取司法实践中具有代表性的裁判案例，通过对案例的精确解读，让读者很直观了解，如何解决安全生产方面的纠纷。本书的第三部分为法律法规汇编，包含与安全生产密切相关的十二部法律法规，同时对重点法条进行解读，以期帮助读者更加全面的了解安全生产。

法之威严，重在执行。安全生产关键之一是要在广大职工群众中坚持深入持久地开展普法宣传教育活动。要通过舆论宣传、理论学习、普法教育、专业培训等形式多样的方法，使安全生产的法律法规和企业的安全生产规章制度能够家喻户晓，使社会每一位劳动者或企业职工都能自觉参与到安全生产依法依规管理之中。关键之二是各行各业的劳动者或企业职工在生产操作中一定要严格按照安全生产技术操作规程进行操作，坚持不违反劳动纪律、坚持不违章操作、坚持不违章指挥；主动做到"自己不要伤害自己；自己不要伤害别人；自己不被别人伤害；自己监督别人不要伤害别人，把坚持依法依规管理变为社会每一位劳动者和企业职工的自觉行为"。关键之三就是在于各级领导干部和安全生产管理各职能部门的管理人员要严格履行岗位工作职责，要坚持严格执法，秉公执法，敢于坚持原则，绝不能为了眼前利益、局部利益或是个人利益而放弃原则。放弃原则，最终不仅坚持以人为本的安全生产管理目标难以实现，而且最大可能的节约资源也将会成为一句空话或大话。

安全生产关乎千家万户的幸福，希望本书能够推动安全生产
法律的普及，提高广大群众的安全生产意识，同时，由于笔者能
力有限，书中出现的不足之处，还望读者朋友们批评指正。

路　正

2015 年 1 月

目　录

第二篇　安全生产经典案例解读

第三篇 安全生产法律法规及重点条文解读

安全生产热点问题答疑 | 第一篇

1. 何为安全生产?

典型事例

2014 年 10 月 18 日 4 时 22 分,亿丰县润恒化工有限公司医药中间体生产车间氟化岗位操作工于某发现一个截止阀出现异常,发生轻微渗漏,便通知员工张某进行现场查看和确认。张某使用管钳卡住截止阀阀盖,并进行紧固。截止阀阀芯突然与阀体分离并在压力作用下弹出,氟化釜内物料瞬间从截止阀阀体与阀盖螺栓接口处大量喷出,将员工武某从二层平台防护栏缺口处冲击到车间地面,同时氟化釜内物料在车间内迅速大面积扩散。

事故发生后,同班操作工将 3 人架到水管处,采取了冲洗措施,并立即拨打 120 急救电话。3 人被送至医院后,经抢救无效死亡。经亿丰县人民医院诊断,3 人为氟化氢中毒。

法律分析

安全生产是指在生产经营活动中,为了避免造成人员伤害和财产损失的事故而采取相应的事故预防和控制措施,以保证从业人员的人身安全,保证生产经营活动得以顺利进行的相关活动。

安全生产是安全与生产的统一,其宗旨是安全促进生产,生产必须安全。搞好安全工作,改善劳动条件,可以调动职工的生产积极性;减少职工伤亡,可以减少劳动力的损失;减少财产损失,可以增加企业效益,无疑会促进生产的发展;而生产必须安全,则是因为安全是生产的前提条件,没有安全就无法生产。

安全生产突出了生产过程中的保护。生产过程是劳动者进行劳动生产的主要时空，因而也是保护其生命安全和职业健康的主要时空，安全生产的以人为本，具体体现在生产过程中的以人为本。同时，它还从深层次揭示了安全与生产的关系。在劳动者的生命和职业健康面前，生产过程应该是安全地进行生产的过程，安全是生产的前提，安全又贯穿于生产过程的始终。二者发生矛盾，当然是生产服从于安全，当然是安全第一。这种服从，是一种铁律，是对劳动者生命和健康的尊重，是对生产力最主要最活跃因素的尊重。如果不服从、不尊重，生产也将被迫中断，这就是人们不愿见到的事故发生的强迫性力量。

本事例是一起非法生产安全责任事故。亿丰县润恒化工有限公司在未依法办理安全生产、环保、消防等许可手续的情况下，非法生产危险化学品、非法购买剧毒危化品氯气、非法使用未经登记注册的压力容器，并拒不执行相关部门的停产指令，擅自生产。亿丰县润恒化工有限公司非法生产、对从业人员安全教育培训不到位，是导致事故发生的重要原因。由此可见，当地政府要把"打非治违"作为安全生产工作的一项重要内容，做到制度化、常态化，严厉打击各类非法违法生产经营建设行为。同时，要切实落实企业安全生产主体责任，强化企业内部安全管理。生产经营单位要严格执行安全生产和环境保护、特种设备等方面的法律法规，在未取得相关许可、批准和注册登记的情况下，坚决不得进行生产经营，全面彻底排查和治理安全隐患。

2. 安全生产的基本原则有哪些？

典型事例‖

2014 年 1 月 9 日，安徽省某市康达化工有限责任公司出租场地内，员工康某发现泵操作井中甲硫醇钠管道堵塞，安排同事李某下到操作井中维修，李某下到操作井后即中毒昏迷。随后康某又叫来2人，在未采取任何防护措施的情况下，相继下到操作井内，均中毒昏迷。4人被救后送至医院，经抢救无效死亡。

法律分析

这是一起因非法租赁，非法建设、生产而造成的较大生产安全责任事故。事故发生在康达公司出租的场地内。租借方未建立安全生产管理体系，未制定安全生产管理制度，无安全管理人员，未设置必要的安全设施，在生产系统不具备基本安全生产条件的情况下，非法组织建设、生产。从业人员未接受安全培训，安全意识淡薄，盲目派人维修、施救。那么，安全生产需要遵循哪些基本原则呢？

（1）"以人为本"的原则。在生产过程中，必须坚持"以人为本"的原则。在生产与安全的关系中，一切以安全为重，安全必须排在第一位。必须预先分析危险源，预测和评价危险、有害因素，掌握危险出现的规律和变化，采取相应的预防措施，将危险和安全隐患消灭在萌芽状态。

（2）"谁主管、谁负责"的原则。安全生产的重要性要求主管者也必须是责任人，要全面履行安全生产责任。

（3）"管生产必须管安全"的原则。工程项目各级领导和全体员工在生产过程中必须坚持在抓生产的同时抓好安全工作。生产和安全是一个有机的整体，两者不能分割，更不能对立起来，应将安全寓于生产之中。

（4）"安全具有否决权"的原则。安全生产工作是衡量工程项目管理的一项基本内容，它要求对各项指标考核，评优创先时首先必须考虑安全指标的完成情况。安全指标没有实现，即使其他指标顺利完成，仍无法实现项目的最优化，安全具有一票否决的作用。

（5）"三同时"原则。基本建设项目中的职业安全、卫生技术和环境保护等措施和设施，必须与主体工程同时设计、同时施工、同时投产使用。

（6）"四不放过"原则。事故原因未查清不放过，当事人和群众没有受到教育不放过，事故责任人未受到处理不放过，没有制定切实可行的预防措施不放过。"四不放过"原则的支持依据是国务院《关于特大安全事故行政责任追究的规定》（国务院令第302号）"三个同步"原则，安全生产与经济建设、深化改革、技术改造同步规划、同步发展、同步实施。

（7）"五同时"原则。企业的生产组织及领导者在计划、布置、检查、总结、评比生产工作的同时，同时计划、布置、检查、总结、评比安全工作。

3. 安全生产的"三同时"制度具体指什么?

典型事例

位于四川省某县城郊接合部的一家废旧编织袋加工厂在生产时将废水排入河中。经当地环保局调查核实，这家工厂由当地村民李某于2012年投资10万余元在同年10月开工建设，而需要配套建设的总容积为60多立方米的5个废水沉淀池（水污染防治设施）及燃煤锅炉，在未经环保部门验收的情况下，其主体工程于2013年3月擅自正式投入生产，并从事经营活动。

环境执法人员同时还查明，李某新建的废旧塑料颗粒加工厂未依法向环保部门报批建设项目环境影响评价文件，却已在工商部门办理了个体工商户营业执照。

针对这家废旧编织袋加工厂既未报批环境影响评价文件，水污染防治设施及燃煤锅炉也未经验收，而主体工程却正式投入生产的问题，当地环保局行政处罚审议小组召开会议，决定根据《建设项目环境保护管理条例》第 28 条的规定，责令李某投资并负责经营的废旧塑料颗粒加工厂停止生产，并处罚款 1 万元。

法津分析

在日常的建设项目环境管理工作中，类似这样的案件屡见不鲜：建设单位既未向环保部门报批环评文件，建设项目需要配套建设的环境保护设施也未建成、未经验收或者验收不合格，而主体工程却已投入生产或者使用。这显然违反了安全生产的"三同时"原则，所谓建设项目"三同时"是指生产性基本建设项目中的劳动安全卫生设施必须符合国家规定的标准，必须与主体工程同时设计、同时施工、同时投入生产和使用，以确保建设项目竣工投产后，符合国家规定的劳动安全卫生标准，保障劳动者在生产过程中的安全与健康。"三同时"的要求针对我国境内的新建、改建、扩建的基本建设项目、技术改造项目和引进的建设项目，它包括在我国境内建设的中外合资、中外合作和外商独资的建设项目。"三同时"生产经营单位安全生产的重要保障措施，是一种事前保障措施，是一种本质安全措施。"三同时"的内容和要求如下：

（1）可行性研究阶段。建设单位或可行性研究承担单位在进行可行性研究时，应进行劳动安全卫生论证，并将其作为专门章节编入建设项目可行性研究报告。同时，将劳动安全卫生设施所需投资纳入投资计划。在建设项目可行性研究阶段，实施建设项目劳动安全卫生预评价。对符合下列情况之一的，由建设单位自主选择并委托本建设项目设计单位以外的、有劳动安全卫生预评价资格的单位进行劳动安全卫生预评价：①大中型或限额以上的建设项目；②火灾危险性生产类别为甲类的建设项目；③爆炸危险场所等级为特别危险场所和高度危险场所的建设项目；④大量生产或使用 I 级、II 级危害程度的职业性接触毒物的建设项目；
⑤大量生产或使用石棉粉料或含有 10% 以上游离二氧化硅粉料的
建设项目；⑥安全生产监督管理机构确认的其他危险、危害因素
大的建设项目。

预评价单位在完成预评价工作后，由建设单位将预评价报告
报送安全生产监督管理机构。建设项目劳动安全卫生预评价工作在
建设项目初步设计会审前完成并通过安全生产监督管理机构的审批。

（2）初步设计阶段。初步设计是说明建设项目的技术经济指
标、运输、工艺、建筑、采暖通风、给排水、供电、仪表、设备、
环境保护、劳动安全卫生、投资概率等设计意图的技术文件（含
图纸），我国对初步设计有详细规定。设计单位在编制初步设计文
件时，应严格遵守我国有关劳动安全卫生的法规、标准，同时编
制《劳动安全卫生专篇》，并应依据劳动安全卫生预评价报告及安
全生产监督管理机构的批复，完善初步设计。建设单位在初步设
计会审前，应向安全生产监督管理机构报送建设项目劳动安全卫
生预评价报告和初步设计文件及图纸资料。初步设计方案经安全
生产监督管理机构审查同意后，应及时办理建设项目劳动安全卫
生初步设计审批表。安全生产监督管理机构根据国家有关法规和
标准，审查并批复初步设计文件中的《劳动安全卫生专篇》。

（3）施工阶段。建设单位对承担施工任务的单位，除落实
"三同时"规定的具体要求，还要负责提供必需的资料和条件。施
工单位应对建设项目的劳动安全卫生设施的工程质量负责。施工
严格按照施工图纸和设计要求，确实做到劳动安全卫生设施与主
体工程同时施工，同时投入生产和使用，并确保工程质量。

（4）试生产阶段。建设单位在试生产设备调试阶段，应同时
对劳动安全卫生设施进行调试和考核，对其效果做出评价；组织、
进行劳动安全卫生培训教育，制定完整的劳动安全卫生方面的规
章制度及事故预防和应急处理预案。

建设单位在试生产运行正常后，建设项目预验收前，应自主选择、委托安全生产监督管理机构认可的单位进行劳动条件检测、危害程度分级和有关设备的安全卫生检测、检验，并将试运行中劳动安全卫生设备运行情况，措施的效果、检测检验数据、存在的问题以及采取的措施写入劳动安全卫生验收专题报告，报送安全生产监督管理机构审批。

（5）劳动安全卫生竣工验收阶段。安全生产监督管理机构根据建设单位报送的建设项目劳动安全卫生验收专题报告，对建设项目竣工进行劳动安全卫生验收。

4. 安全生产标准如何制定和执行？

典型事例

2007年6月21日上午11时10分，陕西化建电气安装人员在二期单体配电室安装电流变换器过程中，未采取任何安全防护措施，也没有遵守相关规定将配电柜内刀闸开关分断。安装人员在更换电流变换器导线时，不小心将一根导线跌落到裸露的母排上，造成母排局部短路，短路时所产生的电弧将临近几路电源短路，导致事故进一步扩大，最后将整个119P配电柜烧毁。短路过程中的电弧将陕西化建现场参与安装的一名技术人员头部、手部大面积烧伤，受伤人员事后紧急送往唐山工人医院进行治疗。

事故的直接原因：安装人员违反电工安全操作规程，未分断配电柜内刀闸开头，加上操作失误，造成电源短路，导致人身伤害事故。

法律分析

本案中，生产安全事故的发生纯属违反安全操作规程所致，读者不禁要问，所谓的安全生产操作规程等行业标准是由谁进行制定呢？

《中华人民共和国安全生产法》（以下简称《安全生产法》）第 10 条规定，国务院有关部门应当按照保障安全生产的要求，依法及时制定有关的国家标准或者行业标准，并根据科技进步和经济发展适时修订。生产经营单位必须执行依法制定的保障安全生产的国家标准和者行业标准。

为了保障生产安全，国务院有关部门应依法及时制定有关的国家标准和行业标准。对需要在全国范围内统一的技术要求，应当制定国家标准，国家标准由国务院标准化行政主管部门制定；对没有国家标准而需要在全国某个行业范围内统一的技术要求，可以制定行业标准，行业标准由国务院有关行政主管部门制定，并报国务院标准化行政主管部门备案。对没有国家标准和行业标准而又需要在省、自治区、直辖市范围内统一的工业产品的安全、卫生要求，可以制定地方标准。地方标准由省、自治区、直辖市标准化行政主管部门制定，并报国务院标准化行政主管部门和国务院有关行政主管部门备案，在公布国家标准或者行业标准之后，该项地方标准即行废止。国家标准、行业标准分为强制性标准和推荐性标准，国务院有关部门按照保障生产的要求，依法制定的国家标准和行业标准是强制性标准。随着科技进步和经济发展，保障安全生产的要求会越来越高，其相应的国家标准和行业标准也会越来越高，国务院有关部门对其制定的国家标准和行业标准应进行适时修订。

5. 单位主要负责人在安全生产中主要承担哪些职责？

典 型事例

2013 年 6 月 12 日 12 点 40 分左右，某省恒辉矿业有限公司工人李晓广在－100米水平177号充填现场查看充填情况时发现左帮锚杆网片变形，随即到－90米水平查看有无异常，发现1号铲车巷设置的栅栏及警示标志被移开，里面李柱林在拆卸废弃注浆机配件。李晓广喊话通知李柱林赶快撤离。李柱林出来后因忘记带出工具包，随即又返回拿工具包，出来时旁边采空区发生片帮，将李柱林陷入。事故发生后，恒辉铁矿积极抢救，7月3日早7点搜救到李柱林尸体。至此，恒辉铁矿"6·12"冒顶片帮事故共造成李柱林1人死亡。

经过调查发现，发生该事故的主要原因为：①该矿安全教育培训不到位，员工安全意识不强，自我保护意识差；②该矿现场安全管理混乱，未严格执行安全管理制度，工人违章作业，未能及时发现并制止；③该矿在反"三违"工作中，工作不细、力度不够。

最终，依据《生产安全事故报告和调查处理条例》第37条第1项和《安全生产行政处罚自由裁量标准》的规定，建议对某省恒辉矿业有限公司处15万元的罚款。对单位主要负责人的处理：①王某，某省恒辉矿业有限公司矿长，鉴于其未依法履行安全生产管理职责，对事故发生负有主要领导责任，依据《生产安全事故报告和调查处理条例》第38条第1项和《安全生产行政处罚自由裁量标准》的规定，建议对王某处以14 490元罚款；②李某，某省恒辉矿业有限公司生产矿长、当班带班矿长，鉴于其对采空区充填管理和作业现场管理不到位，要求恒辉矿业有限公司依据企业有关规定予以处理；③孙某，某省恒辉矿业有限公司安全矿长，鉴于其对作业现场管理不到位，要求恒辉矿业有限公司依据企业有关规定予以处理。

法律分析‖

发生安全生产事故，单位主要负责人肯定负有一定的责任，那么我国法律中规定的单位主要负责人的职责具体有哪些呢？

《安全生产法》第5条规定："生产经营单位的主要负责人对

本单位的安全生产工作全面负责。"第 18 条规定："生产经营单位的主要负责人对本单位安全生产工作负有下列职责：①建立、健全本单位安全生产责任制；②组织制定本单位安全生产规章制度和操作规程；③组织制定并实施本单位安全生产教育和培训计划；④保证本单位安全生产投入的有效实施；⑤督促、检查本单位的安全生产工作，及时消除生产安全事故隐患；⑥组织制定并实施本单位的生产安全事故应急救援预案；⑦及时、如实报告生产安全事故。"

6. 生产经营单位应当对从业人员进行哪些安全教育和培训？

典型事例

2013 年 7 月 13 日北京某公司秦皇岛恒大城项目部电梯安装班组施工人员黄双陆、杜瑞远、辅助工杜永辉和张二伟四名员工，在秦皇岛恒大城 17 楼做施工前准备工作时，张二伟、杜永辉负责搬运配重块，杜瑞远在 20 层电梯井门口配合在机房作业人员黄双陆调整（手拉葫芦）吊链，为了方便对电梯井从楼上机房内悬挂安装的吊链进行调整观察，杜瑞远遂将电梯井门口的临边防护铁栅栏撤除到了不妨碍工作的左手边，然后侧身把住门边向电梯井内仰头探视吊链绞缠在一起的情况；大约上午 9 时 3 分左右，负责搬运配重块的辅助工张二伟和杜永辉已经搬完配重块，杜永辉蹲在距电梯井 10 多米远的原放置配重块的地方休息（现场有个 90 度直角弯不能观察到井口），张二伟在电梯井附近放置配重块的地方休息时看到杜瑞远正在向电梯井内观察，张二伟也凑到电梯井门口向井内观看，不慎失足从电梯井门口坠落。伤者张二伟经 120 医务人员现场全力抢救无效死亡。

北京某公司对职工的三级安全教育培训工作落实不到位，对作业现场安全防护工作落实不到位，对安全监督检查工作落实不到位，导致发生死亡1人的事故。按照国务院《生产安全事故报告和调查处理条例》第37条第1项之规定，由秦皇岛市安全生产监督管理局对企业处以15万元人民币罚款的行政处罚。

法津分析‖

　　造成本次事故的直接原因是电梯安装辅助工（力工）张二伟，违反安全操作规程，擅自进入撤销临边防护的电梯井门口危险区域，且未佩戴安全防护设施，导致失足坠落，酿成事故。另外，此次事故的间接原因为：①作业人员安全意识淡薄。企业对员工的安全教育培训工作落实不到位。对电梯安装作业规定、电梯安装安全技术操作规程和作业危险因素等学习培训不够，造成员工安全意识淡薄，违规作业。②企业安全隐患排查工作落实不到位。企业对电梯安装作业现场没有进行认真检查，对电梯井临边防护存在的安全隐患和职工在进行准备工作过程中擅自将电梯井临边防护撤除的行为没有及时发现并制止，导致事故发生。

　　通过以上分析我们发现，由于缺乏对从业人员的安全教育与培训，才导致惨剧的发生。没有经过安全生产的教育与培训，没有安全知识就上岗作业，这本身就是一个重大安全隐患。对此，生产经营单位应当严格按照法律法规的要求，对职工进行安全生产教育培训，严格执行持证上岗、按规操作等安全生产制度。《安全生产法》第25条规定："生产经营单位应当对从业人员进行安全生产教育和培训，保证从业人员具备必要的安全生产知识，熟悉有关的安全生产规章制度和安全操作规程，掌握本岗位的安全操作技能，了解事故应急处理措施，知悉自身在安全生产方面的权利和义务。未经安全生产教育和培训合格的从业人员，不得上岗作业。生产经营单位使用被派遣劳动者的，应当将被派遣劳动者纳入本单位从业人员统一管理，对被派遣劳动者进行岗位安全操作规程和安全操作技能的教育和培训。劳务派遣单位应当对被派遣劳动者进行必要的安全生产教育和培训。生产经营单位接收中等职业学校、高等学校学生实习的，应当对实习学生进行相应的安全生产教育和培训，提供必要的劳动防护用品。学校应当协助生产经营单位对实习学生进行安全生产教育和培训。生产经营单位应当建立安全生产教育和培训档案，如实记录安全生产教育和培训的时间、内容、参加人员以及考核结果等情况。"

此外，《安全生产法》第55条规定："从业人员应当接受安全生产教育和培训，掌握本职工作所需的安全生产知识，提高安全生产技能，增强事故预防和应急处理能力。"其中安全生产教育和培训的主要内容主要包括安全意识教育、安全科学技术知识教育和安全知识教育等。具体而言，安全意识教育包括思想教育、法制教育和劳动纪律教育，使单位负责人、管理人员和操作人员树立正确的生产安全观，自觉组织落实各项安全措施；对单位负责人侧重安全生产方针、政策和法律法规教育；对劳动者侧重事故危害性教育和有关安全法律法规教育以及自我保护教育等。安全科学技术知识教育主要包括设备的性能作用和一般结构原理，事故的预防和处理及设备的使用和维护、修理等内容。安全知识教育主要包括安全技术知识和安全卫生知识，具有用人单位基本生产状况、生产操作方法和工艺流程、设备性能及产品结构、安全操作规程、预防单位常见事故的基本方法、职业病危害因素的认识、紧急情况下的急救措施等教育培训。

7. 特种作业人员上岗有哪些要求？

典型事例

山东泰州某化工厂一车间的尾气（氨气）吸收装置附近有一

台水吸泵工作不正常，该厂分管生产和安全的副厂长郭某便利用职工交接班间歇，指挥机修工陶某（无特种作业操作证）对该泵边上一台不用的泵（地脚螺丝绣死）通过切割作业进行割除，以方便对有问题的水吸泵进行维修，但气割作业前未对装置内残留氨气进行置换，也未检测可燃气体浓度。16 时 45 分左右，气割作业引发装置内可燃气体发生爆炸。当时在爆炸现场的人员有：副厂长郭某，机修工陶某，在该厂送货的某运输公司押运员魏某，在一车间内作业的操作工马某、戴某，以及在一车间附近的操作工刘某。爆炸造成郭某和魏某当场死亡，一车间北墙倒塌，屋顶全部掀翻，周围 200 米以内建筑物玻璃全部破碎、屋顶受到不同程度破坏。陶某和戴某被爆炸废墟掩埋死亡，马某、刘某在爆炸中头部和手臂分别不同程度受伤。

直接原因：①郭某作为企业分管生产和安全的副厂长，安全意识淡薄，违反动火作业规程，在动火作业范围内，未进行可燃气体检测，硫酸铵储罐未进行置换的情况下，违章指挥不具备焊接作业资格的机修工陶某进行气割作业；②陶某在不具备资质的情况下，违章操作，引发可燃气体爆炸。

间接原因：该化工厂在厂房、仓库未经消防验收的情况下就投入使用，企业特种作业人员无证上岗，未能教育和督促员工严格执行本单位规章制度和操作规程。

法津分析

所谓特种作业，是指容易发生事故，对操作者本人、他人的安全健康及设备、设施的安全可能造成重大危害的作业（电工作业、焊接与热切割作业、高处作业、制冷与空调作业、危险化学品安全作业）等。特种作业人员所从事的工作潜在的危险性很大，一旦发生事故不仅会给作业人员自身的生命安全造成危害，而且也容易给其他从业人员以至人民群众的生命和财产安全造成重大损失（2000年河南洛阳东都商厦大火，烧死309人的特别重大火灾事故和上海2010年11月15日教师公寓大火，烧死58人、直接损失1.58亿元的特别重大火灾事故都是电焊违章作业造成的）。因此，对特种作业人员的资格必须严格要求。《安全生产法》第27条明确规定，生产经营单位的特种作业人员必须按照国家有关规定经专门的安全作业培训，取得特种作业操作资格证书，方可上岗作业。如果违反规定必须承担相应的法律责任。

特种作业及人员范围包括：

（1）电工作业。含发电、送电、变电、配电工，电气设备的安装、运行、检修（维修）、试验工，矿山井下电钳工。

（2）金属焊接、切割作业。含焊接工，切割工。

（3）起重机械（含电梯）作业。含起重机械（含电梯）司机，司索工，信号指挥工，安装与维修工。

（4）企业内机动车辆驾驶。含在企业内码头、货场等生产作业区域和施工现场行驶的各类机动车辆的驾驶人员。

（5）登高架设作业。含2米以上登高架设、拆除、维修工，高层建（构）物表面清洗工。

（6）锅炉作业（含水质化验）。含承压锅炉的操作工、锅炉水质化验工。

（7）压力容器作业。含压力容器罐装工、检验工、运输押运工、大型空气压缩机操作工。

（8）制冷作业。含制冷设备安装工、操作工、维修工。

（9）爆破作业。含地面工程爆破、井下爆破工。

（10）矿山通风作业。含主扇风机操作工，瓦斯抽放工，通风安全监测工，测风测尘工。

（11）矿山排水作业。含矿井主排水泵工，尾矿坝作业工。

（12）矿山安全检查作业。含安全检查工，瓦斯检验工，电器设备防爆检查工。

（13）矿山提升运输作业。含提升机操作工，（上、下山）绞车操作工，固定胶带输送机操作工，信号工，拥罐（把钩）工。

（14）采掘（剥）作业。含采煤机司机，掘进机司机，耙岩机司机，凿岩机司机。

（15）矿山救护作业。

（16）危险物品作业。含危险化学口、民用爆炸品、放射性物品的操作工，运输押运工、储存保管员。

（17）经国家安全生产监督管理局批准的其他作业。

国家安全生产监督管理总局于2010年5月24日发布的《特种作业人员安全技术培训考核管理规定》（安监总局令第30号令）中规定特种作业人员必须经过安全知识、操作技能培训，考试合格并取得"特种作业操作证"后才能持证上岗。离开特种作业岗位6个月以上的特种作业人员，应当重新进行实际操作考试，经确认合格后方可上岗作业。特种作业操作证有效期为6年，每3年复审1次。特种作业人员在特种作业操作证有效期内，连续从事本工种10年以上，严格遵守有关安全生产法律法规的，经原考核发证机关或者从业所在地考核发证机关同意，特种作业操作证的复审时间可以延长至每6年1次。特种作业操作证申请复审或者延期复审前，特种作业人员应当参加必要的安全培训并考试合格。安全培训时间不少于8个学时，主要培训法律、法规、标准、事故案例和有关新工艺、新技术、新装备等知识。

8. 安全生产设备淘汰制度指的是什么？

典型事例

小王是某造纸厂的职工，2013年某日，小王领到了70刀的纸样切割任务，由段某进行协助，进行液压切纸机切割。当切纸工作快要完成之时，段某临时有事离开了辅助岗位，由小王自己完成剩余的 5 刀切割任务，小王发觉已经切割完毕的纸样有一刀不够整齐，准备拿出来重新进行切割，但此时切割机突然失控，切纸刀自行切下，将小王的右手食指切断。事故发生以后，当地安全生产监管部门通过调查发现，该造纸厂使用的液压切割机早就被国家列入淘汰落后生产能力、工艺和产品名录中，属于设备老化，工艺落后。由于该厂未能及时更换设备，导致事故的发生。

法律分析

《安全生产法》第 35 条规定："国家对严重危及生产安全的工艺、设备实行淘汰制度，具体目录由国务院安全生产监督管理部门会同国务院有关部门制定并公布。法律、行政法规对目录的制定另有规定的，适用其规定。省、自治区、直辖市人民政府可以根据本地区实际情况制定并公布具体目录，对前款规定以外的危及生产安全的工艺、设备予以淘汰。生产经营单位不得使用应当淘汰的危及生产安全的工艺、设备。"

该条是关于对严重危及生产安全的落后工艺、落后设备实行淘汰制度的规定。危及安全的工艺、设备，是指达不到现有的工艺、设备要达到的一般水平、技术标准的工艺、设备。严重危及生产安全的工艺、设备，是指不符合安全生产标准，极有可能导致生产事故发生，致使人民群众生命和财产安全遭受重大损失的落后工艺、设备。

本案中，该造纸厂使用的液压切割机早已被列入落后设备名单，国家明令禁止适用，对其淘汰。但造纸厂却继续使用，最终导致事故的发生。《安全生产法》第 96 条规定："生产经营单位有下列行为之一的，责令限期改正，可以处五万元以下的罚款；逾期未改正的，处五万元以上二十万元以下的罚款，对其直接负责的主管人员和其他直接责任人员处一万元以上二万元以下的罚款；

情节严重的，责令停产停业整顿；构成犯罪的，依照刑法有关规定追究刑事责任：①未在有较大危险因素的生产经营场所和有关设施、设备上设置明显的安全警示标志的；②安全设备的安装、使用、检测、改造和报废不符合国家标准或者行业标准的；③未对安全设备进行经常性维护、保养和定期检测的；④未为从业人员提供符合国家标准或者行业标准的劳动防护用品的；⑤危险物品的容器、运输工具，以及涉及人身安全、危险性较大的海洋石油开采特种设备和矿山井下特种设备未经具有专业资质的机构检测、检验合格，取得安全使用证或者安全标志，投入使用的；⑥使用应当淘汰的危及生产安全的工艺、设备的。"

9. 企业安全生产的资金投入指的是什么？

典型事例

张某与王某合伙投资建设一皮鞋生产厂，但资金不足。因当时市场上该品种皮鞋的销路很好，为抓住商机，尽快获取经济利益，二人经商议后，决定砍掉计划用于购买通风设备的资金，先投产再说。结果生产过程中，因生产车间通风不好，苯的含量严重超标，发生严重苯中毒事故。皮鞋在生产过程中需要使用含剧毒化学品苯的黏合剂，苯易挥发，因此使用这种黏合剂要求生产车间必须有良好的通风设备，这是保证从业人员生命健康安全必须具备的条件。本案中，皮鞋厂投资人张某和王某为了获取一时的经济利益，置职工的生命健康于不顾，砍掉用于购买通风设备的资金，致使从业人员因生产车间通风不好，苯含量严重超标，发生严重苯中毒，投资人张某和王某应当承担法律责任。

法律分析

本案是关于安全生产投入的问题，我国《安全生产法》第20条规定："生产经营单位应当具备的安全生产条件所必需的资金投入，由生产经营单位的决策机构、主要负责人或者个人经营的投资人予以保证，并对由于安全生产所必需的资金投入不足导致的后果承担责任。有关生产经营单位应当按照规定提取和使用安全生产费用，专门用于改善安全生产条件。安全生产费用在成本中据实列支。安全生产费用提取、使用和监督管理的具体办法由国务院财政部门会同国务院安全生产监督管理部门征求国务院有关部门意见后制定。"

根据上述法律规定，为了保证安全生产条件，安全资金投入是必需的，任何企业均不得以资金短缺为由拒绝投入，导致安全生产事故的，将承担相应的法律责任，具体责任为《安全生产法》第90条之规定："生产经营单位的决策机构、主要负责人或者个人经营的投资人不依照本法规定保证安全生产所必需的资金投入，致使生产经营单位不具备安全生产条件的，责令限期改正，提供必需的资金；逾期未改正的，责令生产经营单位停产停业整顿。有前款违法行为，导致发生生产安全事故的，对生产经营单位的主要负责人给予撤职处分，对个人经营的投资人处二万元以上二十万元以下的罚款；构成犯罪的，依照刑法有关规定追究刑事责任。"

安全资金投入是企业生产的重要保障，主要包括：安全设施费用、安全教育培训经费、劳动防护用品、防暑降温费用等，生产经营单位的决策机构是权力机构，主要负责人、个人经营的投资人在法律上是生产经营单位的第一负责人，他们都应当对本单位的安全生产负责，就如本案中皮鞋厂的张某与王某。因此一旦因为缺乏必要的安全设施导致安全生产事故，企业负责人必将面临法律的追究。

10. 哪些企业必须申请取得安全生产许可证？

典型事例

2007 年 1 月 27 日，娄底市马鞍山矿业有限公司井下发生一起顶板事故，造成 1 人死亡，直接经济损失 37.6 万元。事故发生的经过：0 时 40 分作业人员开始下井。1 时，代班长罗孝理同作业人员到达 3742 运输巷。罗孝理交代大工彭元华用炸药将运输巷上部采空区炸垮，随后到 3741 运输巷去了。1 时 20 分，彭元华携带 2 筒已装好雷管的炸药进入采空区，采空区残余煤柱和顶板突然垮落，将彭元华埋压。

马鞍山矿业有限公司位于新化县上梅镇境内，距新化县城区 7Km。矿井始建于 1958 年，设计和核定生产能力 3 万吨。马鞍山矿业有限公司原为娄底市属国有马鞍山煤矿马鞍山井，2004 年 12 月，马鞍山煤矿改制，由湖南大自然房地产有限公司以 3680 万元买下马鞍山井，成立马鞍山矿业有限公司。

矿井取得了有效的采矿许可证、煤炭生产许可证、矿长资格证和矿长安全资格证。没有取得安全生产许可证和工商营业执照。

法律分析

本案中，马鞍山矿业有限公司在没有取得安全生产许可证的情况下，私自进行开采作业，导致安全事故发生，酿成一人死亡的惨祸。那么现实生活中，什么企业必须要取得安全生产许可证，取得许可证的前提条件又是什么呢？

《安全生产许可证条例》将发证对象确定为三类六种高危生产企业。这三类企业是指三类危险性较大的高危生产企业，即矿山企业、建筑施工企业和危险物品生产企业。为明确企业范围，《安全生产许可证条例》又将三类企业具体分为六种，这六种企业分别为：①煤矿。《安全生产许可证条例》第 7 条第 2 款规定："煤矿企业应当以矿（井）为单位，在申请领取煤炭生产许可证前，依照本条例的规定取得安全生产许可证。"②非煤矿山。③建筑施工企业。这里的施工单位，不论是否具有法人资格，都要取得相应等级的资质，并申请领取建筑施工许可证。④危险化学品生产企业。⑤烟花爆竹生产企业。⑥民用爆破器材生产企业。

至于申请安全生产许可证的条件，我国《安全生产许可证条例》第 6 条规定："企业取得安全生产许可证，应当具备下列安全生产条件：①建立、健全安全生产责任制，制定完备的安全生产规章制度和操作规程；②安全投入符合安全生产要求；③设置安全生产管理机构，配备专职安全生产管理人员；④主要负责人和安全生产管理人员经考核合格；⑤特种作业人员经有关业务主管部门考核合格，取得特种作业操作资格证书；⑥从业人员经安全生产教育和培训合格；⑦依法参加工伤保险，为从业人员缴纳保险费；⑧厂房、作业场所和安全设施、设备、工艺符合有关安全生产法律、法规、标准和规程的要求；⑨有职业危害防治措施，并为从业人员配备符合国家标准或者行业标准的劳动防护用品；⑩依法进行安全评价；⑪有重大危险源检测、评估、监控措施和应急预案；⑫有生产安全事故应急救援预案、应急救援组织或者应急救援人员，配备必要的应急救援器材、设备；⑬法律、法规规定的其他条件。"

11. 从业人员签订劳动合同时应注意哪些问题？

典型事例

老王是河北某煤矿公司招录的农民工，公司与其签订了为期两年的劳动合同，合同期为 2012 年 4 月 1 日至 2014 年 4 月 1 日。老王和几位同乡在煤矿公司从事的是露天洗煤工作，工作两个多月后，老王发现同组的几名职工都领取了安全防护服以及口罩、防护镜等用品。于是老王就代表几个农民工找到了公司的后勤部门，却被告知，因为老王为农民工，属于公司临时招用，公司规定防护用品只发给正式职工，且当初签订劳动合同时，合同内容中也未提及防护用品发放的事项。老王等不同意公司的说法，认为防护用具属于法律规定必须发放的物品，公司的做法属违法行为，于是向当地劳动争议仲裁委员会提出申诉。

法律分析

本案的争议焦点有两个：一是老王作为农民工并且为临时招用，是否和其他正式职工一样享有配发劳动防护用品的待遇；二是劳动合同中约定劳动防护用品由个人解决的条款是否具有法律效力。针对第一个问题，老王虽然是临时工，但其同样与公司签订了劳动合同，与公司形成了劳动关系，根据《劳动法》以及《安全生产法》的原则，既然已经达成劳动关系，就应当与其他职工同等对待，煤矿公司不向其发放劳动防护用具，实属于法无据。对于第二个争议点，我国《安全生产法》第 42 条规定："生产经营单位必须为从业人员提供符合国家标准或者行业标准的劳动防护用品，并监督、教育从业人员按照使用规则佩戴、使用。"这是一项强制性规定，尽管煤矿公司与劳动者签订的劳动合同中规定劳动防护用具由个人解决，但既然我国法律中有强制性规定，那么劳动合同中的这项条款因为与法律冲突，归于无效，公司应当向老王发放防护用具。此外，《安全生产法》第 49 条规定："生产经营单位与从业人员订立的劳动合同，应当载明有关保障从业人员劳动安全、防止职业危害的事项，以及依法为从业人员办理工伤保险的事项。生产经营单位不得以任何形式与从业人员订立协议，免除或者减轻其对从业人员因生产安全事故伤亡依法应承担的责任。"第49条同样是《安全生产法》对于签订劳动合同的强制性条款，要求企业与劳动者签订劳动合同时，必须载明有关保障从业人员劳动安全、防止职业危害的事项，企业必须为劳动者缴纳工伤保险，这对于维护劳动者合法权益，促进生产的安全和社会稳定具有重要意义。同时，第49条第2款针对现实生活中用人单位与劳动者签订的合同中可能出现的"霸王"条款做了禁止性规定，广大劳动者应当特别注意，凡是在劳动合同中出现免除或者减轻用人单位对从业人员因生产安全事故伤亡所应承担法律责任的条款，都属于合同内容违法，即为无效条款。

12. 什么是安全生产的批评、检举、控告权？

典型事例

李某是一家烤漆工厂的员工，2013年七月份，李某所在的工厂承揽了一批急活，且件数非常多，工厂要求李某等5人必须在规定的时间内完成。该厂本来只有一个烤漆工作台，但为了尽快完成订单，烤漆工厂的领导临时决定，在一个废旧仓库中临时添加一台烤漆设备。烤漆的过程中会产生大量的有机溶剂，不仅污染环境而且会危害人体健康，因此，一般烤漆工作都必须在通风条件良好、安装空气过滤装置的室内进行，且操作人员必须严格佩戴防护装备，包括防护服、防护眼镜以及防护口罩等。但由于是临时添加的设备且在一个废旧的仓库内，上述条件均不具备。李某等人在仓库内工作两天后，便有人出现头晕、恶心等症状，有的甚至出现昏厥现象，烤漆工作不得不停止。经医院检查才得知，李某等人因为吸入大量的有机容物，造成中毒。李某等人得知真正病因后，向厂方提出批评、建议，要求更换工作场所并配发防护措施，否则将不会返回工作岗位。烤漆工厂却认为，李某等人不服从工厂安排，以劳动条件不好为由，消极怠工，遂将李某等5人告到了当地的劳动争议仲裁委员会。仲裁机关经审查认为，烤漆工厂没有按照国家法律规定向工人提供安全的劳动条件，导致职工在严重影响身体健康和生命安全的情况下进行烤漆作业，实属违法行为，最终裁决对该厂的请求不予支持，并建议劳动监察部门对该厂进行查处。

法律分析

本案是关于从业人员的批评、建议、检举权的问题，我们一般会认为，由于企业与劳动者处于天然不平等的地位，劳动者很难去主张自己该有的权利。但我国《安全生产法》第51条明确规定，从业人员有权对本单位安全生产工作中存在的问题提出批评、检举、控告；有权拒绝违章指挥和强令冒险作业。生产经营单位不得因从业人员对本单位安全生产工作提出批评、检举、控告或者拒绝违章指挥、强令冒险作业而降低其工资、福利等待遇或者解除与其订立的劳动合同。本案中，李某等人就是基于这条法律规定，要求工厂提供安全的工作环境，不料遭遇到了工厂的无赖抵制，还将他们状告到了劳动争议仲裁委员会，实在是"恶人先告状"。我国法律赋予从业人员批评、建议、检举权，目的就是为了防止企业公然违背国家法律，提供不符合安全生产要求的工作环境，导致从业人员的身体健康受到严重影响。从第51条中我们还可以得出，即使从业人员对企业提出了批评、检举、控告，但企业并不能因此采取降低工人工资、福利等手段进行变相威胁、报复。由于受到批评、检举的人员主要是生产经营单位的权力拥有者，这些人很容易利用手中的权力对从业人员进行惩戒，因此有必要对生产经营单位的权力进行限制，从而保障从业人员的劳动权。

13. 从业人员遇到违章指挥和强令冒险作业时该怎么办？

典型事例▏

某煤矿为独眼井多头生产，某日，该矿地面11千瓦局扇停风，约2小时后机电人员买来一台5.5千瓦的局扇并安装好，恢复了通风。16名工人下井后，测量瓦斯浓度为5.5%，矿工小王上井找矿长，说："井下瓦斯太高，是不是等一等再下井。"矿长说："你们先凑合着干一班，我马上派人再去买风机。"小王说："这事人命关天，怎么能凑合呢，我可不敢下去。"矿长说："你是领导还是我是领导，听我的，先下去干活，要不就扣你这个月的奖金。"小王只好下井工作。5小时后，井下发生瓦斯爆炸事故，包括小王在内的16名矿工全部遇难，直接经济损失850万元。

法律分析▏

当前，一些生产经营单位的负责人安全生产意识淡薄，或者片面追求经济效益，见利忘义，置从业人员生死于不顾，在不具备安全生产条件的情况下，强令从业人员冒险作业，这种现象并不在少数。

本案中，由于11千瓦的局扇被更换为5.5千瓦的局扇后，通风能力不够，不能有效排放瓦斯，造成井下瓦斯严重超限，但该矿矿长赚钱心切，急于出煤，不顾工人的建议，明知井下瓦斯严重超限，达到爆炸浓度，还强令工人冒险作业。同时，当工人向矿长提出"等一等再下井"的建议时，矿长非但不接受建议，还威胁要扣发奖金。这是一种严重的违法行为，应当依法承担相应的法律责任。

我国《安全生产法》第51条规定："从业人员有权对本单位

安全生产工作中存在的问题提出批评、检举、控告；有权拒绝违章指挥和强令冒险作业。生产经营单位不得因从业人员对本单位安全生产工作提出批评、检举、控告或者拒绝违章指挥、强令冒险作业而降低其工资、福利等待遇或者解除与其订立的劳动合同。"同时第52条规定："从业人员发现直接危及人身安全的紧急情况时，有权停止作业或者在采取可能的应急措施后撤离作业场所。生产经营单位不得因从业人员在前款紧急情况下停止作业或者采取紧急撤离措施而降低其工资、福利等待遇或者解除与其订立的劳动合同。"

违章指挥是指生产经营单位的负责人、生产管理人员和工程技术人员违反规章制度，不顾从业人员的生命和健康安全，指挥从业人员进行生产的行为。强令冒险作业是指生产经营单位管理人员对于存在危及作业人员人身安全的危险因素而又没有相应的安全保护措施的作业，不顾从业人员的生命和健康安全，强迫、命令从业人员进行作业。针对违章指挥与强令冒险作业这两种严重威胁从业人员安全的行为，从业人员可以依照法律予以拒绝，一旦发现危及人身安全的紧急情况时，从业人员有权立即停止作业或采取紧急撤离，同时，生产经营单位不能因为从业人员的拒绝行为对其进行打击报复。如果因为违章指挥和强令冒险作业导致安全事故的发生，企业负责人必须承担相应法律责任，造成严重后果的，将会触犯强令冒险作业罪，受到刑事处罚。

14. 企业工会在安全生产中具有哪些职责与权力？

典型事例

河北某建筑公司发生一起较大安全事故，由于脚手架垮塌，造成8人死亡，直接经济损失100万元。事故发生后，省安全监管局、市安全委员会与市工会组成了联合调查组，但是建筑公司认为工会并不是行政管理部门，不应当参加事故调查，因此对事故的调查不予积极配合。在召开事故调查有关会议时，公司负责人坚持不让工会的同志参加。事故调查组一直向公司负责人讲解工会有权依法参加事故调查处理，但公司负责人仍然阻挠工会相关人员参加相关调查事项。

法律分析

这是一起涉及生产经营单位干扰工会参加生产安全事故调查的案例，那么工会是否具有权力参与事故的调查，这些权力又具体包括哪些内容？

《安全生产法》第 57 条规定："工会有权对建设项目的安全设施与主体工程同时设计、同时施工、同时投入生产和使用进行监督，提出意见。工会对生产经营单位违反安全生产法律、法规，侵犯从业人员合法权益的行为，有权要求纠正；发现生产经营单位违章指挥、强令冒险作业或者发现事故隐患时，有权提出解决的建议，生产经营单位应当及时研究答复；发现危及从业人员生命安全的情况时，有权向生产经营单位建议组织从业人员撤离危险场所，生产经营单位必须立即做出处理。工会有权依法参加事故调查，向有关部门提出处理意见，并要求追究有关人员的责任。"从 57 条可以得知，工会有权监督"三同时"制度的落实与实施，工会组织对建设项目职业安全卫生设施的"三同时"设计审查和竣工验收实行分级负责制。国家级建设项目由全国总工会负责审查并派员参加验收，建设项目所在地工会组织应积极协助工作。部级建设项目由对口产业工会全国委员会负责审查并派员验收。省市级建设项目由建设项目所在省、市总工会负责审查并派员验收。建设单位工会组织应对建设项目的职业安全卫生措施进行监督，并向参加建设项目审查验收的上级工会组织反映项目施工及试生产中的职业安全卫生方面的问题和改进意见。建设项目的职业安全卫生措施，必须接受工会组织的"三同时"检查监督，凡未经工会组织审查同意或者存在严重问题的，工会有权制止其投产使用。对强行投产或造成严重后果的单位或者个人，工会组织将依据国家有关法规规定追究当事者的责任，并发出限期整改通知书，督促其整改。对触犯刑律的，工会组织应向检察机关起诉，追究其刑事责任。同时，法律还赋予了工会依法参加生产安全事故调查，向有关部门提出处理意见，并要求追究有关人员责任的职权。

所以，本案中生产经营单位阻挠工会进行事故的调查工作的行为是违法的，应当予以纠正。

15. 工伤保险和民事赔偿是什么关系?

典型事例

2014 年 8 月，山东省某市一建筑公司发生吊车倒塌事故，造成 2 人死亡。事故调查表明，该建筑公司在 5 月份招收了 2 名吊车驾驶员，为了赶工期，公司并没有要求两人参加市建设局组织的专门培训，也未取得特种作业人员资格证书，便匆匆上岗作业。8 月 23 日下午，其中一名操作工王某因一时困倦，违章操作，导致吊车倒塌，王某当场死亡，此外吊车还砸死了一名正在工地施工的泥瓦工。事故发生以后，因该建筑公司之前已经为从业人员办理了工伤保险，当地社保机构按照约定向死亡人员家属给付了工伤保险补偿金。但死亡人员家属认为，建筑公司在此次事故中存在过错，应当进行民事赔偿，而建筑公司坚持认为，既然已经进行了工伤保险赔偿，家属无权再要求民事赔偿。

法律分析

本案争议的焦点为，工伤保险赔偿与民事赔偿是否相互排斥，两者之间到底是什么关系？

对于工伤保险和民事赔偿的关系，需要明确的是，二者是两种完全不同的从业人员安全保障制度，其相互补充，不可替代。工伤保险作为强制险种，企业单位必须为劳动者购买，是一种以抚恤、安置和补偿受害者为目的的补偿性措施；而民事赔偿则是以追究生产经营企业的责任为目的，前提是民事损害的发生，对于受害者给予经济赔偿的惩罚性措施。补偿性和惩罚性必然不属于同一性质，不能说只要选择其中一个就足够了。我国《安全生产法》第53条规定："因生产安全事故受到损害的从业人员，除依法享有工伤保险外，依照有关民事法律尚有获得赔偿的权利的，有权向本单位提出赔偿要求。"依据本条规定，安全事故发生后，工伤保险赔偿是必然的，至于是否进行民事赔偿，则要看生产经营单位是否具有过错以及违法行为。本案中，建筑公司明知两名吊车操作工没有取得相应资质，仍让其工作，最终因违章操作导致悲剧发生，建筑公司显然存在过错，因此死者家属有权依照有关民事法律要求建筑公司给予民事赔偿。这里所说的民事法律即《民法通则》、《侵权责任法》等民事法律规范。

随着我国经济的不断发展以及人民生活水平的不断提高，人的社会地位和生命价值也越来越高，生产事故造成人员伤亡后，如果仅仅依靠工伤保险进行赔偿，其额度难以弥补人身损害的经济损失，国家出于充分保障从业人员权利以及维护社会和谐的目的，允许工伤保险赔偿与民事赔偿并行不悖，是众望所归的。

16. 从业人员不安全行为主要有哪些?

典型事例

2014 年 2 月 13 日 19 时 30 分,某市工业区恒泰钢渣服务有限公司清扫班班长张增元带领本班工人李晓峰(2 月 13 日刚调入该班组)、刘加厂、孙庆萍接班。接班后班长张增元组织召开班前会安排布置当班工作,强调当班安全注意事项,同时张增元明确当班的工作任务是负责首钢京唐钢铁联合有限责任公司炼钢部钢渣车间脱碳线棒磨机皮带钢渣清理工作。张增元安排李晓峰负责 2#大倾角皮带机钢渣清理工作,刘加厂负责 3#大倾角皮带机钢渣清理工作,孙庆萍负责 6#皮带机钢渣清理工作。14 日 1 时 37 分左右,李晓峰负责的 2#大倾角皮带跑偏导致底辊脱轨,班长张增元通知中控室,要求对 2#大倾角皮带和棒磨机进行停机处理。1 时 42 分左右故障处理完毕,张增元通知中控室运行 2#大倾角皮带机。随后张增元组织刘加厂、孙庆萍帮助李晓峰清理 2#大倾角皮带处地面上的积料(用铁锹将地面上的积料铲入皮带上)。1 时 46 分左右,在清理完大部分积料后张增元、刘加厂、孙庆萍返回休息室,李晓峰继续清理。1 时 48 分左右,李晓峰在清理 2#大倾角皮带处地面的积料时,不慎被皮带卷入。1 时 50 分左右,刘加厂从休息室返回 2#大倾角皮带机时,发现李晓峰腿部夹在皮带和皮带架之间,身体下垂。刘加厂立即通知班长张增元,张增元赶到现场后拉动皮带紧急制动关停了 2#大倾角皮带机,并用对讲机通知了调度长张志杰。张志杰赶到现场后,立即组织人员进行抢救,并向公司负责人张风仪报告了情况。2 时 15 分左右,李晓峰被救出,并送往曹妃甸区附属医院救治。经抢救无效,李晓峰于当日 3 时 34 分死亡。

法津分析

这是一起因作业人员安全意识淡薄，企业安全管理和教育培训不到位而引发的一般生产安全责任事故。直接原因：李晓峰靠近正运转的2#大倾角皮带清料时，不慎被皮带卷入，导致死亡。间接原因：主体责任不落实。恒泰钢渣服务有限公司未制定有关皮带清洁的详细操作规程，致使员工作业无章可循。

这起事故给我们的警示是，企业应加强对职工安全生产教育和培训，同时设置必要的安全防护装置和警示标语。现实生活中，从业人员会存在很多不安全行为，那么这些行为具体包括哪些呢？根据《企业职工伤亡事故分类标准》的规定，不安全行为包括以下内容：①操作错误，忽视安全，忽视警告：未经许可开动、关停、移动机器；开动、关停机器时未给信号；开关未锁紧，造成意外转动、通电或泄漏等；忘记关闭设备；忽视警告标志、警告信号；操作错误（指按钮、阀门、扳手、把柄等的操作）；奔跑作业；供料或送料速度过快；机械超速运转；违章驾驶机动车；酒后作业；客货混载；冲压机作业时，手伸进冲压模；工件紧固不牢；用压缩空气吹铁屑。②拆除了安全装置；安全装置堵塞，失掉了作用；调整的错误造成安全装置失效。③临时使用不牢固的设施；使用无安全装置的设备。④用手代替手动工具；用手清除切屑；不用夹具固定、用手拿工件进行机加工；物体（指成品、半成品、材料、工具、切屑和生产用品等）存放不当；冒险进入涵洞；接近漏料处（无安全设施）；采伐、集材、运材、装车时，未离危险区；未经安全监察人员允许进入油罐或井中；未"敲帮问顶"开始作业；冒进信号；调车场超速上下车；易燃易爆场合明火；私自搭乘矿车；在绞车道行走。⑤攀、坐不安全位置（如平台护栏、汽车挡板、吊车吊钩）；在起吊物下作业、停留；机器运转时加油、修理、检查、调整、焊接、清扫等工作。

17. 企业职工如何做好防火防爆工作?

典型事例

2014 年 4 月 22 日上午 9 时 05 分,某车间检修班根据工作安排,进行净化工段下料管、滚筒筛漏料点的焊接及切割工作。

工作负责人办理了 050401 检修派工单、设备验收单和 DHP050401 动火票。运行人员清理了现场,并对易落粉尘点进行了喷水,同时准备了水桶和水源等灭火用具。下午 4 点左右检修运行工范某用气割对净化一层东北侧进立仓大提升机落料管磨漏点进行切割时,火花溅落到下落中的积尘上,引起局部着火,少量火花及火星溅到范某的脸上和脚部,使范某脸部及脚部轻微烧伤。经医生诊断,属轻度烧伤,但未伤及肌肉,恢复后不会留有疤痕。

事故发生的原因为:①范某在净化楼一层对立仓提升机连接管道进行切割时,发生粉尘着火,导致范某被下落的燃烧粉尘击到脸部和脚部,导致范某烧伤。②本次检修,车间虽然对焊接和切割点进行了洒水,也对工作区域的粉尘进行了清扫,并在动火地点准备了水源。但没有想到在割管道磨漏点时,发生积尘下落,是导致起火的主要原因。③因为立仓提升机连接管道没有清理干净,导致积尘冒出。在检修工开始焊接工作前,运行和检修人员虽然对积尘进行了清理,但没有对焊接和切割管道内进行详细的喷水和敲打,是导致积尘下落着火的直接原因。

法律分析

这是一起因从业人员疏忽且安全措施没有到位引起的事故,火灾和爆炸是生产中最常见的危害性巨大、后果严重的安全事故,那么,在日常生产中,如何才能够有效的预防火灾和爆炸的发生呢？企业内采取的防火防爆基本措施分技术措施和组织管理措施两个方面。

（1）防火防爆的技术措施主要有：①防止形成燃爆的介质。这可以用通风的办法来降低燃爆物质的浓度，使它不达到爆炸极限。也可以用不燃或难燃防止火灾、爆炸，还可以防止汽油中毒。另外，也可采用限制可燃物的使用量和存放量的措施，使其达不到燃烧、爆炸的危险限度。②防止产生着火源，使火灾、爆炸不具备发生的条件。这方面应严格控制以下8种着火源，即冲击摩擦、明火、高温表面、自燃发热、绝热压缩、电火花、静电火花、光热射线等。③安装防火防爆安全装置。例如阻火器、防爆片、防爆窗、阻火闸门以及安全阀等，以防止发生火灾和爆炸。

（2）防火防爆的组织管理措施主要有：①加强对防火防爆工作的领导；②开展经常性防火防爆安全教育和安全大检查，提高人们的警惕性，及时发现和整改不安全的隐患；③建立健全防火防爆制度，例如防火防爆责任制度等；④厂区内、厂房内的一切出入和通往消防设施的通道，不得占用和堵塞；⑤应建立义务消防组织，并配备有针对性和足够数量的消防器材；⑥加强值班，严格进行巡回检查。

企业内生产工人应遵守以下防火防爆守则：①应具有一定的防火防爆知识，并严格贯彻执行防火防爆规章制度，严禁违章作业；②应在指定的安全地点吸烟，严禁在工作现场和厂区内吸烟和乱扔烟头；③使用、运输、贮存易燃易爆气体、液体和粉尘时，一定要严格遵守安全操作规程；④在工作现场禁止随便动用明火，确需使用时，必须报请主管部门批准，并作好安全防范工作；⑤对于使用的电气设施，如发现绝缘破损、老化不堪、大量超负荷以及不符合防火防爆要求时，应停止使用，并报告领导给以解决，不得带故障运行，防止发生火灾、爆炸事故；⑥应学会使用一般的灭火工具和器材，对于车间内配备的防火防爆工具、器材等，应该爱护，不得随意挪用。

18. 如何做好易燃易爆物品生产和使用过程的消防工作？

典型事例

小王是湖南某鞭炮厂的职工，由于接近年关，鞭炮厂为了满足巨大的市场需求，临时开辟一处仓库用于鞭炮的生产，小王便是该仓库的看管员。由于该仓库是临时生产场所，通风条件极差，且缺乏必需的消防设施，加之鞭炮厂雇用了一大批临时工，没有对他们进行消防安全教育与培训就上岗工作。某日下午三时左右，小王在巡查的过程中发现，有工人在仓库附近抽烟，遂上前制止，抽烟的工人不予理睬，小王见对方胡搅蛮缠也就没再深究，谁料想下午四时左右，仓库发生爆炸，导致3人当场死亡。事故调查结果显示，爆炸产生的原因是未熄灭的烟头被风吹进仓库，点燃了堆放的黑火药。

法津分析

这起事故给我们的教训是，从业人员未按照安全生产的要求作业，且现场监护措施不力，发现火灾隐患后未能进行及时消除。那么在日常生产中，在易燃易爆物品的生产和使用过程中，如何才能有效预防事故的发生呢？下面我们就为大家列举了多项消防措施：

（1）危险品库房、实验室、锅炉房、配电房、配气房、车库、食堂等要害部位，非工作人员未经批准严禁入内。

（2）各种安全防护装置、照明、信号、监测仪表、警戒标记、防雷、报警装置等设备要定期检查，不得随意拆除和非法占用。

（3）易燃易爆、剧毒、放射、腐蚀和性质相抵触的各类物品，必须分类妥善存放，严格管理，保持通风良好，并设置明显标志。

仓库及易燃易爆粉尘和气体场所使用防爆灯具。

（4）木刨花、实验剩余物应及时清出，放在指定地点。

（5）易燃易爆，化学物品必须专人保管，保管员要详细核对产品名称、规格、牌号、质量、数量、查清危险性质。遇有包装不良、质量异变、标号不符合等情况，应及时进行安全处理。

（6）忌水、忌沫、忌晒的化学危险品，不准在露天、低温、高温处存放。容器包装要密闭，完整无损。

（7）易燃易爆化学危险品库房周围严禁吸烟和明火作业。库房内物品应保持一定的间距。

（8）凡用玻璃容器盛装的化学危险品，必须采用木箱搬运。严防撞击、振动、摩擦、重压和倾斜。

（9）进行定期和不定期的安全检查，查出隐患，要及时整改和上报。如发现不安全的紧急情况，应先停止工作，再报有关部门研究处理

19. 施工单位的安全责任主要有哪些?

典┐型事例┃┃

2007 年 8 月 13 日 16 时 45 分左右，湖南省凤凰县正在建设的堤溪沱江大桥发生特别重大坍塌事故，造成 64 人死亡，4 人重伤，18 人轻伤，直接经济损失 3974.7 万元。

堤溪沱江大桥工程是湖南省凤凰县至贵州省铜仁大兴机场凤大公路工程建设项目中一个重要的控制性工程。大桥全长 328.45m，桥面宽度 13m，设 3% 纵坡，桥型为 4 孔 65m 跨径等截面悬链线空腹式无铰拱桥。大桥桥墩高 33m，且为连拱石拱桥。2003 年 6 月，湖南省交通厅批准了凤大公路工程项目初步设计，并于同年 12 月批复了凤大公路项目开工报告。堤溪沱江大桥于

2004 年 3 月 12 日开工，计划工期 16 个月。事故发生时，大桥腹拱圈、侧墙的砌筑及拱上填料已基本完工，拆架工作接近尾声，计划于 2007 年 8 月底完成大桥建设所有工程，9 月 20 日竣工通车，为湘西自治州 50 周年庆典献礼。

直接原因：由于大桥主拱圈砌筑材料未满足规范和设计要求，拱桥上部构造施工工序不合理，主拱圈砌筑质量差，降低了拱圈砌体的整体性和强度，随着拱上负载的不断增加，造成 1 号孔主拱圈靠近 0 号桥台一侧约 3 至 4m 宽范围内，即 2 号腹拱下的拱脚区段砌体强度达到破坏极限而坍塌，受连拱效应影响，整个大桥迅速坍塌。

间接原因：①施工单位路桥公司道路七公司凤大公路堤溪沱江大桥项目经理部，擅自变更原主拱圈施工方案，现场管理混乱，违规乱用料石，主拱圈施工不符合规范要求，在主拱圈未达到设计强度的情况下就开始落架施工作业。②建设单位湘西自治州凤大公路建设有限责任公司，项目管理混乱，对发现的施工质量问题未认真督促施工单位整改，未经设计单位同意擅自与施工单位变更原主拱圈设计施工方案，盲目倒排工期赶进度，越权指挥，甚至要求监理不要上桥检查。③工程监理单位湖南省金衢交通咨询监理有限公司，未能制止施工单位擅自变更原主拱圈施工方案，对发现的主拱圈施工质量问题督促整改不力，在主拱圈砌筑完成但强度资料尚未测出的情况下即签字验收合格。④设计和地质勘查单位华垦设计院，违规将勘察项目分包给个人，地质勘查设计深度不够，现场服务和设计交底不到位。

法津分析

凤凰县大桥垮塌事故造成重大人员伤亡以及经济损失严重，纵观事故调查报告，我们可以看到，这次严重事故是由很多安全生产方面的疏忽或者错误共同导致的，从项目管理、施工到监察的每个环节都存在诸多问题，为了避免类似悲剧的再次发生，我们必须明确施工单位在安全生产中的责任。

《建设工程安全生产管理条例》第 23 条规定："施工单位应当设立安全生产管理机构，配备专职安全生产管理人员。专职安全生产管理人员负责对安全生产进行现场监督检查。发现安全事故隐患，应当及时向项目负责人和安全生产管理机构报告；对违章指挥、违章操作的，应当立即制止。专职安全生产管理人员的配备办法由国务院建设行政主管部门会同国务院其他有关部门制定。"

第 24 条规定："建设工程实行施工总承包的，由总承包单位对施工现场的安全生产负总责。总承包单位应当自行完成建设工程主体结构的施工。总承包单位依法将建设工程分包给其他单位的，分包合同中应当明确各自的安全生产方面的权利、义务。总承包单位和分包单位对分包工程的安全生产承担连带责任。分包单位应当服从总承包单位的安全生产管理，分包单位不服从管理导致生产安全事故的，由分包单位承担主要责任。"

第 25 条规定："垂直运输机械作业人员、安装拆卸工、爆破作业人员、起重信号工、登高架设作业人员等特种作业人员，必须按照国家有关规定经过专门的安全作业培训，并取得特种作业操作资格证书后，方可上岗作业。除上述法律条文对建筑施工单位进行法律规制外，我国《建筑工程安全管理条例》对整个施工环节都作出了详细的安全生产规定，我们将在之后的内容中详细介绍。"

20. 从业人员具有哪些职业健康权利？

典型事例‖

某县造纸厂 20 名员工向该县卫生局递交了联名信，员工们称造纸厂自 2010 年以来，从未安排劳动者进行职业健康检查。经调查发现，该造纸厂未经当地卫生行政部门审核批准即投入生产。自建成投产后，从未对从事解除职业病危害作业的劳动者组织岗前、岗中的职业卫生知识培训和职业健康检查。县卫生监督管理机构依法对该厂处以 2 万元罚款，并要求其立即改正违法行为，安排职工进行健康检查。

法律分析

根据我国《职业病防治法》第 36 条规定："对从事接触职业病危害的作业的劳动者，用人单位应当按照国务院安全生产监督管理部门、卫生行政部门的规定组织上岗前、在岗期间和离岗时的职业健康检查，并将检查结果书面告知劳动者。职业健康检查费用由用人单位承担。用人单位不得安排未经上岗前职业健康检查的劳动者从事接触职业病危害的作业；不得安排有职业禁忌的劳动者从事其所禁忌的作业；对在职业健康检查中发现有与所从事的职业相关的健康损害的劳动者，应当调离原工作岗位，并妥善安置；对未进行离岗前职业健康检查的劳动者不得解除或者终止与其订立的劳动合同。职业健康检查应当由省级以上人民政府卫生行政部门批准的医疗卫生机构承担。"

此外，在生产作业过程中，为了维护劳动者职业健康和安全，从业人员依法享有下列职业健康权利：

（1）接受教育培训的权利，劳动者在上岗前（包括更换工作）或在岗期间有权要求用人单位对其进行职业卫生教育、培训。

（2）接受职业健康监护权，从事接触职业病危害因素作业的劳动者有权接受职业健康检查，并获得真实健康检查结果。

（3）知情权，劳动者有权知道自己从事的工作场所及劳动过程的职业病危害因素、危害后果和应当采取的职业病防护措施，用人单位不得隐瞒或欺骗。

（4）请求权，劳动者有权要求用人单位为其提供符合国家卫生标准的职业病防护设施和个人职业病防护用品，改善工作条件。

（5）检举、控告权，劳动者对用人单位违反职业病防治法律、法规以及危害生命健康的行为有权提出批评、检举和控告，用人单位不得因此而进行打击报复。

（6）拒绝作业权，劳动者有权拒绝用人单位违章指挥和强令进行没有职业病防护措施的作业。

（7）民主监督管理权，用人单位应支持劳动者参与职业卫生管理。

只要用人单位与劳动者存在着事实的雇佣关系，不管用人单位是什么性质、属于什么经济类型，是否与劳动者签订劳动合同，劳动者的权利均可受《职业病防治法》的保护。

21. 公司未给员工缴纳工伤保险，员工受伤可以申请先行支付吗？

典型事例

2011年3月23日起，周大庆到西海远润建筑劳务公司承建的双福工业园区巴福东风小康三号车间从事木工工作，双方未签订劳动合同，原告未参加工伤保险。同年5月10日上午6点30分左右，周大庆上班支模时，不慎从钢管架上坠落受伤，后被依法认定为工伤。

2012年8月8日，西海市江津区劳动人事争议仲裁院作出裁决，西海远润建筑劳务有限公司一次性支付申请人周大庆工伤八级待遇153 676.80元；申请人二次取内固定手术费，按实际产生的费用，由被申请人按规定予以报销；上述待遇支付和义务履行完毕，双方解除工伤保险关系，同时解除双方劳动关系。远润建筑公司不服，向法院提起诉讼。经一二审判决双方的劳动关系于2012年5月12日解除，远润建筑公司支付周大庆各项费用合计201 442.38元。申请强制执行生效过程中，江津法院裁定中止执行。2013年6月21日，周大庆向江津区医保中心递交《社保基金先行支付申请书》，医保中心以周大庆所在的远润建筑公司事先并未为其参加工伤保险，其不属于江津区医保中心的服务对象为由，答复不给予先行支付。周大庆诉至西海市江津区人民法院，请求判决撤销医保中心作出的《关于周大庆同志申请工伤保险基金先行支付的回复》，并判决医保中心先行支付周大庆各种工伤保险待遇合计113 177.88元。

法津分析

一审法院认为，《社会保险法》第8条规定："社会保险经办机构提供社会保险服务，负责社会保险登记、个人权益记录、社会保险待遇支付等工作。"故为申请人审核社会保险待遇并支付是被告的法定职责。本案中，原告周大庆因工受伤，依法经西海市江津区劳动人事争议仲裁院仲裁，经江津区人民法院一审和西海五中院二审，法律文书生效后，原告周大庆依法向江津区人民法院申请强制执行，江津区人民法院已出具中止执行的法律文书，原告周大庆有权要求社会保险经办机构先行支付工伤保险待遇。一审法院判决撤销被告西海市江津区医疗保险中心于2013年6月27日作出的《关于周大庆同志申请工伤保险基金先行支付的回复》；判令医保中心审核并发放原告周大庆应获得的工伤保险待遇。江津医保中心不服提起上诉，西海五中院日前作出二审判决，维持原判驳回上诉。

用人单位未缴纳工伤保险费且不支付工伤保险待遇的由工伤保险基金先行支付。《社会保险法》第41条规定："职工所在用人单位未依法缴纳工伤保险费，发生工伤事故的，由用人单位支付工伤保险待遇。用人单位不支付的，从工伤保险基金中先行支付。从工伤保险基金中先行支付的工伤保险待遇应当由用人单位偿还。用人单位不偿还的，社会保险经办机构可以依照本法第63条的规定追偿。"《社会保险基金先行支付暂行办法》第6条规定："职工所在用人单位未依法缴纳工伤保险费，发生工伤事故的，用人单位应当采取措施及时救治，并按照规定的工伤保险待遇项目和标准支付费用。职工被认定为工伤后，有下列情形之一的，职工或者其近亲属可以持工伤认定决定书和有关材料向社会保险经办机构书面申请先行支付工伤保险遇：……（三）依法经仲裁、诉讼后仍不能获得工伤保险待遇，法院出具中止执行文书的。"

　　用人单位未为职工办理社会工伤保险登记，应认定为用人单位未依法缴纳工伤保险费。本案中，未办理工伤保险登记的劳动者被认定为工伤，用人单位不支付工伤保险待遇，劳动者向社会保险经办机构申请先行支付工伤保险待遇，人民法院应予支持。

22. 焊工在生产作业中需要注意哪些事项？

典型事例

　　2013年10月份，某港局XX机械加工厂电焊车间承担一批急需焊接的零部件。当时车间有专业电焊工3名，因交货时间较紧，3台手工焊机要同时开工。由于有的零部件较大，有的需要定位焊接，电焊工人不能独立完成作业，必须他人协助才行。车间主任在没有配发任何防护用品的情况下，临时安排3名其他工人（钣金工）辅助电焊工操作。电焊车间约$40m^2$，高10m，3台焊机同时操作，3名辅助工在焊接时需要上前扶着焊件，电光直接照射眼睛和皮肤，他们距离光源大约1米，每人每次上前约30分钟不等。工作了半天，下班回家不到4小时，除电焊工佩戴有防护用品没有任何部位灼伤外，3 名辅助工的眼睛、皮肤都先后出现了症状，其情况报告如下：

3 名辅助工均为男性，年龄在 25～40 岁之间。被电光灼伤出现眼睛剧痛、怕光、流泪、上下肢皮肤有灼热感，痛苦难忍，疼痛剧烈，即日下午到医院求治。检查发现 3 人两眼球结膜均充血、水肿、面部、颈部等暴露部位的皮肤表现为界限清楚的水肿性红斑，其中 1 名辅助工穿着背心短裤上前操作，结果肩部、两臂及两腿内侧均出现大面积水疱，并且有部分已脱皮。3 人均按烧伤给予对症处理。主要采用局部用药和脱离现场休息。眼部症状经治疗痊愈，视力恢复。皮肤灼伤部位经门诊治疗痊愈，未留任何疤痕。

法律分析

该车间属于专业车间，由机械厂统一安排生产。该厂领导在生产任务重的情况下，没有充分考虑车间实际情况，而一味要求按时完成任务，致使车间主任盲目组织，在辅助工没有任何防护用品的情况下作业，违反了《职业病防治法》第 28、29、36 条的规定。

尽管电光对眼睛、皮肤的灼伤在短期内可以治愈，但它给工人带来的痛苦确实极大，如果多次灼伤可以影响视力。此外，还有些毒物对机体的损伤是不可逆转的，可以给工人造成终身残疾。所以，在任何时候对工人的防护都是不可忽视的，这一点必须引起单位领导、职工个人、职业卫生管理人员的高度重视。

焊工应遵守"十不焊割"原则。日常作业中，有下列情况之一的，焊工有权拒绝焊割，企业都应支持，不得强迫工人违章作业。

（1）焊工没有操作证，又没有正式焊工在现场进行技术指导时不能进行焊割作业；

（2）凡属一级、二级、三级动火范围的焊割，未办理动火审批手续，不得擅自进行焊割；

（3）焊工不了解焊割现场周围的情况，不能盲目焊割；

（4）焊工不了解焊割件内部是否安全时不能焊割；

（5）盛装过可燃气体、易燃液体、有毒物质的各种容器，未经彻底清洗之前；大型油罐、气柜经清洗后，未进行气体测爆，或测爆后已间隔了2个小时以上时，不能焊割；

（6）用可燃材料（如塑料、软木、玻璃钢、聚丙烯薄膜、稻草、沥青等）做保温、冷却、隔音、隔热的部位，火星能飞溅到的地方，在未经采取切实可靠的安全措施之前，不能焊割；

（7）有压力或密封的容器、管道不得焊割；

（8）焊割部位附近堆有易燃易爆物品，在未彻底清理或未采取有效的安全措施前不能焊割；

（9）与外单位相接触的部位，在没有弄清外单位有无影响，或明知存在危险性又未采取切实有效的安全措施之前，不能焊割；

（10）焊割场所与附近其他工种互相有抵触时不能焊割。

23. 企业如何保证用电安全？

典型事例

某厂在承包工程的室外地沟里进行对接管道作业的青年管工拉着焊机二次回路线，往焊管上搭接时触电，倒地后将回路线压在身下触电身亡。该管工在雨后有积水的管沟内摆对接管时，脚上穿的塑料底布鞋、手上戴的帆布手套均已湿透。当右手拉电焊机回路线往钢管上搭接时，裸露的线头触到戴手套的左手掌上，使电流在回线——人体——手把线（已放在地上）之间形成回路，电流通过心脏。尤其是触电倒下后，在积水的沟内，人体成了良好的导体，那时人体电阻在1000欧左右，电焊机空载二次电压在70伏左右，则通过人体的电流70毫安。而成人通常的致颤电流即致命电流为 50 毫安。70 毫安电流使其心脏不能再起压送血液的作用，所以血液循环停止造成死亡。环境的不安全因素加之缺乏安全用电知识使年仅 23 岁的青工死于非命。

法律分析‖

　　上述案例是一起典型的因生产操作人员在生产作业过程中掉以轻心、麻痹大意导致触电身亡事故，那么在日常生产作业中，为了保证用电安全，企业该如何进行防范呢？

　　（1）要想保证工厂用电的安全，坐地扇、手电钻等移动式用电设备就一定要安装使用漏电保护开关。漏电保护开关要经常检查，每月试跳不少于一次，如有失灵立即更换。保险丝烧断或漏电保护开关跳闸后要查明原因，排除故障才可恢复送电。

　　（2）千万不要用铜线、铝线、铁线代替保险丝，空气开关损坏后立即更换，保险丝和空气开关的大小一定要与用电容量相匹配，否则容易造成触电或电气火灾。

　　（3）用电设备的金属外壳必须与保护线可靠连接，单相用电要用三芯电缆连接，三相用电的用四芯电缆连接。保护在户外与低压电网的保护中性线或接地装置可靠连接。保护中性线必须重复接地。

　　（4）电缆或电线的驳口或破损处要用电工胶布包好，不能用医用胶布代替，更不能用尼龙纸包扎。不要用电线直接插入插座内用电。

　　（5）电器通电后发现冒烟、发出烧焦气味或着火时，应立即切断电源，切不可用水或泡沫灭火器灭火。

　　（6）不要用湿手触摸灯头、开关、插头插座和用电器具。开关、插座或用电器具损坏或外壳破损时应及时修理或更换，未经修复不能使用。

　　（7）厂房内的电线不能乱拉乱接，禁止使用多驳口和残旧的电线，以防触电。

（8）电炉、电烙铁等发热电器不得直接搁在木板上或靠近易燃物品，对无自动控制的电热器具用后要随手关电源，以免引起火灾。

（9）工厂内的移动式用电器具，如坐地式风扇、手提砂轮机、手电钻等电动工具都必须安装使用漏电保护开关实行单机保护。

（10）发现有人触电，千万不要用手去拉触电者，要尽快拉开电源开关或用干燥的木棍、竹竿挑开电线，立即用正确的人工呼吸法进行现场抢救。

（11）电气设备的安装、维修应由持证电工负责。

24. 如何预防坍塌事故？

典型事例‖

2013 年 3 月，在某市政公司承接的苏州河支流污水截流工程金钟路某号路段工地上，施工单位正在做工程前期准备工作。为了了解地下管线情况、土质情况及实测原有排水管涵位置标高，下午 3 点 30 分开始地下管线探摸、样槽开挖作业。下午 4 点 30 分左右，当挖掘机将样槽挖至约 2 米深时，突然土体发生塌方，当时正在坑底进行挡土板支撑作业的工人周某避让不及，身体头部以下被埋入土中，事故发生后，现场项目经理、施工员立即组织人员进行抢救，并通知 120 救护中心、119 消防部门赶赴现场进行抢救，虽经多方全力抢救但未能成功，下午 5 点 20 分左右，周某在某中心医院死亡。

法律分析‖

1. 防止坍塌事故的基本安全要求：

（1）必须认真贯彻建设部"重申防止坍塌事故的若干规定"

和"关于防止坍塌事故的紧急通知"精神，在项目施工中必须针对工程特点编制施工组织设计，编制质量、安全技术措施，经甲乙方及监理单位审批后实施。

（2）工程土方施工，必须单独编制专项的施工方案，编制安全技术措施，防止土方坍塌，尤其是制定防止毗邻建筑物坍塌的安全技术措施。

第一，按土质放坡或护坡。施工中，要按土质的类别，较浅的基坑，要采取放坡的措施，对较深的基坑，要考虑采取护壁桩、锚杆等技术措施，必须有专业公司进行防护施工。

第二，降水处理。对工程标高低于地下水以下，首先要降低地下水位，对毗邻建筑物必须采取有效的安全防护措施，并进行认真观测。

第三，基坑边堆土要有安全距离，严禁在坑边堆放建筑材料，防止动荷载对土体的震动造成原土层内部颗粒结构发生变化。

第四，土方挖掘过程中，要加强监控。

第五，杜绝"三违"现象。

（3）模板作业时，对模板支撑宜采用钢支撑材料作支撑立柱，不得使用严重锈蚀、变形、断裂、脱焊、螺栓松动的钢支撑材料和竹材作立柱。支撑立柱基础应牢固，并按设计计算严格控制模板支撑系统的沉降量。支撑立柱基础为泥土地面时，应采取排水措施，对地面平整、夯实，并加设满足支撑承载力要求的垫板后，方可用以支撑立柱。斜支撑和立柱应牢固拉接，行成整体。

（4）严格控制施工荷载，尤其是楼板上集中荷载不要超过设计要求。

2. 发生坍塌事故的应急措施：

（1）当施工现场的监控人员发现土方或建筑物有裂纹或发出异常声音时，应立即报告给应急救援领导小组组长，并立即下令停止作业，并组织施工人员快速撤离到安全地点。

（2）当土方或建筑物发生坍塌后，造成人员被埋、被压的情况下，应急救援领导小组全员上岗，除应立即逐级报告给主管部门之外，应保护好现场，在确认不会再次发生同类事故的前提下，立即组织人员进行抢救受伤人员。

（3）当少部分土方坍塌时，现场抢救组专业救护人员要用铁锹进行撮土挖掘，并注意不要伤及被埋人员；当建筑物整体倒塌时，造成特大事故时，由市应急救援领导小组统一领导和指挥，各有关部门协调作战，保证抢险工作有条不紊地进行。要采用吊车、挖掘机进行抢救，现场要有指挥并监护，防止机械伤及被埋或被压人员。

（4）被抢救出来的伤员，要由现场医疗室医生或急救组急救中心救护人员进行抢救，用担架把伤员抬到救护车上，对伤势严重的人员要立即进行吸氧和输液，到医院后组织医务人员全力救治伤员。

（5）当核实所有人员获救后，将受伤人员的位置进行拍照或录像，禁止无关人员进入事故现场，等待事故调查组进行调查处理。

（6）对在土方坍塌和建筑物坍塌死亡的人员，由企业及市善后处理组负责对死亡人员的家属进行安抚，做好伤残人员安置和财产理赔等善后处理工作。

25. 如何预防瓦斯爆炸事故？

典型事例

2014年8月18日20时40分，生产副矿长殷学林、总工程师沈道德主持召开夜班调度会。随后，掘进副矿长刘庆阳到采煤队召开班前会，安排采煤队在-530mC13回煤工作面作业，一个头回煤，一个头退后8m掘进煤巷。合法区域未安排采掘作业。放炮员陶保明领取10发雷管和20卷炸药。当班共安排39人下井作业（带班矿领导韩兴先当班未下井，实际下井38人），其中：采煤队22人、运输队10人、瓦斯检查员2人。21时30分，作业人员下井。19日3时56分，−530mC13回煤工作面放炮时发生瓦斯爆炸。

事故调查组最终确定事故发生的原因为：

（1）事故区域煤层瓦斯含量高，没有进行瓦斯抽采；采用国家明令淘汰的"以掘代采"的采煤方法；通风能力不足，局部通风机循环风；瓦斯积聚。违章放炮产生的火源。引起瓦斯爆炸。

（2）蓄意隐瞒违法生产行为。通过开掘暗道，采取假图纸、假资料、假密闭、假视频监控、假人员定位以及遮挡绞车天轮、及时转运非法生产的煤炭、设置暗哨等手段逃避监管。

法律分析

瓦斯爆炸是煤矿安全的最大威胁，严重影响矿井作业人员的生命健康安全，那么如何才能够有效的预防瓦斯爆炸事故呢？

（1）防止瓦斯积聚。所谓瓦斯积聚是指局部瓦斯浓度超过2%；其体积超过0.5立方米的现象。为了防止瓦斯积聚，每一矿井必须从生产技术管理上尽量避免出现盲巷，临时停工地点不准停风，并加强通风系统管理，严格执行瓦斯检查制度，及时安全地处理积聚瓦斯。

（2）防止瓦斯被引燃。防止瓦斯引燃的措施是严禁和杜绝一切火源；严格管理和控制生产中可能发生的火、热源，防止它的产生或限制其引燃瓦斯的能力。因而严禁携带烟草和点火物品下井，矿灯应完好，否则不得发放，应爱护矿灯，严禁拆开、敲打、撞击；加强电器设备管理和维护，采用防爆型的电器设备，井下供电还应做到无鸡爪子，无羊尾巴，无明接头，坚持使用煤电钻综合保护，坚持局扇风电闭锁。

（3）防止瓦斯爆炸灾害扩大。为了防止万一发生爆炸，应使灾害限制在尽可能小的范围，并尽可能减少损失，为此通风系统力求简单，采用并联通风，禁止大串联通风。

（4）加强通风。使瓦斯浓度降低到《煤矿安全规程》规定的浓度以下，即采掘工作面的进风风流中不超过 0.5%，回风风流不超过 1%，矿井总回风流中不超过 0.75%。

（5）加强检查工作。及时检查各用风地点的通风状况和瓦斯浓度，查明隐患进行处理，是日常进行瓦斯管理的重要内容。我国井工矿井目前所用的甲烷检查仪器有：光学甲烷检定器、热放式甲烷检定器、甲烷警报器和甲烷遥测警报仪等。班组长及安全检查工佩带使用比较先进的 TX 系列智能便携式气体监测仪和遥测仪器等。

（6）对瓦斯含量大的煤层，进行瓦斯抽放，降低煤层及采空区的瓦斯涌出量。

26. 企业承包、出租项目时应遵从哪些安全规定？

典型事例

王大力是某路桥建设公司的员工，主要从事沥青铺路工作，常年解除沥青，搬运、装卸时都要用肩扛，完工后全身都沾满污垢，且沥青所散发出的气味比较刺鼻，如果不带防护口罩，长时间工作后会感到头晕、恶心。但王大力所在的公司却一直未给员工提供防护服、口罩等防护用具，且工地没有洗澡设备等卫生设施。王大力等人要求公司添加相应设备，却遭到拒绝，无奈之下，王大力等人向当地劳动争议仲裁委员会提出申诉，要求公司改善劳动条件。仲裁委员会经调查发现，该公司的筑路工程为招标承包，承包者又将具体作业层层分包，费用全部分到每个职工，公司要求工具和洗澡设备应由职工自己解决。仲裁委员会认为，企业在生产中将部分工程承包出去也不得违反国家安全生产法律法规，遂裁决该公司为王大力等沥青操作工购置洗澡设备、防护工具等。

法律分析

本案涉及的是生产经营企业以工程转包为由不为工业人员提供劳动保护导致劳动争议的问题。我国《安全生产法》第46条规定："生产经营单位不得将生产经营项目、场所、设备发包或者出租给不具备安全生产条件或者相应资质的单位或者个人。生产经营项目、场所发包或者出租给其他单位的，生产经营单位应当与承包单位、承租单位签订专门的安全生产管理协议，或者在承包合同、租赁合同中约定各自的安全生产管理职责；生产经营单位对承包单位、承租单位的安全生产工作统一协调、管理，定期进行安全检查，发现安全问题的，应当及时督促整改。"

从上述法条可以看出，生产经营企业发包、出租项目时，首先要确保对方具备安全生产条件以及相应资质。本案中，王大力所在的路桥建设公司将筑路工程承包给其他单位，该单位未给员工提供安全生产条件，从这点看，建设公司显然没有尽到合理注意义务，违反法律规定。另一方面，企业在生产经营过程中，为了经济利益以及工作效率，往往会把生产经营项目发包、出租给其他单位，此时就会产生管理责任的承担问题。《安全生产法》要求发包方与承包方必须签订安全生产管理协议，划分管理职责。而且，生产经营单位即便将工程项目承包出去，但根据第46条第3款的规定，生产经营单位要与承包、承租单位进行安全工作的协调，定期进行安全检查，发现问题应当及时督促整改，由此可见，生产经营企业同样承担安全生产职责，因此，王大力所在的企业违反法律规定，仲裁委员会的裁决是正确的。

27. 井下发生事故后如何进行避灾以及急救？

典型事例‖

壕赖沟铁矿（Ⅰ号矿段）位于包头市以东壕赖沟至雪海沟一带，矿区面积 0.666 平方公里，资源储量 2286 万吨。该矿于 2002 年 8 月建井投入生产，先后建成竖井 5 条，斜井 3 条。2007 年 1 月 16 日 23 时许，矿值班员接到报告说 1 号斜井出水。值班员在要求 1 号竖井撤出人的同时，向矿里汇报了情况。值班副矿长发现 35 名矿工被困井下后，一方面通知超越集团有限责任公司董事长，另一方面于 17 日 4 时，安排 3 号斜井开始打平巷，施救井下遇险矿工。26 日，经各方专家论证，井下人员已无生还可能，事故抢险救援指挥部决定停止抢险救工作。至此，29 名矿工在事故中遇难。

事故调查组最终确定，导致这次特大事故的原因为由于地下采掘活动致使采空区顶板应力平衡遭到破坏，引发采空区顶板的岩层移动。在冒落、导水裂隙、地层压力、静水压力等诸多因素的综合作用下，造成矿体顶板垮落，使第四系的水、泥沙涌入矿井。事故调查技术组分析认定，该事故的直接原因是：由于地质构造、水文地质条件复杂，矿方既未执行开发利用方案，也未按照采矿设计（长沙冶金设计研究院为该矿设计的采矿方法为上行采矿，大量放矿后，采用废石充填或低标号水泥尾砂胶结充填）进行采矿，造成矿井透水。

法律分析‖

矿难事故一旦发生，不仅救援难度大，被困矿井的从业人员逃生的难度也非常大，但如果在矿难发生后，沉着应对，采取有效措施合理进行施救以及自救，将会大大提高生存可能，争取到宝贵的救援时间。下面我们为大家列举了发生井下事故后，有效进行避灾的几种措施：

（1）积极抢救。灾害事故发生后，处于灾区内以及受威胁区域的人员，应沉着冷静，根据灾情和现场条件，在保证自身安全的前提下，采取积极有效的方法和措施，及时投入现场抢救，将事故消灭在初起阶段或控制在最小范围，最大限度地减少事故造成的损失。在抢救时，必须保持统一的指挥和严密的组织，严禁冒险蛮干和惊慌失措，严禁各行其是和单独行动；要采取防止灾区条件恶化和保障救灾人员安全的措施，特别要提高警惕，避免中毒、窒息、爆炸、触电、二次突出、顶帮二次垮落等再生事故的发生。

（2）安全撤离。当受灾现场不具备事故抢救的条件，或可能危及人员的安全时，应由在场负责人或有经验的老工人带领，根据预防灾害计划中规定的撤退路线和当时当地的实际情况，尽量选择安全条件最好、距离最短的路线，迅速撤离危险区域。在撤退时，要服从领导，听从指挥，根据灾情使用防护用品和器具；要发扬团结互助的精神和先人后己的风格，主动承担工作任务，照料好伤员和年老体弱的同志；遇有溜煤眼、积水区、垮落区等危险地段，应探明情况，谨慎通过。

（3）妥善避灾。如无法撤退（通路冒顶阻塞、在自救器有效工作时间内不能到达安全地点等）时，应迅速进入预先筑好的或就近地点快速建筑的临时避难硐室，妥善避灾，等待矿山救护队的援救。

（4）因事故造成自己所在地点有毒有害气体浓度增高，可能危及人员生命安全时，必须及时正确地佩戴自救器，并严格制止不佩戴自救器的人员进入灾区工作或通过窒息区撤退。撤退时要根据灾害及现场的实际情况，采取不同的对应措施。

（5）在受灾地点或撤退途中，发现受伤人员，只要他们一息尚存，就应组织有经验的同志积极进行抢救，并运送到安全地点。

（6）对于从灾区内营救出来的伤员，应妥善安置到安全地点，并根据伤情，就地取材，及时进行人工呼吸、止血、包扎、骨折临时固定等急救处理。

（7）在现场急救和运送伤员过程中，方法要得当，动作要准确、轻巧，避免伤员扩大伤情和受不必要的痛苦。

（8）在灾区内避灾待救时，所有遇险人员应主动把食物、饮用水交给避灾领导人统一分配，矿灯要有计划地使用。每人应积极完成自己承担的任务，精心照料伤员和其他同志，共同渡过难关，安全脱险。

28. 生产事故的责任主体有哪些？

典型事例

2009 年 9 月 19 日 17 时 5 分，酒泉市肃北县凯富矿业有限公司金庙沟煤矿发生一起较大瓦斯（一氧化碳中毒）事故，造成 4 人死亡，1 人受伤，直接经济损失 145.5 万元。

2009 年 9 月 19 日 7 时，采煤队长郭效学带领 17 名工人先后乘坐副井人车入井，下井后按各自分工到 1292 采煤工作面从事采煤和维修巷道作业。班长白中全发现井下刮板输送机电路故障，挂钩工侯文东配合白中全与地面联系派人维修刮板输送机，因刮板输送机没有修好，采煤工作面暂时没有放炮落煤。11 时，侯文东到皮带巷闻到很小的烟味，没有在意就去了采煤工作面。约 13 时，侯文东又到皮带巷闻到明显的烟味，怀疑是主井口附近的房间里有人给火炉子生火，然后乘坐人车升井，到主井口后没有发现生火，他就给矿长康应东汇报了井下有烟味的异常情况。与此同时，康应东接到了技术员成国荣的报告，称瓦斯监控系统显示回风巷一氧化碳浓度达到47ppm，瓦斯监控系统持续报警。13 时 30 分康应东给董事长诸葛志文汇报了情况，13 点 50 分，诸葛志文决定立即启动重大灾害紧急处理预案，通知下井作业的 17 名工人全部撤离井下，14 时 25 分 17 名工人全部升井到地面，14 时 45 分诸葛志文通知机电队长李支胡关闭井下电源。15 时 30 分，康应东决定从主井下井侦查一氧化碳超限原因，随即安排副矿长马文魁、技术员成国荣、采煤队长郭效学、采煤工赵国兴下井查看情况，4 人带着自救器和矿灯从主井进入了井下。约 16 时 30 分，马文魁、成国荣、赵国兴从主井升井，留下郭效学查看井下电缆受损情况。升井后的马文魁对诸葛志文和康应东说："在 1358 至 1405 水平之间主井井筒顶板着火冒烟，着火原因可能是昨天马鬃山地震造成顶板产生裂隙，致使上水平采空区着火的煤屑从地震开的裂缝处冒落到 1405 水平以下 20 来米的木棚绞梁处，引燃顶梁，问题不大，只需要灭火器和水桶就可以把火浇灭了。"16 时 50 分，康应东说到井下打 6 声铃地面就把风机停了，然后他带着马文魁、成国荣、赵国兴和采煤班长于斌 5 人将灭火器和水桶装上矿车入井灭火，到达井下现场后，发现火势很大，根本无法扑灭，为了防止高压电缆被烧坏，康应东决定关掉主扇，当时信号铃打不响，康应东派于斌步行到井口通知停风机和提升矿车，于斌回到地面通知绞车工向上提升，然后关掉风机。矿车升至地面后，发现矿车上没有人。诸葛志文感觉到停风机措施不当，随即通知将风机打开。约 17 点 20 分侯文东乘坐矿车下井察看情况，到达距井口 180m ～ 190m 时，看见马文魁趴在巷道底板上，侯文东急忙下车发现马文魁已经失去知觉，在马文魁下方 2 米处看见成国荣倚靠在井筒巷帮上，再往下十几米看见康应东也趴在底板上不省人事，侯文东感觉情况不妙，急忙往井口爬，向地面人员求救。20 时 30 分，康应东、马文魁、成国荣、郭效学4人经抢救无效确诊死亡。事故发生当天，肃北县安全生产监督管理局金庙沟安监站没有安排人员值守，组织全部人员去附近四勘院索战武金矿进行安全检查，肃北县安全生产监督管理局有关人员去非煤矿山检查安全工作。

直接原因：在处理主井井筒火灾的过程中，矿长和管理人员冒险灭火作业，违章指挥人为切断主要通风机电源，停止井下抽风，致使井下风流方向突然逆转，高浓度一氧化碳有毒气体无法排出，造成正在灾区灭火作业的五人中毒。

间接原因：

（1）该矿安全管理不到位，没有严格执行重大灾害应急预案和防灭火技术措施。在查明发火地点和原因后，对火势的蔓延程度和火情的危险性估计不足，在明火范围迅速扩大的情况下，没有及时撤离火灾现场，等待专业救护队进行灭火，而在没有安全员和瓦检员监护检查的情况下违章冒险进行灭火作业。

（2）该矿安全责任制度落实不够，安全意识淡薄。事故前5小时矿井监测监控系统开始持续报警，总回风一氧化碳传感器显示数据超限并逐渐增大，未引起矿方高度重视，反应迟缓，没有及时查明原因进行处理，直到井下人员发现烟雾升井汇报后，才组织人员下井侦查，且没有制定灭火的具体方案，采取的灭火措施不当，盲目处置，延误了有效处理着火点的最佳时机。

（3）矿井"一通三防"管理不到位，瓦斯检查制度不落实，不执行密闭巡回检查制度。没有对采空区和巷道火区密闭进行有效管理，未进行火区巡回检查和观测有毒有害气体浓度和温度，没有发现原采空区密闭不严出现漏风，也不能及时发现发火征兆和处理高温火点。

（4）该矿安全隐患排查治理工作不到位，没有建立完善的火灾监测系统。未制定有针对性的开采易自燃煤层的综合预防煤层自然发火措施，没有建立自然发火预测预报制度和定期检查分析矿井存在的防灭火安全隐患。事故前一天马鬃山地区发生地震后，也没有组织有关人员对井下是否发生异常情况进行检查。

（5）该矿对职工的安全培训教育不够，职工安全意识淡薄，缺乏井下灭火的基本知识，对一氧化碳气体的危害认识不足，在处理井下火灾时没有检测灾区有毒有害气体浓度，没有使用安全防护器具，也没有采取任何安全防护措施。

（6）肃北县安全生产监督管理部门安全监管职责履行不够，金庙沟矿区安监站和救护队没有严格落实值班制度，事故发生时全部人员外出检查，没有留守值班人员；日常监督检查不严不细，没有发现该矿长期不检测一氧化碳气体浓度和温度，未督促该矿严格落实火区巡回检查制度；虽然在事故前一天对井下和地面进行了安全检查，但没有检查发现该矿存在发火预兆的安全隐患。

法律分析

我国《安全生产法》第91条规定："生产经营单位的主要负责人未履行本法规定的安全生产管理职责的，责令限期改正；逾期未改正的，处二万元以上五万元以下的罚款，责令生产经营单位停产停业整顿。生产经营单位的主要负责人有前款违法行为，导致发生生产安全事故的，给予撤职处分；构成犯罪的，依照刑法有关规定追究刑事责任。生产经营单位的主要负责人依照前款规定受刑事处罚或者撤职处分的，自刑罚执行完毕或者受处分之日起，五年内不得担任任何生产经营单位的主要负责人；对重大、特别重大生产安全事故负有责任的，终身不得担任本行业生产经营单位的主要负责人。"

因此，发生事故后，生产经营单位的主要负责人必然要承担相应的法律责任。

另外，《安全生产法》第59条规定："县级以上地方各级人民政府应当根据本行政区域内的安全生产状况，组织有关部门按照职责分工，对本行政区域内容易发生重大生产安全事故的生产经营单位进行严格检查。安全生产监督管理部门应当按照分类分级监督管理的要求，制定安全生产年度监督检查计划，并按照年度监督检查计划进行监督检查，发现事故隐患，应当及时处理。"

这表明政府安全生产监督管理部门是具有监督管理职责的。从上述事故发生的原因来看，正是由于事故发生当天，监管部门没有派员值班，且对该矿长期违规作业没有有效的监督，才致使事故发生。《安全生产法》第87条规定："负有安全生产监督管理职责的部门的工作人员，有下列行为之一的，给予降级或者撤职的处分；构成犯罪的，依照刑法有关规定追究刑事责任：①对不符合法定安全生产条件的涉及安全生产的事项予以批准或者验收通过的；②发现未依法取得批准、验收的单位擅自从事有关活动或者接到举报后不予取缔或者不依法予以处理的；③对已经依法取得批准的单位不履行监督管理职责，发现其不再具备安全生产条件而不撤销原批准或者发现安全生产违法行为不予查处的；④在监督检查中发现重大事故隐患，不依法及时处理的。负有安全生产监督管理职责的部门的工作人员有前款规定以外的滥用职权、玩忽职守、徇私舞弊行为的，依法给予处分；构成犯罪的，依照刑法有关规定追究刑事责任。"因此，监管部门对事故的发生同样负有责任。

29. 擅自生产、经营、储备危险物品，应承担什么法律责任？

典型事例

2014年9月，马某某、黄某某夫妇承包经营浦北县长岭爆竹厂，并与外商签订了大批量的供货合同。为能够按时供货，马某某、黄某某夫妇在未经有关部门的批准下，擅自改变厂房用途，同时违规超员、超药量进行烟花生产。因疏于监督管理，车间主任马劲负责管理的车间南 6 号工房存在着滞留药量过大、超员生产、工人违规违章冒险作业等诸多安全隐患。2014 年 10 月 4 日下午工人在压纸片操作时挤压摩擦引起爆炸，并在瞬间引爆了这栋工房内的药物和半成品，紧接着引爆了 5 号工房、水塘西侧配药间南面药物中转房、南 10 号工房的药物以及半成品。此次爆炸造成 37 人死亡、53 人受伤，直接经济损失价值人民币 124 万多元。

法津分析

这是一起典型的涉及危险物品肇事罪案例。企业在生产经营过程中，如果擅自生产、经营、储备危险物品，我国《安全生产法》第 95 条规定："生产经营单位有下列行为之一的，责令停止建设或者停产停业整顿，限期改正；逾期未改正的，处 50 万元以上 100 万元以下的罚款，对其直接负责的主管人员和其他直接责任人员处 2 万元以上 5 万元以下的罚款；构成犯罪的，依照刑法有关规定追究刑事责任：①未按照规定对矿山、金属冶炼建设项目或者用于生产、储存、装卸危险物品的建设项目进行安全评价的；②矿山、金属冶炼建设项目或者用于生产、储存、装卸危险物品的建设项目没有安全设施设计或者安全设施设计未按照规定报经有关部门审查同意的；③矿山、金属冶炼建设项目或者用于生产、储存、装卸危险物品的建设项目的施工单位未按照批准的安全设施设计施工的；④矿山、金属冶炼建设项目或者用于生产、储存危险物品的建设项目竣工投入生产或者使用前，安全设施未经验收合格的。"

上述法律规定的是企业应当承担的行政责任。《安全生产法》第 97 条又规定："未经依法批准，擅自生产、经营、运输、储存、使用危险物品或者处置废弃危险物品的，依照有关危险物品安全管理的法律、行政法规的规定予以处罚；构成犯罪的，依照刑法有关规定追究刑事责任。"这里所说的构成犯罪即构成刑法中的危险物品肇事罪。

危险物品肇事罪（《刑法》第136条），是指违反爆炸性、易燃性、放射性、毒害性、腐蚀性物品的管理规定，在生产、储存、运输、使用中，由于过失发生重大事故，造成严重后果的行为。本罪侵犯的客体是公共安全，即不特定多数人的生命、健康和重大公私财产的安全。本罪的犯罪对象是特定的，即能够引起重大事故的发生，致人重伤、死亡或使公私财产遭受重大损失的危险物品，它包括：①爆炸性物品，是指雷管、导火线、导爆管、非电导爆系统等各种起爆器材，雷汞、雷银、三硝基间苯二酚铅等各种起爆药，硝基化合物类炸药、硝基胺类炸药、硝酸类炸药、高能混合炸药、爆破剂等各类炸药，以及烟火剂、民用信号弹、烟花爆竹等；②易燃性物品，如汽油、酒精、液化气、煤气、氢气、胶片以及其他易燃液体、易燃固体、自燃物品等；③放射性物品，是指通过原子核裂变时放出的射线发生伤害作用的物质，如镭、铀、钴等放射性化学元素；④毒害性物品，如甲胺磷、磷化铝、砒霜、五氯酚、氯化钾、氰化钠、氧化乐果、敌敌畏、敌百虫等；⑤腐蚀性物品，如硫酸、盐酸、硝酸等。爆炸物、易燃性、放射性、毒害性、腐蚀性物品都具有双重属性。本罪在客观方面表现为在生产、储存、运输、使用危险物品的过程中，违反危险物品管理规定，发生重大事故，造成严重后果的行为。

综上所述，本案马某以及黄某夫妇所经营的工厂发生重大安全事故，造成巨大的人员伤亡，危害了公共安全，因此三人构成危险物品肇事罪，应当依法承担刑事责任。

30. 工伤如何进行认定？

典型事例‖

张某某于 2013 年 8 月在某建筑工地上班时左脚受伤，张某某并未在意，继续工作。下班后只到药店拿了点药进行外敷。第二天张某某给老板请假回家休息，十多天后左脚越来越肿并形成血栓。最后转到大医院进行治疗，并进行了左腿高位截肢。医生同时诊断由于右腿已感染，也需要截肢。老板支付 5 万元左右医疗费后，拒绝再支付后期医疗费，并拒绝认可张某某受伤为工伤。张某某因家庭经济非常困难，本人根本无法筹集到后期巨额的医疗费，张某某一家陷入困境。

法律分析‖

工伤认定是工伤事故责任认定的基础事实认定。它关系到工伤事故责任的构成问题。将职工的人身伤害事实认定为工伤，则构成工伤事故责任，反之，则不构成工伤事故责任。

工伤认定分为广义、狭义的不同概念。广义的工伤认定，就是工伤事故责任认定，实际上就是说的工伤事故责任构成。狭义的工伤认定，是指对于具体的伤害事实确定是否属于工伤。在这里所说的工伤认定是指后者。

工伤认定，应当按照《工伤保险条例》第 14 条至第 16 条的规定进行。工伤、视同工伤者，构成工伤事故责任的基础事实；不得认定为工伤的，不属于工伤事故。按照《工伤保险条例》第 14 条，职工有下列情形之一的，应当认定为工伤：

（1）在工作时间和工作场所内，因工作原因受到事故伤害的。这是典型的工伤，包含了认定工伤的全部要素，而且都是典型的表现形式。

（2）工作时间前后在工作场所内，从事与工作有关的预备性或者收尾性工作受到事故伤害的。这种工伤认定的关键之点在于工作时间的延伸，将工作时间的前后认定为工作时间，其必要条件是从事的工作必须是与工作有关的预备性或者收尾性工作，因此，履行工作职责的要素也有一定的变化，只有工作场所的要素没有变化。

（3）在工作时间和工作场所内，因履行工作职责受到暴力等意外伤害的。这种情形，是工作原因要素的变化，遭受暴力等意外伤害并非工作原因，而仅仅是与履行工作职责有关。例如，在银行工作，遭受劫匪攻击造成损害，不论是不是为了保护银行财产，都应当认定为工伤。

（4）患职业病的。凡是患职业病，均与工作有关，因此一律认定为工伤。

（5）因工外出期间，由于工作原因受到伤害或者发生事故下落不明的。因工外出，其全部外出时间都认为是工作时间，其外出的地点以及沿途，也都认为是工作场所。由于工作原因受到伤害的，自然属于工伤。即使是在因工外出期间发生事故下落不明的，也应当认定为工伤。

（6）在上下班途中，受到机动车事故伤害的。上下班途中的时间，是为了执行职责，并不是为了自己目的而行为，因此是工作时间的延伸，因意外事故遭受损害的，也是认为是工作时间。如果劳动者在上下班途中遭受的损害是由第三人造成的，用人单位没有责任，则应由第三人承担赔偿责任。对此，《工伤保险条例》规定，上下班途中遭受机动车事故伤害的，认为是工作时间遭受的损害。

（7）法律、行政法规规定应当认定为工伤的其他情形。其他法律和法规规定应当认定为工伤，而《工伤保险条例》没有规定的，也应当认定为工伤。

按照《工伤保险条例》第 15 条，在工作时间和工作岗位，突发疾病死亡或者在 48 小时之内经抢救无效死亡的；在抢险救灾等维护国家利益、公共利益活动中受到伤害的；职工原在军队服役，因战、因公负伤致残，已取得革命伤残军人证，到用人单位后旧伤复发的，都视同工伤。视同工伤实际上并不是工伤，由于与履行工作职责有关，为了更好地保护职工权利，将其作为准工伤对待，也就是视同工伤。因此《工伤保险条例》第 15 条规定，职工有第 15 条第 1 款第 1 项、第 2 项情形的，按照本条例的有关规定享受工伤保险待遇；职工有第 15 条第 1 款第 3 项情形的，按照本条例的有关规定享受除一次性伤残补助金以外的工伤保险待遇。

按照《工伤保险条例》第 16 条，职工有下列情形之一的，不得认定为工伤或者视同工伤：①因犯罪或者违反治安管理伤亡的。职工因犯罪活着违反治安管理伤亡，自然是与履行工作职责无关，不得认定为工伤。②醉酒导致伤亡的。职工因醉酒而伤亡，也与履行工作职责无关，即使是在工作时间、工作场所，也不得认定为工伤。③自残或者自杀的。这种人身伤害是行为人自己的责任，不能认定为工伤。

31. 工伤认定的内容都有哪些?

典型事例

职工朱某系某国有钢铁企业的航车工，工作表现一贯较好。2008 年 10 月 8 日夜晚，朱某当晚班（晚 12:00 至次日 8:00）时突感到头部疼痛，便乘工作间歇，从航车上跳到紧挨航车不远的一幢平房上休息，睡得迷迷糊糊时，忽听有人叫喊："车间主任来了"。朱某听了急忙爬起来就走，却忘了自己是平房顶上，结果一脚踏空，从屋顶上掉下来，当即昏迷不醒。经 3 个月的住院治疗，共花去医药费近 3 万元人民币。3 个月后，朱某出院，但留下严重的脑震荡后遗症，经常头痛、晕眩，且由于脊椎骨受损，腿脚活动也受影响。朱某认为自己是因工负伤，遂要求企业认定其为工伤并落实工伤待遇，为其调换工作。厂方认为朱某受伤虽然是在工作时间内，但并不是在工作场所，也不是因为工作的原因而受伤，故不能认定为工伤，因而也就不能享受工伤待遇，但可以为朱某调换工种。朱某上班时间擅自离岗，属严重违纪，按规定应给予行政处分。朱某在多次协商不能解决工伤待遇的情况下，到劳动争议仲裁委员申请仲裁，劳动争议仲裁委员会受理后，经调查认为：朱某在劳动过程中确有严重违纪的现象，但其负伤仍是在日常工作时间和场所内造成的，因而应认定为工伤。在多次主持调解无和解可能的情况下，经开庭审理，劳动争议仲裁委员会作出如下裁决：朱某负伤属因工负伤，钢厂应按规定落实其工伤待遇；企业可以根据《企业职工奖惩条例》对朱某的违纪行为进行处理。

法津分析 ‖

工伤认定的机构是劳动保障行政部门。统筹地区的劳动保障部门分为省级和设区的市级，一般是由设区的市级劳动保障部门负责工伤认定，如果是属于省级劳动保障部门进行的工伤认定，则由用人单位所在地的设区的市级劳动保障部门办理。

工伤认定申请的申请人分为：①用人单位；②职工或者其直系亲属。用人单位申请的，应当在职工发生事故伤害或者被鉴定、诊断为职业病，所在单位应当自事故伤害发生之日或者被诊断、鉴定为职业病之日起的 30 日内，向统筹地区的劳动保障部门提出。如果有特殊情况，经过劳动行政部门同意，该期限可以适当延长。如果用人单位未按照前述规定提出工伤认定申请的，工伤职工或者其直系亲属、工会组织可以提出申请，其期限是 1 年。这样的规定有利于保护职工的合法权益。

提出工伤认定申请应当提交下列材料：一是工伤认定申请表；二是与用人单位存在劳动关系（包括事实劳动关系）的证明材料、医疗诊断证明或者职业病诊断证明书（或者职业病诊断鉴定书）。其中工伤认定申请表应当包括事故发生的时间、地点、原因以及职工伤害程度等基本情况。工伤认定申请人提供材料不完整的，劳动保障行政部门应当一次性书面告知工伤认定申请人需要补正的全部材料。申请人按照书面告知要求补正材料后，劳动保障行政部门应当受理。

在接受工伤认定申请之后，劳动保障行政部门有权进行调查核实。用人单位、职工、工会组织、医疗机构以及有关部门应当予以协助。职业病诊断和诊断争议的鉴定，依照《职业病防治法》的有关规定执行。对依法取得职业病诊断证明书或者职业病诊断鉴定书的，劳动保障行政部门不再进行调查核实。如果受伤害职工或者其直系亲属认为是工伤，而用人单位不认为是工伤的，用人单位应当负举证责任，提出不是工伤的证据。证明属实的，认定为不属于工伤；不能证明或者证明不足的，认定为工伤。劳动保障行政部门应当自受理工伤认定申请之日起 60 日内作出工伤认定的决定，并书面通知申请工伤认定的职工或者其直系亲属和该职工所在单位。

32. 对工伤认定不服怎么办?

典型事例

胡先生是某国有林业局林场职工，因林业局经济危困，自 2005 年起不给林场国有职工开工资。但是每到采伐期，林场将上级下达的采伐任务分派给林场职工，按照职工采伐木材数量给付劳务费，每采伐 1 立方米木材给付 30 元。胡先生负责将树木伐倒，造成可以装车的原木段，并需要将造好的木材段从山上采伐处运到山下装车，再有林业局运材车运到林业局国有贮木场。2012 年 9 月 15 日，胡先生受指派和其他职工到林区采伐树木，胡先生在采伐作业时不慎被树木砸伤腰椎和踝骨，经初步诊断可能构成五级伤残。胡先生申请劳动行政部门认定工伤，林业局林场经审查认定胡先生采伐树木时和林业局林场建立的是临时劳务关系，是按照采伐量直接计算劳务费的，故不应当视为工作时间，工作场所，并且当时造成林先生受伤的主要原因是自己的疏忽大意所致，故林业局林场不同意认定为工伤，后劳动行政部门作出了不予认定工伤的决定。胡先生对此不服，依法向上级劳动行政部门进行了复议，但被维持，胡先生只好向法院提起行政诉讼，来维护自己的合法权益。

法 津分析

那么，在现实生活中，如果遭遇工伤的职工对于工伤认定的结论不服时，该怎么办呢？

（1）对行政机关的工伤认定结论不服时，用人单位、职工及近亲属可以依法进行行政复议，对复议不服的还可以向人民法院提起行政诉讼。值得注意的是，这里的行政复议是前置程序，也就是说，不经过行政复议程序不得直接向法院提起诉讼。另外，如果劳动行政部门对认定申请不予受理，权利人可以直接向法院提起行政诉讼，此时行政复议不是前置程序。

（2）对鉴定机构的劳动能力鉴定结论不服时，应当向省级劳动能力鉴定委员会提出再次鉴定申请，省、自治区、直辖市劳动能力鉴定委员会作出的劳动能力鉴定结论为最终结论。这是由劳动能力鉴定的技术性较强所决定的，劳动能力鉴定委员会需建立医疗卫生专家库。列入专家库的医疗卫生专业技术人员应当具备法定条件，对于鉴定结论不服不属于法院的受案范围。

（3）工伤职工与用人单位就工伤待遇落实问题产生争议时，应作为劳动争议处理。根据劳动法的规定，劳动者与用人单位就工伤待遇产生争议的，其争议属于劳动争议范畴，应遵循先仲裁后诉讼的规则，也就是说，与用人单位就工伤待遇产生争议时，当事人一方可以直接向劳动仲裁委员会申请仲裁。这里的仲裁是劳动争议处理的必经程序，当事人不经仲裁程序不得直接向人民法院提起诉讼，否则人民法院不予受理。

（4）工伤职工对经办机构核定的工伤保险待遇有异议时，必须先经行政复议后才能诉讼。社保机构核定工伤待遇是履行国家职权的行为，所以此时的争议性质是行政争议，根据法律规定，权利人必须首先依法进行行政复议，对于复议决定不服的才可以向人民法院提起行政诉讼。

33. 试用期间受伤，是否属于工伤？

典型事例

小张是一名高级工程师，经朋友介绍准备到某技术公司从事技术工作（下列简称技术公司）。技术公司要求小张先进行试工，试工期为一个月，如试用合格才正式办理录用手续。在试工第6天，小张上班路上发生交通事故死亡。其家属要求技术公司给予小张工伤待遇，技术公司认为小张并非本厂的正式员工，对试用工未办理工伤保险，因此不应由其来做工伤认定。那么，小张作为试用工期间受到的伤算不算工伤呢？

法律分析

职工在试用期间发生事故，应认定为工伤并享受工伤待遇。

《工伤保险条例》第61条规定，"本条例所称职工，是指与用人单位存在劳动关系（包括事实劳动关系）的各种用工形式、各种用工期限的劳动者。"根据该条规定，职工是否签订书面劳动合同及是否处于试用期与工伤认定并无直接关系，在试用期间受伤，对工伤认定结果并无影响。职工受伤，只要符合《工伤保险条例》第14条、第15条规定的情形，且不具备《工伤保险条例》第16条规定的不得认定工伤情形，就应当认定为工伤。

本案中，小张虽然与技术公司没有签订书面合同，属于试用期间，但小张与技术公司之间存在事实劳动关系，而且发生机动车事故的地点是在去技术公司上班的途中，因此，应当适用《工伤保险条例》第14条第6项之规定，技术公司应当给予小张工伤赔偿。至于技术公司以"对试用工未办理工伤保险"为由，认为小张不能享受工伤待遇是错误的。根据《工伤保险条例》第61条，各种用工方式、各种用工期限的劳动者，均纳入工伤保险范畴，为职工缴纳工伤保险是技术公司法定的义务，技术公司"对试用工未办理工伤保险"，侵犯了小张的合法权利，属于违法行为，不能作为拒绝赔偿的理由，小张的工伤待遇应当由技术公司承担，申请工伤认定是技术公司法定的义务。

此外，《劳动合同法》规定，用人单位自用工之日起即与劳动者建立劳动关系。试用期包含在劳动合同期限内。该公司没有与张三签订劳动合同，也属违法行为，公司以此为由拒绝支付工伤待遇，更是于法无据。由此可见，职工的工伤待遇应从劳动关系形成之日起计算，而不是从试用期满之日起计算。

综上所述，小张家属应当向技术公司要求享受工伤待遇，如果技术公司拒绝，可以向当地劳动和社会保障部门申请工伤认定。

34. 在校生实习期间发生事故，是否属于工伤？

典型事例‖

小王系山东省日照市某技校学生，毕业前夕，经学校与实习单位协商，小王被安排到日照市某机械销售服务公司参加汽车维修实习，实习期半年。同年7月，小王在下班时被突然倾倒的车间大门砸伤，经认定构成九级伤残。小王向该公司主张工伤赔偿，遭到该公司拒绝。小王遂向日照市人力资源和社会保障局申请工伤认定，但认定结果为小王被大门砸伤的情形不构成工伤。小王不服该认定，向山东省日照市东港区人民法院提起行政诉讼，要求认定其在实习期间所受伤害为工伤。

法律分析‖

在校学生实习期间发生伤害事故究竟应如何认定，实践中存在着不同观点。

一种观点认为学生在实习期间受伤应属于工伤。理由是：《工伤保险条例》虽未明确规定实习生为"工伤赔偿主体"，但该条例中有关解释性条款已将这种主体包含在内。2010年修改前的《工伤保险条例》第61条规定："本条例所称职工，是指与用人单位存在劳动关系（包括事实劳动关系）的各种用工形式、各种用工期限的劳动者。"实习生自然包括在内，这符合《工伤保险条例》对于工伤主体宽泛化的规定，也符合建立健全工伤保险保障机制的要求。

另一种观点认为学生在实习期间受伤不应按工伤处理。我国法律并未明确将实习生规定为"工伤赔偿主体"，且在校生与实习单位之间并未建立实质意义上的劳动者与用人单位之间的身份隶属关系，双方之间不存在法律上和事实上的劳动关系，其权利义务关系不受《劳动合同法》保护，在实习工作中受伤的，也不能按照《工伤保险条例》规定进行工伤认定。应按一般民事侵权处理为宜。

（1）实习生不具备劳动法规定的劳动者主体资格。《中华人民共和国劳动法》第 2 条规定："在中华人民共和国境内的企业、个体经济组织（以下统称用人单位）和与之形成劳动关系的劳动者，适用本法。"可见，我国相关法律法规对劳动者及劳动就业保障范围都作出了明确规定，而依据该条规定，在校生并不符合"劳动者"定义的条件。他们在实习单位实习期间的身份仍然是在校学生，实习的本质只是课堂教学内容的延伸，并不会因学习场所的改变而成为法律意义上的劳动者。因此，实习学生不能算作我国《劳动法》上规定的劳动者。

（2）实习生不符合工伤保险条例规定的受偿主体资格，不享受工伤保险待遇。劳动部于 1996 年 10 月 1 日颁布的《企业职工工伤保险试行办法》第 61 条规定："到参加工伤保险的企业实习的大中专院校、技工学校、职业高中学生发生伤亡事故的，可以参照本办法的有关待遇标准，由当地工伤保险经办机构发给一次性待遇。"但随着《工伤保险条例》于 2004 年 1 月 1 日起施行，前述试行办法已失效，而《工伤保险条例》并未继承上述实习生伤亡事故可以参照工伤认定及处理的规定。这种立法上的重大变化，充分说明可以获得工伤保险赔偿的主体只能是与用人单位建立劳动关系或事实劳动关系的劳动者。由于在校学生与实习单位之间没有建立劳动关系，不具有企业职工的身份，因此，实习生不属于工伤保险赔偿的受偿主体，相应地他们在实习期间遭受伤害不能享受工伤保险待遇，只能按民事侵权纠纷来处理。

最终，法院认为小王与机械公司之间不存在劳动关系，虽然在实习期间受伤，但不能享受工伤待遇，其所受伤害只能按一般民事侵权纠纷处理。

35. 上班期间打架受伤，能按工伤处理吗？

典型事例

小李是东营市河口区某劳务服务公司职工，派遣到某公司工作。小李与小王同住一个宿舍，2008年5月12日轮到小李打扫卫生，上午7时小李起床后，看见地上有很多烟头，小王正拿着汽车观后镜梳理头发，小李上前问小王，地上的烟头是不是小王扔的，小王承认烟头是自己扔的。小李让小王把当天的宿舍卫生打扫了，小王不同意，两人争执并打起来，小王把小李的眼睛打伤，其他人将两人拉开，并送眼睛受伤的小李去滨州眼科医院治疗，确诊为左眼球破裂伤。

2009年3月9日，小李向劳动和社会保障局提出工伤认定申请，社保局于2009年4月2日受理小李的工伤认定申请，经调查取证，依据《工伤保险条例》第14条之规定，于2009年5月24日做出工伤认定书，不认定小李的受伤是工伤。小李不服，2009年6月7日向东营市劳动和社会保障局申请行政复议。2009年7月25日，东营市劳动和社会保障局作出行政复议决定，以主要事实不清和证据不足为由，撤销了河口区劳动和社会保障局的工伤认定决定。经重新调查，河口区劳动和社会保障局于2009年10月13日又重新作出工伤认定书，小李受伤因打扫卫生与小王起争执后造成的，不在工作场所和工作时间之内，也不是因为履行工作职责，认定不是工伤。2009年10月23日，小李又向东营市劳动局提出行政复议申请。

经审查，复议机关2009年11月24日维持了第二次的工伤认定书。小李不服，2009年12月15日到法院起诉，经过法院审理作出行政判决书，维持复议决定。小李于 2010 年 4 月 9 日，提起行政上诉，东营市中级人民法院于 7 月 13 日作出最终行政判决书，中级人民法院以小李受伤场所是在宿舍内，时间是休息时间，不符合《工伤保险条例》认定工伤的条件驳回小李的上诉，维持原判。

法津分析

本案申请人小李以在工作时间和工作场所内，因履行工作职责受到暴力伤害为由，提出的工伤认定申请。本案的争议焦点在小李的受伤是不是在工作时间、工作地点因为履行工作职责受到的暴力伤害。

小李向市劳动局两次申请行政复议中，辩称：虽不是在执行单位派出外出巡逻、蹲守中与盗窃原油犯罪分子搏斗受到的伤害，但是在执行队上的规章制度，打扫宿舍内外环境卫生，并检查监督室内外环境卫生，也是与工作有着紧密联系，对小王随地乱扔烟头行为进行批评、监督，而受到小王的不法侵害致伤，应当认定为是在工作时间和工作场所内，因履行工作职责受到暴力等意外伤害，认定为工伤。

根据《工伤保险条例》第 14 条，在工作时间和工作场所内，因履行工作职责受到暴力等意外伤害的，应当认定工伤。小李的工作职责是外出巡逻，其受伤是在职工宿舍内，宿舍应该属于生活区域，搞好室内卫生不是其工作职责，而是他们的共同生活需要，最主要的是事发当天是小李值日打扫卫生，后因让小王替自己打扫卫生而发生口角，被小王用汽车后视镜打伤。河口区劳动和社会保障局通过调查取证，以及滨海分局对小李等同宿舍的人员进行的询问笔录，证实了小李受伤的场所是在宿舍内，时间是休息时间，并不是因为履行工作职责受到暴力等意外伤害的，不符合《工伤保险条例》第 14 条规定的应当认定工伤的情形，证据确凿，适用法律法规正确，符合法定程序，最终作出不予认定工伤的决定。河口区人民法院和东营市中级人民法院均维持了河口区劳动和社会保障局作出的工伤认定决定书。后小李又提出抗诉申请，检察部门没有受理。

有很多职工在单位或工作时间发生打架事件导致伤残后，要求认定工伤。而用人单位往往以员工违反单位的规章制度为由不予认定，和劳动者发生纠纷。因打架受伤到底应不应该算工伤呢？这要具体问题具体分析了，根据新修订的《工伤保险条例》，可以根据以下几点做出判断：

（1）是否发生在工作时间和工作场所，不在工作时间和工作场所因打架受伤肯定不能认定为工伤的。

（2）是否因履行工作职责有争议。其实关键是看双方打架的原因是不是与被害人的本职工作有关系，因为每个员工在单位上班都有明确的工作内容，如果打架的原因和被害人的工作内容无关，当然打架受伤就不能认定为工伤。

（3）受害人的行为有无犯罪，如果有犯罪情形的也不能认定为工伤。犯罪情形是针对受伤者而言的，与加害人的行为是否为犯罪是没有关系的。

所以，职工在上班时间因打架受伤是否应认定为工伤，要具体情况具体分析，不能一概而论。

36. 员工就餐时摔倒能否算工伤呢？

典型事例

现年 49 岁的王女士是众恒源照明科技公司的员工。几年前，众恒源公司与王女士签订了劳动合同，但一直未办理工伤保险。2013 年 2 月 1 日中午，王女士在公司食堂用餐后行走时不慎摔倒受伤，后经医院诊断为：左桡骨远端骨折。同年 3 月，王女士向启东市人社局提出工伤认定申请，被认定为工伤。众恒源公司不服，认为王女士受伤不符合《工伤保险条例》中"在工作时间和工作场所内，因履行工作职责受到暴力等意外伤害的"规定的情形，遂向海门市法院提起行政诉讼，请求撤销被诉工伤认定决定。

法 律分析

海门市人民法院审理认为，启东市人社局具有作出工伤行政确认的法定职责。原告与王女士签订劳动合同，双方构成合法的劳动关系。工作场所通常是指用人单位能够对从事日常生产经营活动进行有效管理的区域和职工为完成某项特定生产经营活动所涉及的相关区域，食堂是生产经营的配套设施，服务于生产经营，属于用人单位管理。职工在食堂用午餐既是职工生活必需，也是单位有效管理的需要，故食堂也属于工作场所的范围，吃饭是工作的合理延伸。本案中，王女士在食堂摔倒属于意外事故，符合工伤认定的条件，故被告作出的认定工伤决定，事实清楚，证据确凿，适用法律、法规正确，符合法定程序，遂判决维持被告作出的认定工伤决定。众恒源公司不服，提起上诉。南通中院经审理维持原判。

以往法律法规对工作时间、工作场所和工作原因的规定均比较原则，具有较大的解释空间和较高的适应性，能够满足不断发展的实践需求，但又由于比较原则容易产生分歧，容易导致认定标准不统一。从2014年9月1日起开始施行的最高人民法院《关于审理工伤保险行政案件若干问题的规定》第4条第4项明确规定：与履行工作职责相关，在工作时间及合理区域内受到伤害的，社会保险行政部门认定为工伤的，人民法院应予支持。

据该案二审的审判长刘羽梅介绍，对工作时间、工作场所、工作职责不能完全囿于法律条文的字面含义作狭隘的理解，应根据具体案情，从立法精神出发作出正确的判断。劳动者在日常工作中用餐是其必要的、合理的生理需求，是从事劳动工作的前提条件，与劳动者的正常工作密不可分，应当受到法律的保护。就本案而言，王女士受伤是在单位的食堂内，在公司能够进行有效管理的区域，属于工作场所的合理延伸。王女士在午餐时间受伤，虽不在从事本职工作过程中，不属于直接的履行工作职责，但其在食堂用餐的行为与工作有间接的关系，也是为了更好地履行工作职责。故启东市人社局从保护劳动者合法权益的角度出发，作出的工伤认定决定符合《工伤保险条例》的立法精神，众恒源公司认为被告认定事实错误、适用法律不当的理由不能成立。

37. 离退休人员被返聘期间受伤，能否认定为工伤？

典型事例

2005年7月，年过55岁的高女士经人介绍，到一家福利院从事护理工作。2012年7月28日，高女士在当班看护过程中不慎摔倒，造成右桡骨远端骨折。去年3月，高女士向有关部门申请工伤认定，结论为因工致残程度九级，但未能享受全部。同年年底，仲裁裁决单位一次性支付高女士伤残补偿金和停工留薪期工资，但否决了高女士对一次性伤残医疗补助金和就业补助金的请求。高女士不服仲裁裁决，于今年1月一纸诉状告至法院，要求福利院支付一次性伤残补助金、一次性工伤医疗补助金和伤残就业补助金等共计4.9万余元。

法律分析

在现实生活中，退休人员被用人单位返聘后在工作中受伤的案件日渐增多，矛盾也日益突出。对退休人员被用人单位聘用期间因受伤能否享受工伤保险待遇的问题，一直以来都存在争议，由于法律规定不确定，不同地方的规定不同，不同法院的具体实践也不同，主要有以下两种观点。

观点一：退休人员在受聘后与用人单位之间发生劳动关系应纳入社会保障体系，由劳动法调整，其因工受伤应当享受工伤保险待遇。

这种观点认为我国只规定达到一定年龄的劳动者可以享受退休的权利，但退休并未剥夺劳动者劳动的权利，现有法律未禁止用人单位聘用退休人员工作。《工伤保险条例》第2条第2款规定："中华人民共和国境内的各类企业的职工和个体工商户的雇工，均由依照本条例的规定享受工伤保险待遇的权利"，《工伤保险条例》并未将退休人员排除在职工范畴之外。虽然职工退休后享受养老保险待遇，但这和其受聘后享受工伤保险待遇并不矛盾。因此，退休职工只要与用人单位建立了劳动关系（包括事实上的劳动关系），并在工作中因工受伤的，其享受工伤保险保障的权利并不因为其已经在原单位享受养老保险待遇而丧失。退休职工在受聘后与用人单位之间发生劳动关系应纳入社会保障体系，由劳动法调整，同样可以适用《工伤保险条例》的相关规定，其因工受伤一样可以享受工伤保险待遇。

观点二：退休人员在聘用单位因工受伤不属于《工伤保险条例》的调整范围，应适用民法中人身损害赔偿的相关法律规定。

这种观点认为虽然法律承认劳动者退休后仍能够发挥余热，但其已不再具备劳动法意义上的"劳动者"资格。从社会保险关系上看也是如此，《工伤保险条例》调整的被侵害主体不包括已经办理正式退休手续并享受职工养老保险待遇的职工，劳动者随着年龄的增长，达到法定退休年龄后，在客观上生理条件会逐渐发生诸多变化，各种疾病会相应增多，此时退休职工也已不再承担缴纳保险费的义务，并开始享受养老保险待遇，社保机构不接受一个退休员工一面享受养老保险，一面又继续购买工伤保险。因此，退休人员在享受了职工养老保险待遇的情况下，重新参加工作后与用人单位之间所发生的社会关系，不再属于劳动法意义上的劳动关系，不受《劳动法》及其他劳动法规调整，只成立民法意义上的劳务关系。目前北京、天津等地已明确规定离退休人员返聘与返聘的用人单位不存在劳动关系，工伤认定申请不予受理。

关于离退休或超过法定退休年龄继续工作的劳动者是否享受工伤保险待遇，各地的实施细则规定不一样。主要有两种情况：

（1）明确规定可以认定为工伤，但工伤保险待遇由聘用单位支付。如《上海市劳动保障局、上海市医疗保险局关于实施〈上海市工伤保险实施办法〉若干问题的通知》（沪劳保福［2004］28号）规定，本市用人单位聘用的退休人员发生事故伤害的，其工伤认定、劳动能力鉴定按照《上海市工伤保险实施办法》（以下简称《实施办法》）（上海市政府令第29号）的规定执行，工伤保险待遇参照《实施办法》的规定由聘用单位支付。

（2）明确规定不能认定为工伤。如《中共中央办公厅国务院办公厅转发〈中央组织部、中央宣传部、中央统战部、人事部、科技部、劳动保障部、解放军总政治部、中国科协关于进一步发挥离退休作业技术人员作用的意见〉的通知》（中办发［2005］9号）第4条明确规定："切实维护离退休专业技术人员的合法权益。……离退休专业技术人员受聘工作期间，因工作发生职业伤害的，应由聘用单位参照工伤保险的相关待遇标准妥善处理；因工作发生职业伤害与聘用单位发生争议的，可通过民事诉讼处理；与聘用单位之间因履行聘用合同发生争议的，可通过人事或劳动争议渠道解决。"

《河南省工伤保险条例》第2条第3款明确规定"本条例所称职工，是指与用人单位存在劳动关系（包括事实劳动关系）的各种用工形式、各种用工期限的城乡劳动者。但用人单位聘用的离退休人员除外。"第17条明确规定："申请人提出工伤认定申请，依照国务院《工伤保险条例》第 18 条的规定办理，但有下列情形之一的，劳动保障行政部门不予受理，并书面告知申请人：……（四）受伤害人员是用人单位聘用的离退休人员的；……"

《北京市实施〈工伤保险条例〉办法》（北京市政府令第 140 号）第 21 条规定："受伤害人员是用人单位聘用的离退休人员或者超过法定退休年龄的，工伤认定申请不予受理。"

38. 超过退休年龄的劳动者在工作期间受伤，算工伤吗？

典型事例

陈大年系某村村民，1952 年 3 月出生。2010 年 9 月 2 日，第三人华艺厂（私营企业）在传达室门外贴出招工启事，内容为其厂需招用跟车装卸工 3 名，对象为 25 岁以上的身强力壮的男子，有意者可于本月底前到厂部办公室报名，月薪面议。当月 20 日，陈大年在朋友介绍下到华艺厂报名并到医院进行了体检（体检结果为健康）。25 日，华艺厂通知陈大年和另两位被招用人员去上班，月薪定为 680 元。和其他大多数职工一样，华艺厂未与陈大年等三位装卸工订立书面劳动合同。2011 年 3 月 19 日上班期间，陈大年跟华艺厂的送货车将家具送至某商住楼，在该商住楼卸货中不小心从车上摔下，造成颅脑损伤，住院治疗两个多月出院，并经当地劳动能力鉴定委员会鉴定为七级伤残。鉴定作出后，陈大年要求按照工伤性质享受工伤保险待遇，并要求华艺厂为其向劳保局申请工伤认定，遭到华艺厂的拒绝。陈大年于 2011 年 9 月 23 日向劳保局提出工伤认定申请。劳保局于同月 29 日向陈大年送达了不予受理的通知，理由是陈大年属于已超过法定退休年龄的人员，不属于与用人单位建立劳动关系的对象，此类人员不属于工伤认定受理及享受工伤保险待遇的范围。陈大年接到该通知后，于 10 月 8 日向法院提起行政诉讼，请求判令劳保局对其作出工伤认定，并认定其可依照《工伤保险条例》的规定享受工伤保险待遇。

法津分析

本案中，陈大年实际已经过了退休年龄，那么他还能够享受到工伤保险待遇吗？

工伤认定是指劳动行政主管部门根据用人单位或劳动者及其亲属的申请，对劳动者负伤、致残、死亡的形成作出因工或非因工性质认定的行政行为。认定劳动者为工伤的前提条件，一是劳动者与企业（包括个体经济组织）之间存在劳动关系或事实劳动关系；二是必须发生了《工伤保险条例》第 14 条所列举的应当认定为工伤的七种情形之一的客观事实。同时具备了该两个条件，就应当认定该劳动者为工伤，并给予工伤保险待遇。

本案陈大年与用人单位之间存在事实劳动关系。根据《劳动法》的规定，用人单位与劳动者建立劳动关系应当签订书面的劳动合同，这是建立劳动关系的形式要件。而事实劳动关系是相对于由书面劳动合同调整的劳动关系而言的。劳动法没有关于事实劳动关系的规定，但劳动和社会保障部《关于贯彻执行〈中华人民共和国劳动法〉若干问题的意见》第 2 条的规定认可了事实劳动关系。根据该条规定，事实劳动关系就是用人单位与劳动者未依劳动法规定签订书面劳动合同而产生的劳动关系。由此可以看出，事实劳动关系与劳动关系间的显著区别在于形式要件上的不同，而两者的实质性要件是基本相同的。据此，笔者认为，企业（包括私营企业）、个体工商户与劳动者或者雇工之间未签订劳动合同，但具备了下列条件的，即应认定为事实劳动关系：①劳动者为用人单位提供了相对稳定且属于用人单位业务范围内的劳动服务；②劳动者与用人单位存在从属关系，即劳动者的劳动服务行为是在用人单位的安排、管理和监督之下进行的；③用人单位为劳动者提供必要的劳动条件，并向劳动者支付劳动报酬。本案与第三人间的关系符合上述条件：一是，根据第三人的招工启事报名，经体检合格后由第三人通知其去上班，并为第三人提供了跟车装卸货物的劳动，且属于相对稳定的、不具有临时性的劳动服务；二是，跟车装货、卸货的劳动服务行为由第三人安排，并在第三人的指挥和监督下完成劳动任务；三是，劳动报酬由第三人支付，并享受与其他大多数职工基本相同的劳动待遇，故与第三人间存在事实上的劳动关系。在工作时间和工作场所内因工作原因受到事故伤害，属于工伤保险条例第14条第1项规定的应当认定为工伤之情形，应当在认定工伤和享受工伤保险待遇的范围内。

此外，最高人民法院行政审判庭2010年3月17日《关于超过法定退休年龄的进城务工农民因工伤亡的，应否适用〈工伤保险条例〉请示的答复》（［2010］行他字第10号）指出："用人单位聘用的超过法定退休年龄的进城务工农民，在工作时间内、因工作原因伤亡的，应当适用《工伤保险条例》的有关规定进行工伤认定"。

综上所述，陈大年是能够享受到工伤保险待遇的。

39. 如何认定工伤保险中的"突发疾病"？

典型事例‖

孙振系某镇小学教师。2011年10月24日10时30分许，孙振在第三节课后来到校长室，告知校长身体不舒服，并在里屋床上躺了约10分钟，然后向校长请假回家。当日11时许行至其家大门口时，突然摔倒。该村卫生室医生吕某被叫到现场对孙振实施救治，送服救心丸无效，心脏已停止跳动，经诊断为心肌梗死。期间有人拨打"120"急救电话，待急救中心工作人员赶到后，确认孙振因心脏病已死亡，未再实施进一步抢救措施。2012 年 3 月 12 日某县人民医院出具诊断证明书，证明孙振为心源性猝死。2011 年 11 月 4 日，孙振之妻赵某向某县人力资源和社会保障局（以下简称人社局）提出工伤认定申请，并提供了相关证据，证实孙振是某镇小学教师，在工作时间和工作岗位突发疾病经抢救无效死亡。人社局经审核调查，于 2012 年 5 月 14 日作出不予认定工伤决定书。为此，赵某不服向某县人民法院提起行政诉讼，要求撤销被告作出的不予认定工伤决定。

一审法院认为，根据《工伤保险条例》第 5 条第 2 款规定的"县级以上地方各级人民政府社会保险行政部门负责本行政区域内的工伤保险工作"，某县人社局具有负责本行政区域内的工伤保险工作的主体资格，受理工伤认定申请并作出工伤认定属于其职权范围。《工伤保险条例》第 15 条规定"职工有下列情形之一的，视同工伤：（一）在工作时间和工作岗位，突发疾病死亡或者在 48 小时之内经抢救无效死亡的。"孙振是某镇小学教师，系该校职工。孙振在 2011 年 10 月 24 日上午上班期间突感身体不适，身体不适是在工作时间和工作岗位上发生的，且第三节课后到校长室把身体不适情况告知校长，并在校长室床上休息了约 10 分钟，后请假回家。身体不适是疾病突发的先期症状，疾病的加重是一个持续的过程，先请假回家休息符合常理。孙振正是在离校 10 分钟后即晕倒在回家途中，经抢救无效死亡的。因此孙振的死亡符合《工伤保险条例》第 15 条第 1 款第 1 项视同工伤的情形。人社局作出不予认定工伤决定，显属主要证据不足。故判决撤销人社局作出的不予认定工伤决定；限令人社局在判决生效后六十日内对孙振死亡是否视同工伤重新做出具体行政行为。

人社局不服，提起上诉。二审法院驳回上诉，维持原判。

法津分析‖

（1）何谓"突发疾病"。《工伤保险条例》第 15 条规定"职工有下列情形之一的，视同工伤：（一）在工作时间和工作岗位，突发疾病死亡或者在 48 小时之内经抢救无效死亡的；……"该条例并没有对疾病的种类和程度作出特别的规定。根据劳动和社会保障部关于实施《工伤保险条例》若干问题的意见（劳社部函〔2004〕256 号）第 3 条的规定，上述"突发疾病"包括各类疾病。"48 小时"的起算时间，以医疗机构的初次诊断时间作为突发疾病的起算时间。据此可以认为"身体不适"也属于突发疾病。

（2）本案情形是否属于"突发疾病"范畴。从"视为工伤"的立法精神来看，一般的工伤认定须遵从"三工原则"，也即"工作时间，工作岗位，因工作原因伤亡"，但是在遵从一般原则的情况下，为了照顾劳动者的权益，特别设立了"视为工伤"的制度。《工伤保险条例》第 15 条第 1 款第 1 项规定就是这样的"视为工伤"制度，它在要求满足"工作时间"、"工作岗位"的条件下，并没有要求"因工作原因"伤亡，而只要"突发疾病"死亡就可以了，但是却对"突发疾病"死亡作出了严格的限制，这就是法律设立"视为工伤"制度的既特殊保护又严格限制的立法精神。实践中，《工伤保险条例》第 15 条第 1 款第 1 项主要是对在工作时间、工作岗位猝死的劳动者的"特别"照顾。"突发疾病"死亡虽不是因工作原因发病而导致死亡，但是因其病情的突发性和后果的严重性，为了安抚死者家属，因此立法特别将在工作时间和工作岗位上的突发疾病死亡视为工伤。本案中，孙振系某镇小学教职员工，在上班期间因感觉身体不适请假回家，后晕倒在回家途中，经抢救无效死亡，孙振感到身体不适的时间系上班期间，属于在"工作时间"和"工作岗位"上，符合上述"在工作时间和工作岗位突发疾病在 48 小时之内经抢救无效死亡"的情形，应当视同工伤，法院的工伤认定符合社会常理和法律原旨。

（3）"身体不适"到"突发疾病"的因果关系如何证明。本案中人社局上诉提出了"原审法院认定孙振在上班期间突发疾病属主观推断"、"孙振死亡和工作期间身体不适没有因果关系"的意见。我们认为，按照最高人民法院《关于行政诉讼证据若干问题的规定》第68条第1款第5项的规定，根据日常生活经验法则推定的事实法庭可以直接认定，突发疾病前身体不适符合常理，从身体不适到发病死亡符合疾病发展规律，故对孙振工作期间身体不适与突发疾病死亡之间的因果关系无须举证证明。当然，如果人社局提供反证，足以证明孙振突发疾病死亡与其先前的"身体不适"无关，则可以推翻上述日常经验法则，但本案人社局没有提供任何对抗证据，故其提出的"孙振死亡和工作期间身体不适没有因果关系"的意见不能成立。

40. 早退回家的路上发生交通事故，算工伤吗?

典型事例

张先生是昆明一家公司的员工，上班时间是朝九晚五。去年3月26日下午4点45分，张先生未经允许擅自提前下班。在刚出厂门约200米的公路上，骑电动车与一辆货车相撞，张先生受重伤医治无效身亡，交警部门认定张先生不负事故的责任。

事后，张先生家属要求其所在单位参照工伤保险待遇进行赔偿，遭到单位拒绝。用人单位认为，张先生擅自提前离岗出厂，是严重违反单位劳动纪律的行为，理应按厂纪进行处理。如果张先生按时下班，就不会发生这样的交通事故，由此产生的一切后果应由他本人负责。

法律分析

本案中，张先生的早退行为会导致他不能享受工伤保险的待遇吗？

《工伤保险条例》第 14 条第 6 项规定，"在上下班途中，受到非本人主要责任的交通事故或者城市轨道交通、客运轮渡、火车事故伤害的"，应当认定工伤。但对何为上下班途中未做明确的界定。《工伤保险条例》的立法目的是为了保障职工的合法权益，在法律条文规定不明确的情况下，应从立法目的出发，作出有利于职工的解释。《工伤保险条例》取消了原来《企业职工工伤保险试行办法》对上下班途中规定时间和必经路线的限制，上下班途中工伤认定的范围也在逐步扩大。从立法目的、法律的变化及条文内容来看，应将上下班途中理解为以上下班为目的的途中。苏某下班回家的目的明显，其应属《工伤保险条例》所规定的下班途中。

早退属于违反劳动纪律的行为，对于该行为，企业有相应的自主权，可以依据规章制度及劳动纪律的规定对职工作出相应处理；而工伤属另一法律关系，工伤认定是无过错认定，只要职工在上下班途中发生事故，符合法定条件的就应认定工伤，不能将违反单位规章制度、劳动纪律等作为否定工伤的理由。二者系不同的法律关系，不能相提并论。因此，苏某虽然早退，但不影响其发生交通事故是在下班途中的性质认定。

如将早退排除在工伤认定之外，因早退而应承担的责任与所应获得的工伤保险权利显然不成比例。早退违反劳动纪律，应受到相应的处理，承担相应的责任；而一旦发生事故，职工受到的损失一般较大，以早退为由否定工伤，既不符合确立工伤保险的目的，也不能为社会公众所接受。

因此本案中，张先生离厂的时间在下班的合理时间内，他在离开单位的途中所发生的交通事故应该被认定为通勤事故，符合认定工伤的条件，应当算工伤。

但在这里也提醒大家，上下班途中非交通事故受伤，如走路摔倒受伤、高空坠物砸伤等，是不能被认定为工伤的，要通过其他法律途径解决。

41. 实习生在什么情况下可以享受工伤待遇？

典型事例

小李是一所城乡建设职业中专学校的学生。在校外实习期间，他应聘成为长乐一家公司的实习施工员，负责放置预埋件的工作，月工资为898元。双方未订立书面劳动合同。

小李在一次工作时，因急着从平台上下去处理预埋件，为图方便，就直接从二楼楼顶跳到楼下的沙堆，结果不幸受伤。经送医院治疗发现，他的腰椎体压缩性骨折，已构成七级伤残。为此，他支出了医疗费6.2万多元，某公司先行垫付了医疗费1.8万元。

某公司认为：小李的受伤是因为他自己跳落造成的，所以应由其自行承担责任。另外，他不是该公司的职员，系在公司实习的学生，双方间不可能存在劳动关系，也不应该由公司赔偿。

小李只得将某公司告上法庭，要求法院按工伤待遇判令公司支付医药费及伤残就业补助金等合计17万多元。

长乐市人民法院经审理后认为，小李作为在校生，其在某公司实习期间双方虽未签订劳动合同，但该公司同意试用，小李从事了公司安排的工作，公司也支付了工资，双方间形成的民事法律关系符合劳动关系的构成要素。并且，双方符合法定用人单位和劳动者的主体资格，具备劳动关系特点，双方已形成事实上的劳动关系。另外，小李进行高空施工作业时，公司对劳动者没有尽到安全保障的义务。虽然小李系其自己跳落而受伤，但其行为系因工作原因受伤。

综上，小李因工作遭受事故伤害，应享受工伤保险待遇。某公司作为企业依法应当为小李办理工伤保险而未办理，应按照《工伤保险条例》的相关规定向他支付各项工伤待遇。

据此，法院判令某公司支付小李一次性伤残补助金等费用16万多元。

法津分析

本案的焦点在于学校实习生在实习单位工作期间受伤是否应认定为工伤。根据劳动和社会保障部《关于确立劳动关系有关事项的通知》第1条，用人单位招用劳动者未订立书面劳动合同，但同时具备下列情形的，劳动关系成立：用人单位和劳动者符合法律、法规规定的主体资格；用人单位依法制定的各项劳动规章制度适用于劳动者，劳动者受用人单位的劳动管理，从事用人单位安排的有报酬的劳动；劳动者提供的劳动是用人单位业务的组成部分。同时根据劳动部的有关规定，公务员和比照实行公务员制度的事业组织和社会团体的工作人员、农村劳动者（乡镇企业职工和进城务工、经商的农民除外）、现役军人和家庭保姆等不适用《劳动法》。

根据上述规定，小李在实习期间虽未与用人单位订立书面劳动合同，但双方完全具备劳动关系确立的法定情形，且小李的主体资格亦不属于上述规定的不适用《劳动法》的除外规定。因此，可认为小李作为实习生与实习单位建立了劳动关系。

42. 职工工伤复发，该怎么办？

典型事例

2003年5月13日上午，李大强受公司的指派，为息烽县供电局靖城供电所架设电线，架设活动由供电所负责指挥。在施工过程中，因水泥电线杆断裂倒塌，正在电线杆上作业的李大强等三人从电线杆摔落受伤，致李大强双下肢股骨、髋骨、肋骨等多处骨折，并住院手术治疗。

事故发生后，原息烽县政府决定由县经济委员会牵头，会同劳动局、总工会、检察院、扬州市供电局成立事故调查组。同月，调查组作出了《关于"5·13断杆倒塌伤人"事故的调查结论》。结论为：①断裂倒塌的水泥电杆系江苏武进水泥制品厂生产，在没有达到允许载荷的情况下钢筋产生滑移，水泥电杆质量不合格，该厂应对事故负主要责任；②施工单位在施工过程中，未预料到电杆有质量问题，没有采取必要的预防措施，对事故应负次要责任。

武进水泥制品厂与息烽县供电局根据调查组的意见签订《断杆事故处理协议》，双方达成一致意见：此次事故处理费用由武进水泥制品厂、靖江供电局按75%和25%的比例负担费用。两单位按约履行了赔偿义务。2006年11月，建筑公司根据李大强的工伤五级标准，给付李大强工伤伤残补助费2.4万元，贴补手术费和其他费用8000元，以及相关的福利待遇。

2012年1月，李大强左下肢突然因疼痛不能行走，先后5次到大云市中医院门诊治疗。经诊断，为左股骨头无菌性坏死并已达四期，是原骨折后遗症并由之生成的病变，必须置换人造股骨头，否则左下肢将瘫痪。医生建议他必须马上进行手术治疗，否则将延误最佳治疗时机。但李大强却因经济困难，无力支付高额医疗费用，治疗被一拖再拖。

2012年11月，李大强就自己的伤情、伤残等级、后续治疗费用向常州德安法医司法鉴定所申请鉴定，鉴定结论为李大强左髋关节功能丧失100%，伤残等级为七级；全陶人工髋关节价格为4.98万元，安装的相关治疗费为2万元，每12年需更换一次。此时，原息烽县供电局已更名为大云市供电公司，武进水泥制品厂于 1998 年被江苏武进钢铁集团公司兼并，当李大强要求两家公司进行赔偿时，遭到拒绝。

李大强一纸诉状，将两家公司告上法庭，要求判令两家公司连带赔偿自己各种费用合计 448 125.84 元。

审理中，法院认定李大强股骨头坏死与其 1993 年股骨骨折有着直接的因果关系。法院判决由江苏省电力公司大云市供电公司赔偿李大强医疗费、误工费等 22 275.91 元（已给付）；被告江苏武进钢铁集团公司赔偿李大强医疗费、误工费等 66 827.73 元。

法津分析

工伤职工工伤复发，是指职工因工伤事故或患职业病，经过医疗机构采取必要的诊断治疗，包括病情检查、确诊、药物治疗、手术治疗等医疗措施，确定工伤职工病情痊愈，可以终结医疗，终止停工留薪期，经过劳动能力鉴定委员会确定伤残等级后，或者正处于劳动能力鉴定过程中，工伤职工原有病情不同程度地重新复发。

根据《工伤保险条例》第 38 条的规定，工伤职工工伤复发，确认需要治疗的，可以享受本条例第 29 条、第 30 条和第 31 条规定的工伤待遇。即经过诊断治疗的，可以按照第 29 条的规定享受工伤医疗待遇；需要暂停工作接受工伤医疗的，享受停工留薪期待遇；需要配置辅助器具的，可以按照规定配置，所需费用按照国家规定标准从工伤保险基金支付。

工伤复发前鉴定为 1~4 级的不得终止合同，应当保留劳动关系，退出工作岗位。工伤复发前鉴定为 5~6 级的保留用工关系，安排适当工作，难以安排工作的由用人单位每月发放伤残津贴。但职工可以提出终止合同，并一次性付清工伤医疗补助金和伤残就业补助金。工伤复发前鉴定为 7~10 级的劳动合同期满终止，或者本人提出解除劳动合同的，由用人单位一次性付清工伤医疗补助金和伤残就业补助金。

据上述叙述，可根据复发前期的工伤等级来判定可否终止合同。

工伤复发如何确认？工伤人员经鉴定机构鉴定后，原伤残部位伤情复发治疗所发生的医疗费用，由区县工伤保险经办机构按照规定审核支付。伤情复杂无法核定的，由区县工伤保险经办机构出具《工伤复发确认联系单》交用人单位或者工伤人员。由用人单位或者工伤人员向鉴定机构提出工伤复发确认申请，并提交以下材料：①《工伤复发确认申请表》；②《工伤认定书》；③《鉴定结论书》；④《工伤复发确认联系单》；⑤诊疗工伤的医疗机构的诊断证明和相关材料。

43. 劳动合同中"工伤概不负责"的条款有效吗？

典型事例

2014 年的一天，农民工王某应招到某建筑工程有限公司打工，并与公司签订了劳动合同，合同中规定，如果工人在工作期间"出现人身伤亡，建筑公司概不负责"，公司每月支付 150 元补贴，由工人自己解决劳动防护用品。工作不到一个月王某不小心从 5 米多高的脚手架上摔了下来，经送医院抢救总算保住了命，但已构成四级伤残。王某的家人找到建筑公司，要求建筑公司承担医疗费、误工费、伤残赔偿金等经济损失，但建筑公司不同意，并认为王某与公司签订的合同已明确规定，如果工人在工作期间出现人身伤亡，公司概不负责，同时公司已考虑到高空的危险性，每月已支付 150 元的危险补贴给工人，由工人自己解决劳动防护用品。

法律分析

我国《宪法》和《劳动法》均明文规定，对劳动者实行劳动保护。这是劳动者所享有的权利，受国家法律保护，任何个人和单位都不得任意侵犯。建筑公司对工人理应依法给予劳动保护，但是却在劳动合同中规定由工人自己去解决劳动防护用品，并规定工伤概不负责，这是违反国家法律规定的，也严重违反了社会主义公德，该合同条款没有法律效力。《劳动法》第 18 条规定："下列劳动合同无效：①违反法律、行政法规的劳动合同；②采取欺诈、威胁等手段订立的劳动合同。无效的劳动合同，从订立的时候起，就没有法律约束力。……"最高人民法院《关于雇工合同"工伤概不负责"是否有效的批复》规定："工伤概不负责"无视雇工的生命健康权，既不符合宪法和法律的有关规定，也严重违背了社会主义道德标准，属于无效的民事行为。因此，建筑公司与王某的劳动合同中规定了"工伤概不负责"，其实质是逃避自己应对所雇工人承担的劳动保护义务，推卸自己应承担的法律责任，属于用人单位的违法行为，不受法律保护，这样的合同条款无效。

首先，"工伤概不负责"条款，侵犯了劳动者依宪法所享有的受劳动保护的宪法性权利。这一宪法性权利是由《中华人民共和国宪法》第 42 条规定的。其次，该免责条款违反了雇主依宪法和有关劳动法规应给予雇员劳动保护的义务。这一义务由《私营企业暂行条例》第 30 条第 1 款作了规定："私营企业必须执行国家有关劳动保护的规定，建立必要的规章制度，提供劳动安全、卫生设施，保障职工的安全和健康。"最后，该免责条款违背了社会主义公德。《民法通则》第 7 条规定："民事活动应当尊重社会公德，不得损害社会公共利益。"另外，《安全生产法》第 44 条第 2款规定："生产经营单位不得以任何形式与从业人员订立协议，免除或者减轻其对从业人员因生产安全事故伤亡依法应承担的责任。"因此，"工伤概不负责"的条款违反了该基本法的规定，也应是无效的。

建筑公司在组织、指挥工人施工中，不仅不按操作规程办事，违章作业，而且不积极采取预防措施造成事故发生，导致王某受伤致残。根据《工伤保险条例》，建筑公司应支付王某医疗费、护理费、工伤津贴、伤残补助金等。

44. 违法发包，员工受伤的由用工单位承担保险责任？

典型事例

南通六建公司系国基电子（上海）有限公司 A7 厂房工程的承包人，其以《油漆承揽合同》的形式将油漆工程分包给自然人李某某，约定李某某所雇人员应当接受南通六建公司管理。李某某又将部分油漆工程转包给自然人王某某，王某某招用张成兵进行油漆施工。李某某和王某某均无用工主体资格，也无承揽油漆工程的相应资质。2008 年 3 月 10 日，张成兵在进行油漆施工中不慎受伤。11 月 10 日，松江区劳动仲裁委员会裁决确定张成兵与南通六建公司之间存在劳动关系，但该裁决书未送达南通六建公司。12 月 29 日，张成兵提出工伤认定申请，并提交了劳动仲裁裁决书。上海市松江区人力资源和社会保障局立案审查后，认为张成兵受伤符合工伤认定条件，且南通六建公司经告知，未就张成兵所受伤害是否应被认定为工伤进行举证。上海市松江区人力资源和社会保障局遂于 2009 年 2 月 19 日认定张成兵受伤为工伤。南通六建公司不服，经复议未果，遂起诉请求撤销上海市松江区人力资源和社会保障局作出的工伤认定。

法律分析

经上海市松江区人民法院一审，上海市第一中级人民法院二审认为，根据劳社部发〔2005〕12 号《劳动和社会保障部关于确立劳动关系有关事项的通知》第4条规定："建筑施工、矿山企业等用人单位将工程（业务）或经营权发包给不具备用工主体资格的组织或自然人，对该组织或自然人招用的劳动者，由具备用工主体资格的发包方承担用工主体责任。"本案中，南通六建公司作为建筑施工单位将油漆工程发包给无用工主体资格的自然人李某某，约定李某某所雇用的人员应服从南通六建公司管理。后李某某又将部分油漆工程再发包给王某某，并由王某某招用了上诉人张成兵进行油漆施工。上海市松江区人力资源和社会保障局依据上述规定及事实认定上诉人与被上诉人具有劳动关系的理由成立。根据《工伤保险条例》，张成兵在江苏南通六建建设集团有限公司承建的厂房建设项目中进行油漆施工不慎受到事故伤害，属于工伤认定范围。据此，维持上海市松江区人力资源和社会保障局作出被诉工伤认定的具体行政行为。

45. 非法用工单位如何赔偿"工伤"职工？

典型事例

孙小前在王某开办的工厂做工，由于该工厂未经注册登记，所以也就未签订劳动合同。不久前，孙小前在工作中发生伤害事故，住院治疗一个月，后经伤残鉴定为九级。由于孙小前的伤害是因违反操作规程造成的，所以王某拒绝支付医疗费和给予赔偿。孙小前申请工伤认定，当地劳动部门也没有受理。孙小前应如何索赔？

法律分析

《工伤认定办法》第5条要求申请工伤认定的当事人提交"劳动合同文本复印件或其他建立劳动关系的有效证明"。可见，属于工伤情形的前提条件是职工向企业提供生产劳动，即劳动者与用人单位之间形成了劳动关系，而且基于劳动关系引起的事故伤害或疾病才可以进行工伤认定。也就是说，劳动关系与工伤认定是互为充分必要条件的。

在我国，确立劳动关系除了要存在劳动力提供和使用事实外，还需使用和提供劳动力的当事人具备相应的主体资格，即用人单位主体资格——用人单位的用人权利能力和劳动行为能力，以及劳动者主体资格——公民的劳动权利能力和劳动行为能力。《非法用工单位伤亡人员一次性赔偿办法》将"非法用工单位伤亡人员"定义为"在无营业执照或者未经依法登记、备案的单位以及被依法吊销营业执照或者撤销登记、备案的单位受到事故伤害或者患职业病的职工，或者用人单位使用童工造成的伤残、死亡童工"。从中可看出，劳动力的使用者与提供者只要一方不具备用人单位主体资格或者劳动者主体资格，或者双方皆不具备，那么彼此间就不能形成劳动关系，而基于非劳动关系所产生的事故伤害或疾病自然不能适用工伤认定。此外，在《非法用工单位伤亡人员一次性赔偿办法》的内容中，与《工伤保险条例》的竞合也只是体现在劳动能力鉴定和工伤保险待遇方面，而没有体现在工伤认定方面。《非法用工单位伤亡人员一次性赔偿办法》已经对非法用工单位伤亡人员的救济途径作出了明确安排。非法用工单位伤亡人员经治疗待伤情相对稳定后就应直接进行劳动能力鉴定，再按伤残等级向非法用工单位索要《非法用工单位伤亡人员一次性赔偿办法》中规定的一次性赔偿，以及《工伤保险条例》规定的在劳动能力鉴定之前治疗期间的生活费、医疗费、护理费、住院期间的伙食补助费及所需的交通费等。

根据《非法用工单位伤亡人员一次性赔偿办法》的规定，孙小前可以申请的赔偿金包括两大块：

（1）在劳动能力鉴定之前治疗期间的费用。其中，生活费按照统筹地区上年度职工月平均工资标准确定；医疗费、护理费、住院期间的伙食补助费以及所需的交通费等费用按照《工伤保险条例》规定的标准和范围确定。

（2）在劳动能力鉴定后主张一次性赔偿金，其中，九级伤残的一次性赔偿金标准，是单位所在工伤保险统筹地区上年度职工年平均工资的两倍。如果王某拒不支付一次性赔偿金的，孙小前可以举报，由当地人力资源和社会保障行政部门责令其限期改正；如果在其他赔偿方面发生争议，可以申请劳动仲裁。若对仲裁裁决不服，还可以向法院起诉，维护好自己的合法权益。

46. 何为职业病，职业病与工伤的关系是什么？

典型事例‖

案例一：28 岁的小伙子小吴在一家知名的电子制造企业打工，他负责喷涂一种金属材料，每天在车间工作十几个小时。2007 年 7 月，小吴出现了严重的咳嗽、气喘，并伴有持续性的发烧。随即在当地住院进行治疗。CT 检查发现，小吴的肺部全是白色的粉尘颗粒。而医生取小吴肺部组织活检寻找病因，发现在患者的肺泡里有像牛奶一样的乳白色液体。医生将从患者肺部找到的白色粉尘颗粒送到南京大学的实验室进行分析检测，检测报告显示，主要成分除了氧化硅和氧化铝外，还有一种重金属元素引起了专家们的注意，那就是"铟"。"铟"是一种稀有金属，是制作液晶显示器和发光二极管的原料，毒性比铅还强。

专家表示，这是一种新型的职业病，在医学界也不为人所知，所以才导致患者迟迟没有检测出来病因。而目前国外一些知名品牌的 LED 液晶显示器都到国内来生产，企业应该引以为鉴，加强对员工的保护。

案例二：2010 年，福建省仙游县东湖村有 63 户石英粉（砂）加工作坊，加工设备简陋、工艺落后。加工作业场所不具备基本的通风防尘设施，出料、筛粉、包装过程中扬尘严重；个人粉尘防护用品质量不合格，无法起到有效的防护作用；除经业主进行简单口头交代外，务工人员没有经过任何职业卫生培训。对其中 4 个作业场所的抽样测试结果表明，除 1 个湿式作业场所外，3 个干式作业场所的 9 个采样点中有 8 个粉尘浓度严重超标，最高超标 361 倍，且 60% 的粉尘为极易吸入细微粉尘颗粒，10 个沉降尘标本游离二氧化硅含量均超过 70%。据从东湖村务工返乡的 89 名贵州籍农民工进行身体检查，其中 46 人确诊患硅肺病。对东湖村现有的 201 名外来农民工进行身体检查，发现 14 人患硅肺病。

法律分析

职业病是指企业、事业单位和个体经济组织等用人单位的劳动者在职业活动中，因接触粉尘、放射性物质和其他有毒、有害物质等因素而引起的疾病。各国法律都有对于职业病预防方面的规定，一般来说，凡是符合法律规定的疾病才能称为职业病。

在生产劳动中，接触生产中使用或产生的有毒化学物质，粉尘气雾，异常的气象条件，高低气压，噪声，振动，微波，X 射线，γ 射线，细菌，霉菌；长期强迫体位操作，局部组织器官持续受压等，均可引起职业病，一般将这类职业病称为广义的职业病。对其中某些危害性较大，诊断标准明确，结合国情，由政府有关部门审定公布的职业病，称为狭义的职业病，或称法定（规定）职业病。

中国政府规定诊断为规定职业病的，需由诊断部门向卫生主管部门报告；规定职业病患者，在治疗休息期间，以及确定为伤残或治疗无效而死亡时，按照国家有关规定，享受工伤保险待遇或职业病待遇。有的国家对职业病患者给予经济赔偿，因此，也有称这类疾病为需赔偿的疾病。职业病的诊断，一般由卫生行政部门授权的，具有一定专门条件的单位进行。

按照 2011 年 12 月 31 日施行的《中华人民共和国职业病防治法》的规定，职业病是指企业、事业单位和个体经济组织等用人单位的劳动者在职业活动中，因接触粉尘、放射性物质和其他有毒、有害因素而引起的疾病。它包括十大类，分别是：

（1）尘肺。有硅肺、煤工尘肺等。

（2）职业性放射病。有外照射急性放射病外、照射亚急性放射病、外照射慢性放射病、内照射放射病等。

（3）职业中毒。有铅及其化合物中毒、汞及其化合物中毒等。

（4）物理因素职业病。有中暑、减压病等。

（5）生物因素所致职业病。有炭疽、森林脑炎等。

（6）职业性皮肤病。有接触性皮炎、光敏性皮炎等。

（7）职业性眼病。有化学性眼部烧伤、电光性眼炎等。

（8）职业性耳鼻喉疾病。有噪声聋、铬鼻病。

（9）职业性肿瘤。有石棉所致肺癌、间皮癌，联苯胺所致膀胱癌等。

（10）其他职业病。有职业性哮喘、金属烟热等。

对职业病的诊断，应由省级以上人民政府卫生行政部门批准的医疗卫生机构承担。

那么我们不禁要问，患职业病属于工伤吗？按《工伤保险条例》第 14 条第 4 项，劳动者"患职业病的"应当认定为工伤。工伤认定的职业病必须是《职业病目录》中公布的我国法定职业病，职工须有此类职业接触史，且经卫生机构诊断，确定为职业病的方可认定工伤。根据《工伤保险条例》规定，对依法取得职业病诊断证明书或职业病诊断鉴定书的，劳动保障行政部门不再进行调查核实。

47. 我国关于职业病的预防和管理都有哪些规定和要求?

典型事例

2014年6月1日上午,某鞋厂有8名工人因头晕、乏力、皮下瘀斑等症状到当地卫生院就医,当地卫生防疫站接报后到现场调查发现:该厂工人使用和接触标签为"甲苯"的清洁剂、黄胶、白乳胶和快干剂。经追踪观察,该厂有37人被诊断为职业性苯中毒。该中毒事故的原因是该厂使用的"甲苯"清洁剂和胶水中含苯量高,生产车间布局不合理,通风不良,导致苯浓度严重超标。该厂投产前未向卫生防疫站申报,所以未获必要的卫生监督。接触苯作业的工人均未接受就业前体格检查,也未被告知所从事的工作有毒,也未让他们采取任何防护措施。

法律分析

本案的焦点是我国关于职业病预防和保护的法律规定。

关于职业病的防治,我国至今颁布了《中华人民共和国职业病防治法》、《中华人民共和国安全生产法》、《中华人民共和国尘肺病防治条例》、《职业健康监护管理办法》、《职业病诊断与鉴定管理办法》、《工伤保险条例》等法律法规。这些法律法规对职业病的诊断方法、职业病患者的待遇、企业对职业病预防和保护的责任和义务等等进行了明确的规定。比如,《中华人民共和国职业病防治法》规定:用人单位设有依法公布的职业病目录所列职业病的危害项目的,应当及时、如实向卫生行政部门申报,工作场所的职业卫生状况应当符合法定的职业卫生要求。在劳动过程中,用人单位应当采取符合法律规定的职业病防治管理措施,对工作过程中可能产生的职业病危害及其后果、职业病防护措施和待遇等应当如实告知劳动者，并按法律规定为劳动者提供防护用品，采取防护措施。用人单位还应当对劳动者进行上岗前和在岗期间的职业卫生培训，为劳动者建立职业卫生监护档案，对劳动者进行上岗前、在岗期间和离岗时的职业健康检查，并将检查结果如实告知劳动者。用人单位和医疗卫生机构发现职业病病人或者疑似职业病病人时，应当及时向所在地的卫生行政部门报告。对遭受或者可能遭受急性职业病危害的劳动者，用人单位应当及时组织救治，进行健康检查和医学观察，并承担所用要的费用等等。

本案中，某鞋厂违反了我国法律关于职业病防治管理中的职业病危害项目申报制度、工作场所的基本要求、职业危害告知制度、职业卫生培训制度、健康监护制度、职业病报告制度以及职业危害事故的防范与调查处理制度等相关规定，造成了严重的后果，应该承担相应的法律责任。

48. 企业不承认从业人员患职业病，该怎么办？

典型事例

甲，女，40岁，某玻璃厂工人。甲的工作是在加工好的玻璃上涂彤合剂。2000年参加工作，从事玻璃黏合工作，工作初期没有什么不良反应，慢慢地，开始有不舒服的感觉。总觉得喉咙，好像有什么堵着一样，喘不过气，胸闷。但厂里说胶水是进口的，就是味道冲一点，对身体没有危害。甲看周围的同事都是这样，也没见谁有什么其他症状，也就没大在意。2010年4月的一天，甲昏倒在工作岗位上。经医生检查，甲的喉咙已经水肿，咽喉部阻塞，随时可能有生命危险，于是对甲施行了气管切开术。从此，甲的颈部就永远插上了一截塑料软管。甲病倒后，厂里给工人发放了活性口罩，并改造了通风设备。但坚持说使用的胶水无毒、无害。不承认甲是职业病，并拒绝承担相应的法律责任。

法津分析

本案的关键是职业病的诊断。

职业病是企业、事业单位和个体经济组织的劳动者在职业活动中，因接触粉尘、放射性物质和其他有毒、有害物质等因素而引起的疾病。职业病的发生通常是由于人体受粉尘、毒物、噪声、高温、强光等影响，造成人身的某些器官发生了病变，或者引起全身性疾病，如铝中毒、高原病等等。职业病与其他疾病相比，具有显著的特点：病因明确；发病与劳动条件密切相关；群体性发病；特定的临床表现。

职业病构成要素包括：患病主体是企业、事业单位或者个体经济组织中的劳动者；在职业活动的中接触职业危害因素而引起的疾病；必须是国家法定的职业病病种。

在我国卫生部与人力资源与社会保障部颁布的《职业病目录》中，规定了现阶段我国法定职业病病种。劳动者如果发现自己患有或可能患有职业病，可以到用人单位所在地或者本人居住地的职业病诊断机构进行职业病诊断。职业病诊断结果应当根据《职业病诊断与鉴定管理办法》规定，依据职业病诊断标准，结合职业病危害接触史、工作场所职业病危害因素检测与评价、临床表现和医学检查结果等资料，进行综合分析。如果没有证据否定职业病危害因素与病人临床表现之间的必然联系的，在排除其他致病因素后，应当诊断为职业病。

可见，在职业病的认定上，法律采取了严格责任的规定，将职业病的认定范围尽可能扩大，以确保劳动者得到足够的保护。

从本案来看，甲女士只是在工作场所接触到大量化学刺激性物品，在其他场合并未接触此类物品。如果玻璃厂不能提供足够证据否定本工厂职业病危害因素与甲女士临床表现之间的必然联系，在综合分析的基础上，就应当认定甲女士患职业病。

甲女士在获得职业病诊断后，可向劳动能力鉴定机构申请劳动能力鉴定，并根据鉴定结果确定相应的待遇。

另外，职业病应以预防为主。《职业病防治法》规定：用人单位有知悉其职业病危害，并在订立劳动合同时将工作可能产生的职业病危害及其后果、职业病防护措施和待遇等如实告知劳动者的义务。本案中，用人单位未执行《职业病防治法》的规定，对甲女士患职业病负有不可推卸的责任，甲女士除依法享有国家规定的职业病待遇外，依照有关民事法律制度，尚有获得赔偿的权利，有权向玻璃厂提起民事赔偿。

49. 矿山行业如何预防职业病危害?

典型事例‖

小王作为一名上岗不久的煤矿工人，虽然以前也听别人说过矿山行业会引发诸多职业病，但具体有哪些病症以及如何防治职业病，小王还不是很清楚，小王向矿山公司进行询问，得到的也是含糊其辞的回答，那么矿山行业的职业病危害主要有哪些，又该如何防治呢?

法律分析‖

矿山行业的职业病危害以及防治措施主要包括以下内容：

（1）职业毒害的防治。接触有毒物质时间的长短、剂量大小、发病缓急，其中毒表现是不同的，有急性、亚急性、慢性三种：短时间内大量毒物侵入人体引起急性中毒；长时间吸入小剂量毒物引起慢性中毒；介于急性中毒和慢性中毒之间、在较短时间内吸入较大剂量毒物引起中毒为亚急性中毒。防护措施有：

第一，消除毒物。煤矿井下的有毒气体主要来源于炮烟和煤氧化、火灾等。因为很多有毒气体是易溶于水的，通过加强通风和喷雾洒水排除和降低有毒气体含量，净化空气，是消除毒物危害的最根本、最有效的措施。

第二，加强个人防护。炮后烟未散去或作业现场空气质量太差时，不要急着进入工作面，待烟散尽、现场空气质量好转时再进入工作面，还应用好防护服、防护面具、防尘口罩、自救器等。

第三，提高机体抗御能力。对于在有害物质场所作业人员，给予必要的保健待遇，加强营养和锻炼。

第四，加强对有害物质的监测，掌握其浓度含量，做到心中有数，控制其危害程度。

第五，对受到危害的人员及时进行健康检查。必要时实行转岗、换岗作业。

第六，加强有害物质及预防措施的宣传教育。建立健全安全生产责任制、卫生责任制和岗位责任制。

（2）矿尘对人的危害及防治。

煤矿粉尘主要是煤尘、岩尘和水泥尘。煤尘进入人肺使人患煤肺，岩尘进入人肺使人患矽肺，水泥尘进入人肺使人患水泥肺，通称为尘肺病。

煤矿生产大量推广使用机械化，特别是综采综掘的使用，由于综采综掘都有内外喷雾洒水降尘设施，以及湿式打眼和水炮泥的使用，矿尘大量减少，井下工作环境有了很大的改善。

但是，还有个别工序和一些机械化程度还不高的中小煤矿，矿尘还是很大的。就是机械化很高的矿井，还有一些余尘，日积月累的危害着矿工的身体健康。因此，井下防尘是煤矿生产的长期任务，要常抓不懈。若遇水管没水或水管坏了，要及时汇报。坚持使用水炮泥，坚持使用湿式打眼，坚持洒水装渣，坚持使用各种综合防尘措施，把矿尘降到《煤矿安全规程》规定的浓度以下。

第一，减尘措施。减少采、掘作业时的粉尘产生量。包括煤层注水、采空区灌水、湿式打眼、水炮泥放炮等。

第二，降尘措施。包括各产尘点设喷雾洒水装置净化风流，洒水装渣等。

第三，通风排尘。调整合适的风速，加强排尘。最低排尘风速为 0.25～0.5m/s；最优排尘风速为 1.2m/s～1.6m/s。在此风速范围内既可以有效地冲淡和排除浮尘，又不致把大量落尘吹起。

（3）生产性噪声的危害和防护。

第一，危害。噪声对人体的危害是多方面的。主要有三方面：①损害听觉。短时间在噪声环境下工作，可引起听力减弱、听觉敏感性下降为表现的听觉疲劳。长期在噪声环境下工作，可引起永久性耳聋。噪声在 80dB（A）以下时，一般不会引起职业性耳聋；噪声在 80dB（A）以上时，对听力的影响比较严重。②引起各种病症。长时间在噪声环境下工作，除引起职业性耳聋外，还可引起消化不良、食欲不振、恶心、呕吐、头痛、心跳加快、血压升高、失眠等全身性病症。③引起事故。强烈噪声可掩盖报警声、警告声和其他危险预兆声等，引起设备损坏、人员伤亡。

第二，预防措施。控制和消除噪声源是根本措施，改革工艺和生产设备，以消除或降低噪声。①控制噪声传播。隔声：用吸声材料、吸声结构和隔声装置将噪声源封闭，防止噪声传播。常用的有隔声墙、隔声罩、隔声地板、隔声门窗等。消声：用吸声材料铺装室内墙壁或悬挂于室内空间，可以吸收辐射和反射声能，降低传播中噪声的强度水平。常用吸声材料有玻璃棉、矿渣棉、毛毡、泡沫塑料、棉絮等。②采用合理的防护措施。利用耳塞防护。合适的耳塞隔声效果可达 30～40dB（A），对高频噪声的阻隔效果较好。③合理安排劳动制度。工作时间穿插休息时间，休息时间离开噪声环境，限制噪声工作时间，可减轻噪声对人体的危害。④卫生保健措施。对受到噪声危害的人员定期体检，听力下降者及时治疗，重者调离噪声作业。

就业前体检或定期体检中发现的听觉器官疾病、心血管病、神经系统器质性疾病者，不得从事噪声环境工作。

（4）生产性振动的危害和防护。在生产过程中，按振动作用于人体的方式可分为局部振动和全身振动。局部振动是最常见的和危害较大的振动。

第一，危害。①神经系统。表现为大脑皮层功能下降，条件反射潜伏期延长或缩短，出现膝反射抑制甚至消失；自主神经系统营养障碍；皮肤感觉迟钝，触觉、温热觉、痛觉、振动觉功能下降。②心血管系统。出现心动过缓、窦性心律不齐、传导阻滞等病症。③肌肉系统。有握力下降、肌肉萎缩、肌纤维颤动和疼痛等症状。④骨组织。可引起骨和关节改变，出现骨质增生、骨质疏松、关节变形、骨硬化等病症。⑤听觉器官。表现为他听力损失和语言能力下降。

全身振动常引起足部周围神经和血管变化，出现足痛、易疲劳、腿部肌肉触痛。常引起脸色苍白、出冷汗、恶心、呕吐、头痛、头晕、食欲不振、胃机能障碍、肠蠕动不正常等。

第二，预防措施。为减轻振动对人的危害，要采取各种减振措施。①对局部振动的减振措施。改革工艺和设备，改革工作制度。合理使用减振用品，建立合理的劳动制度，限制作业人员的接触振动时间。煤矿井下的振动危害主要来自于煤电钻、风钻、综采综掘及其他机械对操作人员的危害。②对全身振动的减振措施。在有可能产生较大振动设备的周围设置隔离地沟，衬以橡胶、软木等减振材料，以确保振动不能外传。对振动源采取减振措施，如用弹簧等减振阻尼器，减少振动的传递距离。井下采煤机、掘进机、柴油车等座椅下加泡沫垫等，减弱运行中由于各种原因传来的振动。

另外，利用尼龙件代替金属件，可减少机器的振动，及时检修设备，可以防止因零件松动引起的振动。

（5）高温作业的危害和防护。

第一，危害。随井下采煤深度的延伸，采掘工作面温度也在升高，有时高于30℃以上，甚至更高。高温条件下作业的人员，人体出现一系列生理功能改变，产生不良影响，甚至病变。①对循环系统的影响。高温作业时，皮肤血管扩张。大量出汗使血液浓缩。造成心脏活动增加、心跳加快、血压升高、心血管发负担增加。②对消化系统的影响。高温对唾液分泌有抑制作用，使胃液分泌减少，胃蠕动减慢，造成食欲不振；大量出汗和氯化物的丧失，使胃液酸度降低，易造成消化不良。此外，高温可使小肠的运动减慢，形成其他胃肠道疾病。③对泌尿系统的影响。高温下，人体的大部分体液由汗腺排出，经肾脏排出的水盐量大大减少，使尿液浓缩，肾脏负担加重。④神经系统。在高温及热辐射作用下，肌肉的工作能力、动作的准确性、协调性、反应速度及注意力降低。

第二，高温作业的防护。井下的高温作业防护措施主要是采取降温和缩短工作时间和给予高温保健待遇等。①通风降温。加大风速排除热量。风速与温度有一定的关系，合适的风速可使温度降到一定的程度。②喷雾洒水降温。在工作面喷雾洒水既可以降温又可以降尘。③保健防护。供给含盐饮料，以补充人体所需水分和盐分。

安全生产经典案例解读 ┃ 第二篇

1. 生产安全事故等级为一般事故的，如何进行行政处罚？

青岛某设备租赁有限公司不服青岛市黄岛区安全生产监督管理局
安全监察行政处罚案

裁判要旨

根据《生产安全事故报告和调查处理条例》第 3 条的规定，根据生产安全事故（以下简称事故）造成的人员伤亡或者直接经济损失，事故一般分为以下等级：特别重大事故；重大事故；较大事故；一般事故。其中一般事故，是指造成 3 人以下死亡，或者 10 人以下重伤，或者 1000 万元以下直接经济损失的事故。根据《生产安全事故报告和调查处理条例》第 37 条的规定，事故发生单位对事故发生负有责任的，依照下列规定处以罚款：发生一般事故的，处 10 万元以上 20 万元以下的罚款。

案件事实

青岛某设备租赁有限公司法定代表人王暖林于 2008 年 12 月 31 日在胶南市保安印章社刻制"青岛某设备租赁有限公司"字样的印章一枚，备案号为南公特刻字 2008 第 1014 号。2009 年 1 月 1 日，朱××从青岛某设备租赁有限公司处领取该枚公章，并约定自 2009 年 1 月 1 日起正式使用。青岛某设备租赁有限公司法定代表人王暖林任命朱××为公司副经理，兼任起重设备安装工程公司经理，并颁发聘书，聘期为 2009 年 1 月 1 日至 2011 年 12 月 31 日。2010 年 5 月 6 日，朱××以委托代理人身份与青岛建设集团公司经济技术开发区薛家岛分公司签订《薛家岛南北庄（造船区）安置楼工程塔式起重机安装拆除合同》，同时还签订了委托付款协议。按照合同约定，青岛通力建设集团有限公司向青岛某设备租赁有限公司支付薛家岛南北庄（造船区）安置楼工程塔式起重机安装拆除费用。后青岛通力建设集团有限公司按照上述合同的约定支付给青岛某设备租赁有限公司拆装费 15 000 元，青岛某设备租赁有限公司向青岛通力建设集团有限公司出具 15 000 元的拆装费发票，发票号为 00116735。2010 年 10 月 11 日，青岛某设备租赁有限公司公司职工在薛家岛南北庄安置楼 B 区 E 标段建筑工地安装塔吊顶升液压泵站时，不慎使液压泵站脱钩坠落，将在吊塔下面配电箱连接电源线的工人刘××（青岛通力建设劳务有限公司职工）砸伤致死。青岛市黄岛区安全生产监督管理局于 2011 年 2 月 28 日作出（青黄）安监管罚字（2011）第（07）号《行政处罚决定书》，决定处以青岛某设备租赁有限公司罚款 12 万元。青岛某设备租赁有限公司不服该行政处罚决定，于 2011 年 3 月 7 日向青岛市安全生产监督管理局申请行政复议。青岛市安全生产监督管理局于 2011 年 5 月 6 日作出维持青岛市黄岛区安全生产监督管理局具体行政行为的决定。

青岛市黄岛区人民法院经审理认为：①朱××系青岛某设备租赁有限公司单位任命的副经理，兼起重设备安装工程公司经理。朱××以委托代理人的身份与施工单位签订起重机安装拆除合同，而且青岛某设备租赁有限公司已按合同的约定收取了施工单位支付的拆装费 15 000 元。故朱××以公司名义承揽安装塔吊的行为，应认定是青岛某设备租赁有限公司公司的行为。②青岛某设备租赁有限公司所称合同的印章不是青岛某设备租赁有限公司的印章，无事实依据。朱××系公司副总经理，兼任起重设备安装工程公司经理，于 2009 年 1 月 1 日从青岛某设备租赁有限公司处领取了印章，于 2010 年 5 月 6 日签订起重机安装拆除合同，而且青岛某设备租赁有限公司也已收到拆装费 15 000 元，故青岛某设备租赁有限公司所称朱××加盖的是假公章，不符合常理，与事实不符。③根据《中华人民共和国安全生产法》第 16 条的规定，"生产经营单位应当具备本法和有关法律、行政法规和国家标准或行业标准规定的安全生产条件；不具备安全生产条件的，不得从事生产经营活动"。本案青岛某设备租赁有限公司未对施工人员进行安全教育培训即安排职工上岗作业，致使工人安全意识淡薄、盲目操作，最终导致死亡事故的发生。综上，青岛市黄岛区安全生产监督管理局作出的处罚决定证据确实充分，适用法律、法规正确，符合法定程序，依法应予维持。青岛某设备租赁有限公司请求撤销青岛市黄岛区安全生产监督管理局的具体行政行为的诉讼请求无事实依据和法律依据，不予支持。

　　青岛市黄岛区人民法院依照《中华人民共和国行政诉讼法》第 54 条第 1 项的规定，作出如下判决：

　　维持青岛市黄岛区安全生产监督管理局作出的（青黄）安监管罚字（2011）第（07）号行政处罚决定。

　　案件诉讼费 50 元，由青岛某设备租赁有限公司青岛某设备租赁有限公司负担。

　　青岛某设备租赁公司不服一审判决，提起上诉。

　　青岛某设备租赁有限公司诉称：①青岛某设备租赁有限公司没有与青岛建设集团公司经济技术开发区薛家岛分公司签订安装拆除合同，该合同上加盖的印章不是青岛某设备租赁有限公司的印章，不是青岛某设备租赁有限公司在公安机关备案的印章。该问题应由青岛市黄岛区安全生产监督管理局承担举证责任，现青岛市黄岛区安全生产监督管理局没有提交确凿证据证明印章的真实性，应当承担举证不能的后果。朱××使用假印章对外签订合同，以及在营业执照等材料复印件上加盖假章的行为，属其个人行为，与青岛某设备租赁有限公司无关。青岛某设备租赁有限公司在合理范围内已尽到了一般的管理义务，没有过错。青岛某设备租赁有限公司没有给青岛建设集团公司经济技术开发区薛家岛分公司出具发票，青岛通力建设集团有限公司与青岛建设集团公司经济技术开发区薛家岛分公司是两个独立的法人单位。刘××等四人均不是青岛某设备租赁有限公司处职工。青岛某设备租赁有限公司制定了完善的安全管理制度和操作规程，并对本公司从业人员定期进行安全教育培训。可见，青岛市黄岛区安全生产监督管理局作出行政处罚决定主要事实不清，证据不足。②青岛某设备租赁有限公司是依法设立的独立法人，完全具备安全生产条件，并依法从事生产经营活动，青岛某设备租赁有限公司没有违反《安全生产法》第16条的规定。青岛某设备租赁有限公司在该次人身伤亡事故中不负有任何责任，不符合《生产安全事故报告和调查处理条例》第37条第1项的规定。在该次事故中，青岛某设备租赁有限公司没有过错，故青岛市黄岛区安全生产监督管理局应当依照《中华人民共和国行政处罚法》第38条的规定，对青岛某设备租赁有限公司不予处罚或者不得给予处罚。可见，青岛市黄岛区安全生产监督管理局适用法律错误。青岛某设备租赁有限公司根据《中华人民共和国行政诉讼法》的规定，提起上诉，请求依法撤销原判，并撤销（青黄）安监管罚字（2011）第（07）号行政处罚决定。

青岛市黄岛区安全生产监督管理局辩称：①青岛某设备租赁有限公司与青岛建设集团公司经济技术开发区薛家岛分公司签订的《起重机安装拆除合同》，所盖公章是青岛某设备租赁有限公司法定代表人王暖林在胶南市保安印章社刻制的，其备案号为南公特刻字2008第1014号，属公安备案的合法印章。该公章由王暖林交由朱××保管，以便承揽业务。通过青岛某设备租赁有限公司颁发给朱××聘书和朱××每年向青岛某设备租赁有限公司上缴承包费，足以证明朱××有权代表青岛某设备租赁有限公司对外开展业务。青岛某设备租赁有限公司向青岛通力建设集团有限公司出具15 000元的拆装费发票（发票号为00116735），所依据的是三方委托协议。青建管质字（2009）59号文证明刘××等人为青岛某设备租赁有限公司特种作业人员，他们从事特种作业，应由青岛某设备租赁有限公司进行安全培训和学习，约束其依法作业。通过对刘××等人的调查询问可知青岛某设备租赁有限公司未对刘××、杨××、郭××等作业人员进行教育培训，也没有制定规章制度来约束从业人员的行为，导致工人安全意识淡薄、盲目操作，在没有进行技术交底、人员没到位的情况下就进行施工作业。青岛市黄岛区安全生产监督管理局作出的行政处罚决定认定事实清楚。②青岛某设备租赁有限公司在没有进行技术交底、人员没到位的情况下盲目组织人员施工，其行为违反了《中华人民共和国安全生产法》第16条的规定，青岛市黄岛区安全生产监督管理局根据《生产安全事故报告和调查处理条例》第37条第1项的规定对青岛某设备租赁有限公司作出处罚，适用法律、法规正确。综上，原判认定事实清楚，适用法律、法规正确，青岛某设备租赁有限公司上诉理由不能成立。请求二审法院驳回上诉，维持原判。

　　青岛市中级人民法院经审理认为：《中华人民共和国安全生产法》第21条规定："……未经安全生产教育和培训合格的从业人员，不得上岗作业。"这是法律对安全生产教育培训和培训合格才能上岗的明确规定。国务院《建设工程安全生产管理条例》第36第2款进一步明确规定："施工单位应当对管理人员和作业人员每年至少进行一次安全生产教育培训，其教育培训情况记入个人工作档案。安全生产教育培训考核不合格的人员，不得上岗。"《生产经营单位安全培训规定》第24条规定："生产经营单位应建立健全从业人员安全培训档案，详细、准确记录培训考核情况。"本案中，青岛某设备租赁有限公司并无有效证据证明青岛某设备租赁有限公司定期对工人进行培训，也没有证据证明有书面培训记录、考核记录和考核是否合格的记录，故青岛某设备租赁有限公司在教育、培训、考核的问题上没有按照法律、法规的规定去做，其行为违法。根据有效证据证明，青岛某设备租赁有限公司在实施塔吊安装作业期间，没有相关的管理制度和操作规程，违反了《建设工程安全生产管理条例》第 21 条的规定。国务院《建设工程安全生产管理条例》第 27 条和《建筑机械使用安全技术规程》（JGJ33 - 2001）4.4.7 对起重机拆装前的技术交底工作作了明确规定，而本案青岛某设备租赁有限公司单位在没有依法履行技术交底程序的情况下擅自施工，其行为严重违反规定。《生产安全事故报告和调查处理条例》第 3 条第 1 款规定："根据生产安全事故（以下简称事故）造成的人员伤亡或者直接经济损失，事故一般分为以下等级：……（四）一般事故，是指造成 3 人以下死亡，或者 10 人以下重伤，或者 1 000 万元以下直接经济损失的事故。"本案所涉事故造成 1 人死亡，根据该规定属于一般事故。《生产安全事故报告和调查处理条例》第 37 条规定："事故发生单位对事故发生负有责任的，依照下列规定处以罚款：（一）发生一般事故的，处 10 万元以上 20 万元以下的罚款……"本案中，青岛市黄岛区安全生产监督管理局根据青岛某设备租赁有限公司的违法事实，适用以上关于一般事故的规定对青岛某设备租赁有限公司处以 12 万元罚款，适用法律并无不当。综上，青岛市黄岛区安全生产监督管理局作出（青黄）安监管罚字（2011）第（07）号行政处罚决定，认定事实清楚，适用法律正确，程序合法。原审法院判决维持该处罚决定并无不当。

青岛市中级人民法院依照《中华人民共和国行政诉讼法》第 61 条第 1 项之规定，作出如下判决：驳回上诉，维持原判。二审案件受理费 50 元，由青岛某设备租赁有限公司青岛某设备租赁有限公司负担。

案件评析

1. 履行技术交底程序的认定。国务院《建设工程安全生产管理条例》第 27 条规定："建设工程施工前，施工单位负责项目管理的技术人员应当对有关安全施工的技术要求向施工作业班组、作业人员作出详细说明，并由双方签字确认。"《建筑机械使用安全技术规程》（JGJ33－2001）4.4.7 规定，起重机拆装前，应按照出厂有关规定，编制拆装作业方法、质量要求和安全技术措施，经企业技术负责人审批后，作为拆装作业技术方案，并向全体作业人员交底。因起重机拆装是技术性很强、危险性很大的工作，故根据以上规定，起重机拆装前应严格履行技术交底程序，是否真正履行了该程序应以充分的证据为准。本案中，根据青岛某设备租赁有限公司单位职工刘××、杨××、张××和青岛通力建筑劳务有限公司安全员孙×的笔录可知，青岛某设备租赁有限公司单位在没有依法履行技术交底程序的情况下擅自施工，其行为严重违反规定，这是导致人员伤亡的重要原因。

2. 罚款数额的认定。《安全生产法》第 16 条规定："生产经营单位应当具备本法和有关法律、行政法规和国家标准或行业标准规定的安全生产条件；不具备安全生产条件的，不得从事生产经营活动。"青岛某设备租赁有限公司单位在未依法对施工人员进行安全教育培训、未依法制定安全管理制度和操作规程、未履行技术交底程序的情况下，不顾人身和财产安全，擅自启动起重机安装程序，其行为违反了该条"不具备安全生产条件的，不得从事生产经营活动"的法律规定。《生产安全事故报告和调查处理条例》第 3 条第 1 款规定："根据生产安全事故（以下简称事故）造成的人员伤亡或者直接经济损失，事故一般分为以下等级：……（四）一

般事故，是指造成 3 人以下死亡，或者 10 人以下重伤，或者1 000
万元以下直接经济损失的事故。"本案所涉事故造成 1 人死亡，根
据该规定属于一般事故。《生产安全事故报告和调查处理条例》第
37 条规定："事故发生单位对事故发生负有责任的，依照下列规定
处以罚款：（一）发生一般事故的，处 10 万元以上 20 万元以下
的罚款……"本案中，青岛市黄岛区安全生产监督管理局根据青
岛某设备租赁有限公司的违法事实，适用以上关于一般事故的规
定对青岛某设备租赁有限公司处以 12 万元罚款，适用法律并无
不当。

法 律依据‖

国务院《建设工程安全生产管理条例》第 27 条："建设工程
施工前，施工单位负责项目管理的技术人员应当对有关安全施工
的技术要求向施工作业班组、作业人员作出详细说明，并由双方
签字确认。"

《安全生产法》第 17 条："生产经营单位应当具备本法和有关
法律、行政法规和国家标准或者行业标准规定的安全生产条件；
不具备安全生产条件的，不得从事生产经营活动。"

《生产安全事故报告和调查处理条例》第 3 条："根据生产安
全事故（以下简称事故）造成的人员伤亡或者直接经济损失，事
故一般分为以下等级：

（一）特别重大事故，是指造成 30 人以上死亡，或者 100 人
以上重伤（包括急性工业中毒，下同），或者 1 亿元以上直接经济
损失的事故；

（二）重大事故，是指造成 10 人以上 30 人以下死亡，或者 50
人以上 100 人以下重伤，或者 5000 万元以上 1 亿元以下直接经济
损失的事故；

（三）较大事故，是指造成 3 人以上 10 人以下死亡，或者 10

人以上50人以下重伤，或者1000万元以上5000万元以下直接经济损失的事故；

（四）一般事故，是指造成3人以下死亡，或者10人以下重伤，或者1000万元以下直接经济损失的事故。

国务院安全生产监督管理部门可以会同国务院有关部门，制定事故等级划分的补充性规定。

本条第一款所称的'以上'包括本数，所称的'以下'不包括本数。"

《生产安全事故报告和调查处理条例》第37条："事故发生单位对事故发生负有责任的，依照下列规定处以罚款：

（一）发生一般事故的，处10万元以上20万元以下的罚款；

（二）发生较大事故的，处20万元以上50万元以下的罚款；

（三）发生重大事故的，处50万元以上200万元以下的罚款；

（四）发生特别重大事故的，处200万元以上500万元以下的罚款。"

2. 发包人明知承包人无施工资质仍将商行装修等工程发包，后发生施工人员死亡的恶性事故，监管部门应如何处理？

凌某某不服上海市闸北区安全生产监督管理局行政处罚决定案

裁判要旨‖

根据《安全生产法》的规定，安全生产监督管理局作为安全生产的监督管理部门，对本辖区的安全生产违法行为有实施行政处罚的法定职责。发包方作为贸易商行的决策者和管理者，在作出商行装修的有关决策时，应严格按照我国《安全生产法》的相关规定，慎重选择装修施工单位，不得将生产经营项目、场所发包给不具备安全生产条件或相应资质的单位或个人。在施工过程中，发包方也应组织有效的安全生产检查、消除事故隐患，以杜绝安全事故的发生。因发包方不履行上述义务导致施工人员伤亡等恶性事故发生的，安全生产监督管理部门应法定程序做出责令其改正违法行为并处罚款的行政处罚决定。

案件事实

上海崎野贸易商行系凌某某出资设立的个人独资企业。2009年7月18日，上海崎野贸易商行向康元玩具厂租赁本市陈家宅路某号1号楼的3楼厂房作为企业办公用房。之后，凌某某与无建筑装饰工程施工资质的曾某某协商后口头约定，由曾某某承包1号楼3楼厂房内部的装潢工程，上海崎野贸易商行指派设计部经理孙某作为装潢现场监督。同年8月1日，曾某某雇佣的卢某某、林某某等三名施工人员进入工地。8月5日17时20分左右，卢某某在作业时从高处坠落，经抢救无效死亡，医院诊断系重症颅脑外伤致死。

上海市闸北区安全生产监督管理局接报后，于2009年8月6日立案进行调查。同年9月25日，事故调查组出具《死亡事故调查报告》。该报告载明，上海崎野贸易商行违法将装潢工程发包给无建筑装潢工程施工资质的曾某某，其指定的现场监督对施工过程中的违章作业行为亦未予以制止，最终导致事故发生。上海崎野贸易商行承担事故的次要责任，凌某某应承担领导责任，建议上海市闸北区安全生产监督管理局对凌某某等依法予以行政处罚。10月11日，上海市闸北区人民政府批复同意事故调查组出具的《死亡事故调查报告》。10月22日，上海市闸北区安全生产监督管理局向凌某某邮寄送达行政处罚事先告知书及行政处罚听证告知书。10月29日，凌某某提出听证申请。11月18日，上海市闸北区安全生产监督管理局组织了听证。11 月 30 日，上海市闸北区安全生产监督管理局对凌某某的陈述申辩意见进行了复核。12 月 7日，上海市闸北区安全生产监督管理局负责人集体讨论后，作出第 2120090069 号行政处罚决定，并向凌某某送达，认为凌某某违反了《中华人民共和国安全生产法》（以下简称《安全生产法》）第 17 条第 1 款第 4 项和第 41 条的规定，依据《中华人民共和国行政处罚法》（以下简称《行政处罚法》）第 23 条、《安全生产法》第 81 条，责令凌某某立即改正违法行为，并对凌某某处以罚款人民币 2 万元的行政处罚。另查明，上海崎野贸易商行于 2009 年 9月 1 日经凌某某申请，被工商部门批准注销。

凌某某诉称，其系上海崎野贸易商行的投资人，因商行业务需要，向康元玩具厂租借了位于本市陈家宅路某号 1 号楼的 3 楼厂房，继而委托在康元玩具厂做装修业务的装潢工程承包人曾某某对 3 楼厂房进行装潢，在施工期内，发生了装潢工人卢某某意外坠落身亡的事故。坠落事件系意外，与上海市闸北区安全生产监督管理局认定的凌某某未履行安全生产管理职责的行为无关联；即便凌某某所在的企业存在违法发包的行为，上海市闸北区安全生产监督管理局亦不应对凌某某作出处罚，承担安全管理职责的主体应当是上海崎野贸易商行，上海市闸北区安全生产监督管理局应当适用《安全生产法》第 86 条规定而非第 81 条规定进行处罚。故请求撤销上海市闸北区安全生产监督管理局作出的行政处罚决定。

上海市闸北区安全生产监督管理局辩称，上海崎野贸易商行系凌某某的个人独资企业，凌某某作为商行的负责人，未履行安全生产管理职责导致事故发生，其与上海崎野贸易商行均应受到处罚。上海市闸北区安全生产监督管理局根据《安全生产法》规定，对凌某某作出的行政处罚决定符合法律规定，请求维持上海市闸北区安全生产监督管理局作出的行政处罚决定。

案件评析‖

根据《安全生产法》的规定，上海市闸北区安全生产监督管理局作为安全生产监督的监督管理部门，对本辖区的安全生产违法行为有实施行政处罚的法定职责。上海崎野贸易商行系凌某某出资设立的个人独资企业，其法人的意志通过凌某某的日常经营活动体现。凌某某作为上海崎野贸易商行的决策者和管理者，在作出商行装修的有关决策时，除应遵循商业活动的一般规范外，还应严格按照《安全生产法》的有关规定，不得将生产经营项目、场所发包给不具备安全生产条件或相应资质的单位或个人，为此，凌某某应慎重选择装修施工单位，施工时也应组织有效的安全生产检查、消除事故隐患，以杜绝安全事故的发生。然而凌某某明知承包人无施工资质、不具备安全生产条件的情况下，仍将工程发包，之后，也未进行有效的安全生产监督检查。上述不当行为与发生施工人员死亡的恶性事故有因果关系，《死亡事故调查报告》也明确凌某某负有领导责任。因此，凌某某是依法承担安全管理职责的主体，且其未履行安全生产管理职责的行为与事故有关联，凌某某提出的事故与上海市闸北区安全生产监督管理局认定的凌某某未履行安全生产管理职责的行为无关联的主张不能成立。上海市闸北区安全生产监督管理局按照《行政处罚法》的有关规定向凌某某告知权利并依凌某某申请举行听证、进行复核，依照相关规定经集体讨论后，依据《行政处罚法》第 23 条、《安全生产法》第 81 条等规定，作出责令凌某某改正违法行为并处罚款的行政处罚，事实认定清楚，法律适用准确，执法程序恰当，处罚决定合乎法律规定。至于凌某某提出上海市闸北区安全生产监督管理局应对上海崎野贸易商行而非对凌某某进行处罚的主张，法院认为，《安全生产法》第 81 条第 2 款明确的是生产经营单位的主要负责人违反安全生产导致发生生产安全事故的违法行为的法律责任，该法第 86 条明确的是生产经营单位违反安全生产行为导致安全生产事故发生的责任，无论上海市闸北区安全生产监督管理局对上海崎野贸易商行如何处理，并不影响凌某某作为上海崎野贸易商行负责人应承担的安全事故责任。据此，依照《中华人民共和国行政诉讼法》第 54 条第 1 项之规定，法院判决维持上海市闸北区安全生产监督管理局于 2009 年 12 月 7 日作出的第 2120090069 号行政处罚决定的具体行政行为。

法津依据

《安全生产法》第 46 条："生产经营单位不得将生产经营项目、场所、设备发包或者出租给不具备安全生产条件或者相应资质的单位或者个人。

生产经营项目、场所发包或者出租给其他单位的，生产经营单位应当与承包单位、承租单位签订专门的安全生产管理协议，或者在承包合同、租赁合同中约定各自的安全生产管理职责；生产经营单位对承包单位、承租单位的安全生产工作统一协调、管理，定期进行安全检查，发现安全问题的，应当及时督促整改。"

3. 行政机关对安全生产事故调查的批复是否属于行政诉讼的受案范围？

某市宏图建筑工程有限责任公司诉某市安全生产监督管理局生产责任事故批复案——行政机关批复是否可诉的认定

裁判要旨

批复是答复下级机关的请示事项时使用的文种，是用于答复下级机关请示事项的公文，形式上属在行政机关内部运作的内部行政行为。外部行政行为，系指行政机关执行法律发布行政命令或作出行政处分，而对行政相对人的权利和义务发生一定效力。行政处分是对外发生法律效力的行为，属外部行政行为。我国《行政诉讼法》第 11 条规定了八种人民法院受理公民、法人和其他组织提起的行政诉讼的类型，但未将内部行政行为纳入行政诉讼受案范围。因为通常情况下，只有当具体的行政行为对公民法人或其他组织的权利义务产生实际影响的情况下，才属于行政诉讼的受案范围。行政机关的批复属于对行政相对人权利义务不产生实际影响的行为，排除在行政诉讼的受案范围之外，因此不具有可诉性。

案件事实

宏图公司承建某市子长县石窑坪小区河东村村民安置建设工程项目后，2007 年 6 月 29 日，该工程项目部与山东省济南圣龙建筑机械有限公司签订塔吊买卖合同，购买了该公司制造日期为 2004 年 7 月 14 日的塔式起重机一部，合同约定卖方不负责安装，由买受人找有资质的队伍安装，出卖人派技术员指导。后项目部将起重机的安装口头承包给一个长期从事塔吊安装但没有建设厅签发的《资质证》和《上岗证》的安装队伍，并于 2007 年 7 月 16 日将塔吊首次安装好。同月 23 日，某市特种设备检验所对塔吊检验为合格。2007 年 11 月 21 日 7 时许，因塔吊提升高度不够，在安装附加墙加升第 4 个标准节的作业过程中，塔吊外套架、回转机构及以上部位的起重臂、平衡臂、平衡重及塔帽整体朝后臂方向倾翻，从 33 米高处坠落，造成 3 人死亡，2 人受伤，直接经济损失达 431 415.2 元。事故当日天气多云转晴，日平均温度 9.6 度，日平均风速 1 米/秒，可排除自然因素造成事故。事故发生后，由市安监局、市技术监督局、市城乡建设局、市公安局等单位成立子长县"10·21"事故调查组，对事故进行了调查，调查期间，技术组于 11 月 18 日给调查组出具了事故分析报告，认为"该塔吊是否存在质量问题有待于司法鉴定"。后宏图公司就塔吊的产品质量向调查组申请司法鉴定，调查组认为事故的原因很明确，不需要进行技术鉴定。宏图公司遂向呼和浩特市科学技术咨询服务中心申请司法鉴定，后经子长县公证处证据保全公证后，2008 年 1 月 7 日，呼和浩特市科学技术咨询服务中心作出的鉴定结论为：顶升套架焊接质量存在明显缺陷；顶升套架所检结构材料中部分材料性能不符合 GB/T700 - 2006 对 Q235B 的要求。

　　2007 年 12 月 5 日，子长县"10·21"事故调查组向某市人民政府作出《子长县"10·21"建筑工地塔式起重机倒塌事故调查报告》（以下简称《事故调查报告》），认为该事故是一起安全生产责任事故，直接原因是塔吊安装队没有安装资质，并按照《生产安全事故报告和调查处理条例》的规定，报请某市政府批复。2008 年 1 月 10 日，市安监局作出了延市安监发（2008）16 号《关于子长县"10·21"建筑工地塔式起重机倒塌事故调查报告的批复》（以下简称《批复》）。该《批复》同意《事故调查报告》中对事故原因的分析、事故性质和事故责任的认定。后子长县监察局将该《批复》内容告知被上诉人宏图公司，并向宏图公司送达了该《批复》的复印件。宏图公司后向陕西省安全生产监督管理局提出行政复议，陕西省安全生产监督管理局 2008 年 7 月 4 日作出《行政复议决定书》，对该《批复》予以维持，同时告知申请人可以自接到复议决定之日 15 日内向人民法院起诉。

　　原告宏图公司诉称：本公司承建某市子长县石窑坪小区河东村村民安置建设工程项目时，发生塔式起重机倒塌事故。事故发生后，相关部门成立子长县"10·21"事故调查组处理此事。虽然本公司一再要求对塔吊的产品质量申请司法鉴定，但调查组却不予采纳，违反规定作出了调查报告。被告市安监局按照该报告的事故责任认定作出了延市安监发（2008）16 号《关于子长县 10·

21 建筑工地塔式起重机倒塌事故调查报告的批复》。该批复中第 3 条和第 9 条就是针对本公司做出的具体行政行为，本公司对该批复中对事故原因的分析、事故性质和事故责任的认定均不服，向陕西省安全生产监督管理局申请行政复议，陕西省安全生产监督管理局行政复议维持了该批复。故向法院提起行政诉讼，请求依法撤销被告市安监局作出的延市安监发（2008）16 号《关于子长县 10·21 建筑工地塔式起重机倒塌事故调查报告的批复》。

被告市安监局辩称：其作出的延市安监发（2008）16 号批复属于行政机关内部批复，不是针对原告的具体行政行为，不直接对原告产生法律效力，具有不可诉的性质，该案不属于人民法院行政诉讼受案范围。另外，该批复认定事实清楚、内容、程序均合法。请求法院驳回原告的诉讼请求。

某市中级人民法院于 2008 年 12 月 8 日作出（2008）延中行初字第 6 号行政判决：撤销被告市安监局于 2008 年 1 月 10 日作出的延市安监发（2008）16 号《关于子长县"10·21"建筑工地塔式起重机倒塌事故调查报告的批复》中"同意《事故调查报告》中对事故原因的分析、事故性质和事故责任的认定"；并由被告某市安监局重新做出具体行政行为。案件诉讼费 50 元由被告市安监局承担。宣判后，市安监局不服，以本案《批复》属内部行为，不属行政诉讼受案范围、被诉《批复》合法为由，提起上诉。陕西省高级人民法院于 2009 年 5 月 25 日作出（2009）陕行终字第 28 号行政判决：驳回上诉，维持原判。

案件评析

法院生效裁判认为：被诉延市安监发（2008）16 号《关于子长县"10·21"建筑工地塔式起重机倒塌事故调查报告的批复》虽未由上诉人某市安监局正式给宏图公司送达，但作为事故调查成员单位之一的子长县监察局将批复作为谈话内容告知被上诉人宏图公司，并送达了复印件，已将批复的内容外化，而该批复中将宏图公司列为责任单位，并要求给予处罚，为被上诉人设定了一定的义务，该批复与被上诉人有利害关系，且陕西省安全生产监督管理局复议决定亦告知宏图公司可以提起行政诉讼，所以一审法院受理被上诉人宏图公司的起诉正确，上诉人某市安监局称该批复属内部批复，不对被上诉人宏图公司产生法律效力，本案不属人民法院受案范围的上诉理由不能成立。本案事故调查中，技术组给调查组出具的事故分析报告中明确指出"该塔吊是否存在质量问题还有待于司法鉴定"，被上诉人也申请对塔吊的产品质量进行司法鉴定，在未按照《生产安全事故报告和调查处理条例》第 27 条"事故调查中需要进行技术鉴定的，事故调查组应当委托具有国家规定资质的单位进行技术鉴定。必要时，事故调查组可以直接组织专家进行技术鉴定"的规定进行鉴定，且没有任何有效证据排除出事塔吊产品质量问题的情况下，上诉人即作出批复，对事故原因、责任等进行了分析、认定，属事实不清，故一审判决认为事故批复未能全面查清原因，从而撤销批复中对事故原因的分析、事故性质和事故责任的认定正确，依法应予维持，上诉人某市安监局的上诉理由不能成立，依法应予驳回。

本案争议焦点主要是《批复》是否可诉及该《批复》是否合法两个问题。

1. 关于本案《批复》是否可诉的问题。

（1）本案被诉的《批复》在形式上属在行政机关内部运作的内部行政行为，通常情况下，因为内部行政行为对公民法人或其他组织的权利义务尚未产生实际影响，因此不作为行政诉讼受案范围。

在通常的事故处理过程中，根据相关事故调查处理的程序规定，事故批复是对调查组事故调查报告中所做的事故原因、事故性质和事故责任认定等的批复，从形式上看是内部批复，其中认定的事故责任、事故性质、事故原因等在之后相关职能部门对责任人的处罚中虽然可能作为处罚的依据，但被处罚人如果不服，可以起诉处罚决定，在审查处罚决定的依据时会审查到事故批复，但该批复在未以处罚为载体送达相对人时，由于只是行政内部运作程序，还无法确定最终必然会对行政相对人的权利义务产生何种影响，因此，没有提起行政诉讼的必要，也就被排除在了行政诉讼受案范围之外。

（2）本案被诉的《批复》经行政机关的职权行为外化后，对宏图公司的权利义务已产生实际影响，应作为行政诉讼受案范围。

内部批复不向相对人送达，因此无法确定其对相对人最终产生的实际影响，从而不可诉，但内部行为一旦通过行政机关的职权行为外化后，就将对相对人的权利义务产生确切的实际影响，则应纳入行政诉讼受案范围。本案《批复》作出后，虽未正式给宏图公司送达，但作为事故调查成员单位之一的子长县监察局将批复作为谈话内容告知被上诉人宏图公司，并送达了该《批复》的复印件，已在行使行政职权时将批复的内容外化，而该《批复》中将宏图公司列为责任单位，并要求给予处罚，为宏图公司设定了一定的义务，已经对宏图公司产生实际影响，该《批复》与宏图公司有利害关系，且陕西省安全生产监督管理局复议决定亦告知宏图公司可以提起行政诉讼，所以上诉人某市安监局称该《批复》属内部批复，不对被上诉人宏图公司产生法律效力，不属人民法院受案范围的上诉理由不能成立。

此处强调行政机关依职权外化，主要是区别于一些相对人通过不正当手段，如私下打听、索取甚至窃取一些内部文件，一旦发现其中对己不利，即行起诉，而此时，尚无法证明这些内部行政行为必将对其权利义务产生实际影响，因而不应将其列为行政诉讼受案范围。

2. 关于本案《批复》是否合法的问题。本案对《批复》合法性的争议主要集中在如何看待分析报告中"是否存在质量问题有待于司法鉴定",即本案未经司法鉴定作出的《批复》事实是否清楚。市安监局认为分析报告中虽有这一句话,质量问题确实也属应调查的问题,而调查组的专家认为主要是无资质造成事故,无须鉴定,但没有任何证据排除质量问题。所以本案《批复》是在技术组给调查组出具的事故分析报告中明确指出"该塔吊是否存在质量问题还有待于司法鉴定",宏图公司也申请对塔吊的产品质量进行司法鉴定,且没有任何有效证据排除出事塔吊产品质量问题的情况下,未按照《生产安全事故报告和调查处理条例》第27条"事故调查中需要进行技术鉴定的,事故调查组应当委托具有国家规定资质的单位进行技术鉴定。必要时,事故调查组可以直接组织专家进行技术鉴定"的规定进行鉴定而直接作出,其对事故原因、责任等进行的分析、认定,因缺乏有效证据支持而属事实不清,一审判决认为《批复》未能全面查清原因,从而撤销《批复》中对事故原因的分析、事故性质和事故责任的认定正确。

法津依据

《中华人民共和国行政诉讼法》第11条:"人民法院受理公民、法人和其他组织对下列具体行政行为不服提起的诉讼:

(一)对拘留、罚款、吊销许可证和执照、责令停产停业、没收财物等行政处罚不服的;

(二)对限制人身自由或者对财产的查封、扣押、冻结等行政强制措施不服的;

(三)认为行政机关侵犯法律规定的经营自主权的;

(四)认为符合法定条件申请行政机关颁发许可证和执照,行政机关拒绝颁发或者不予答复的;

(五)申请行政机关履行保护人身权、财产权的法定职责,行政机关拒绝履行或者不予答复的;

（六）认为行政机关没有依法发给抚恤金的；

（七）认为行政机关违法要求履行义务的；

（八）认为行政机关侵犯其他人身权、财产权的。

除前款规定外，人民法院受理法律、法规规定可以提起诉讼的其他行政案件。"

4. 生产经营单位的主要负责人因未履行安全生产职责，导致发生生产安全事故的，安全生产监管部门是否只能在责令限期改正后才能对其实施行政处罚？

邵仲国诉黄浦区安监局安全生产行政处罚决定案

裁判要旨 ‖

安全生产监管部门的职责，只是对辖区内各生产经营单位的安全生产工作进行监督管理，以落实《安全生产法》的规定。《安全生产法》第 81 条对生产经营单位的主要负责人未履行安全生产管理职责的处罚做出了规定，分为两种情况：①对于未出现生产安全事故的，如果生产经营单位的主要负责人未履行安全生产管理职责，则安全生产监管部门责令限期改正；逾期未改正的，责令生产经营单位停产停业整顿；②出现生产安全事故的，则不以限期改正作为前置程序。如果构成犯罪，依照刑法有关规定追究刑事责任；如果不够刑事处罚，则由安全生产监管部门给予撤职处分或者处 2 万元以上 20 万元以下的罚款。据此，在安全生产监管部门发现前，或者在安全生产监管部门发现并责令改正后，生产经营单位的主要负责人未履行安全生产管理职责的违法行为导致发生生产安全事故的，则安全生产监管部门不必在责令限期改正后再对其实施行政处罚，可直接依据法律规定给予生产经营单位的主要负责人处罚。

《安全生产法》第 81 条第 2 款所称"前款违法行为",是指该条第 1 款"生产经营单位的主要负责人未履行本法规定的安全生产管理职责"的行为。这种违法行为无论是否被安全生产监管部门发现并责令限期改正,只要导致发生了生产安全事故,安全生产监管部门都有权依照《安全生产法》第 81 条第 2 款规定,直接对生产经营单位的主要负责人给予行政处罚,不必先责令限期改正后再实施行政处罚。

案件事实

邵仲国是麦克公司的经理。2005 年 8 月 10 日上午,麦克公司员工姜继忠在操作粉糠机时,右手被卷入粉糠机内,经诊断:姜继忠的右手尺、桡骨骨折,右手第 2、4 掌骨粉碎性骨折。事故发生后,麦克公司及其上级部门黄浦粮油公司组成调查小组,对事故进行了调查,制作了调查笔录,并于 2005 年 9 月 20 日作出《姜继忠重伤事故调查报告》。报告称,姜继忠是同年 7 月 6 日到面包糠车间从事烘箱和包装工作。8 月 10 日,因该车间一职工缺勤,姜继忠被安排暂时顶替操作粉糠机。姜继忠上机操作时,右手被卷入滚筒内造成事故。报告认定的事故原因有:粉糠机结构不合安全要求,开关设置不合理,留有安全隐患;麦克公司安全管理制度留有漏洞,盲目安排新手上重点岗位操作;重点岗位无安全操作规程,等等。报告认为,麦克公司主要负责人邵仲国对此次事故应负主要责任。10 月 17 日,邵仲国在其撰写的《关于发生姜继忠工伤事故的思想认识》中也承认,事故发生的主要原因是麦克公司安全管理工作松懈,安全生产责任制不完善,安全生产规章制度和安全生产操作规程不健全,作为公司主要负责人,其负有不可推卸的责任。被告黄浦区安监局接到麦克公司的事故报告后,向调查小组调取了相关材料,派员到现场进行了调查,拍摄了现场照片，并于 2005 年 10 月 8 日对该起事故立案处理。经审查，黄浦区安监局于 10 月 26 日向邵仲国发出《行政处罚事先告知书》，告知拟对邵仲国进行行政处罚的内容和依据，并告知其在 7 日内有陈述和申辩的权利。因邵仲国未在期限内提出陈述和申辩，黄浦区安监局于 11 月 7 日作出第 2120050024 号行政处罚决定，认定该起事故为重伤事故，邵仲国违反了《安全生产法》第 17 条第 1、2、4 项的规定，依照《安全生产法》第 81 条第 2 款规定，决定对邵仲国处以罚款 2 万元。邵仲国不服该处罚决定，提起本案行政诉讼。

诉讼中，双方当事人对安全生产事故造成姜继忠右手尺、桡骨骨折、右手第 2、4 掌骨粉碎性骨折这一事实无异议。争议焦点在于：①姜继忠所受伤害是否属于《安全生产违法行为行政处罚办法》第 63 条第 2 款第 1 项所指的重伤？②邵仲国是否为麦克公司此次工伤事故的主要负责人？能否成为行政处罚的对象？

案件评析

1. 《安全生产违法行为行政处罚办法》第 36 条第 2 款第 1 项规定，生产经营单位主要负责人有未建立、健全本单位安全生产责任制，未组织制定本单位安全生产规章制度和操作规程，未督促、检查本单位安全生产工作，及时消除生产安全事故隐患等违法行为，导致发生重伤事故的，对主要负责人处 2 万元以上 5 万元以下罚款。

原告邵仲国认为，被告黄浦区安监局按照市劳动局意见第 5 条，将此次工伤事故认定为重伤事故，不符合劳动部办公厅在《企业职工伤亡事故报告统计问题解答》中对重伤问题的界定。市劳动局意见的效力层次较低，且执法部门是劳动行政管理部门。黄浦区安监局应当按照《人体重伤鉴定标准》，或者参照上海市黄浦区劳动能力鉴定委员会的《鉴定结论书》，认定姜继忠的伤情是否属于重伤，不应适用市劳动局意见；即使适用这个意见，也应当适用该意见中对四肢伤害部分的认定标准，认定姜继忠的伤势为非重伤，不应适用骨折部分的标准认定为重伤。

原告邵仲国在诉讼中提交的劳动部办公厅《企业职工伤亡事故报告统计问题解答》，其内容仅是对重伤作原则性界定，并没有提出重伤认定的具体标准，对本案要解决的伤情认定问题没有实际意义。《人体重伤鉴定标准》第 95 条规定："本标准仅适用于《中华人民共和国刑法》规定的重伤的法医学鉴定。"本案是对安全生产事故中的伤情进行鉴定，与《人体重伤鉴定标准》分属不同范畴。上海市黄浦区劳动能力鉴定委员会的《鉴定结论书》，只是从劳动能力方面鉴定姜继忠的致残程度，与本案需要的伤情认定不属同一法律关系。市劳动局意见是为落实国务院制定的《企业职工伤亡事故报告和处理规定》，根据劳动部对该规定所作的解释提出的，具有上位法依据，是合法有效的规范性文件。该意见第 5 条规定："除头颅骨、胸骨、脊椎骨、股骨、骨盆骨折外，人体的其余部位骨头（其中手指骨、脚趾骨除外）同时造成两根（块）骨折的，属严重骨折，均作重伤事故统计、报告和处理。"根据这一规定，姜继忠的伤情无疑应当被认定为重伤。该意见作出时，上海市安全生产监管部门还由劳动行政管理部门主管，尚未独立建制执法。自安全生产监管部门从劳动行政管理部门分离出来独立建制后，劳动行政管理部门的原工伤事故处理职权，已经依法由安全生产监管部门行使。据此，被告黄浦区安监局按照市劳动局意见第 5 条规定，认定本起事故为重伤事故，符合国家机关职能依法调整的实际。姜继忠的伤情虽然发生在四肢上，但不是四肢软组织损伤，而是骨折。在市劳动局意见对骨折认定标准有专门规定的情况下，对发生在四肢上的骨折，不应适用该意见中关于"四肢伤害"的认定标准。邵仲国关于姜继忠所受伤害不属于重伤的上述理由，均不能成立。

2.《企业职工伤亡事故报告和处理规定》第9条规定："轻伤、重伤事故，由企业负责人或其指定人员组织生产、技术、安全等有关人员以及工会成员参加的事故调查组，进行调查。"第12条规定："事故调查组的职责：（一）查明事故发生原因、过程和人员伤亡、经济损失情况；（二）确定事故责任者；（三）提出事故处理意见和防范措施的建议；（四）写出事故调查报告。"第14条规定："事故调查组在查明事故情况以后，如果对事故的分析和事故责任者的处理不能取得一致意见，劳动部门有权提出结论性意见；如果仍有不同意见，应当报上级劳动部门商有关部门处理；仍不能达成一致意见的，报同级人民政府裁决。但不得超过事故处理工作的时限。"此次工伤事故发生后，在麦克公司及其上级公司组成的事故调查小组所作的《姜继忠重伤事故调查报告》中，不但肯定了姜继忠所受伤情为重伤，而且还指出，麦克公司存在安全生产管理缺陷，安全管理工作松懈，安全生产责任制不完善，安全生产制度和安全生产操作规程不健全，粉糠机操作这一重点岗位缺少安全规程，姜继忠在操作粉糠机之前未经岗位培训等问题。该调查报告认为，事故的发生与管理者安全意识淡薄，工作责任心不强有着必然联系，因此确定原告邵仲国对此次事故负主要责任。邵仲国在其撰写的《关于发生姜继忠工伤事故的思想认识》中，也认同调查报告对事故主要原因的分析，承认其作为公司主要负责人，负有不可推卸的责任。被告黄浦区安监局审查上述材料后，根据这些材料，认定邵仲国在事故发生前未依法履行安全生产监督管理职责，依法应承担责任，并无不当。邵仲国称前述思想认识材料是在受误导的情形下所写，内容不实，作为麦克公司的主要负责人，其只负责经营，生产安全另有他人负责，不应将其作为被处罚人。对这些诉讼主张，邵仲国均未提供相应证据，故难以支持。在诉讼中，邵仲国虽然提供了制订日期为

2002 年 5 月的麦克公司安全制度及有关生产设备的质检报告，用以证明麦克公司在事故发生前有安全制度，粉糠机作为设备的一部分，产品质检合格。即使这两份证据确实存在于事故发生前，但由于邵仲国无正当理由不向事故调查组和黄浦区安监局提供，依法应自行承担由此引起的不利法律后果。至于邵仲国提供的麦克公司粉糠机操作规程、治安安全管理制度等证据，均于事故发生后制作，只能证明麦克公司在事故发生后完善了安全生产制度，不能证明邵仲国在事故发生前已经履行了安全生产监督管理职责。故邵仲国认为其已履行安全生产管理职责的理由不能成立，不予支持。

《安全生产法》第 91 条第 2 款规定："生产经营单位的主要负责人有前款违法行为，导致发生生产安全事故，构成犯罪的，依照刑法有关规定追究刑事责任；尚不够刑事处罚的，给予撤职处分或者处二万元以上二十万元以下的罚款。"而第 1 款的规定是："生产经营单位的主要负责人未履行本法规定的安全生产管理职责的，责令限期改正；逾期未改正的，责令生产经营单位停产停业整顿。"显然，第 2 款所说的"违法行为"，是指第 1 款中"未履行本法规定的安全生产管理职责"行为。按照第 1 款规定，对"未履行本法规定的安全生产管理职责"的违法行为，安全生产监管部门发现后，应当责令生产经营单位的主要负责人限期改正，对逾期未改正的，责令停产停业整顿。然而在安全生产监管部门发现前，或者在安全生产监管部门发现并责令改正后，"未履行本法规定的安全生产管理职责"的违法行为导致发生生产安全事故的，则与第 1 款无关，是第 2 款规定所指的情形，应当按照第 2 款规定处理。安全生产监管部门的职责，只是对辖区内各生产经营单位的安全生产工作进行监督管理，以落实《安全生产法》的规定。《安全生产法》颁布施行后，每一个生产经营单位都有自觉遵守执行的义务，并非只有在安全生产监管部门的监督管理下，生产经营单位才有执行《安全生产法》的义务；安全生产监管部门的监督管理不及时或者不到位，也不能因此免除生产经营单位的这种义务。邵仲国认为，对其"未履行本法规定的安全生产管理职责"的违法行为，黄浦区安监局只有先行责令限期改正后才能再对其实施处罚，是对《安全生产法》第81条的误解。

综上，依照《安全生产法》第9条第1款、《安全生产违法行为行政处罚办法》第34条第1款规定，被告黄浦区安监局对黄浦区内的安全生产工作实施监督管理，对辖区内的安全生产违法行为有实施行政处罚的法定职权。黄浦区安监局在接到事故报告后，派员进行了事故现场调查；在查明麦克公司责任人员的违法行为后，填写了《立案审批表》立案审查；在作出行政处罚前，向原告邵仲国送达了《行政处罚事先告知书》，告知邵仲国可以在7日内陈述和申辩；在陈述和申辩期限届满后，作出《行政处罚决定书》，并给邵仲国送达。黄浦区安监局的执法经过，符合《安全生产违法行为行政处罚办法》第13条、第14条、第21条、第22条、第24条规定的程序。黄浦区安监局对邵仲国作出的行政处罚决定，有利于从根本上促进企业落实安全生产岗位责任，健全安全生产制度，防止和减少安全生产事故，保护劳动者合法权益，执法目的是正当的，且罚款数额符合法律规定的处罚幅度。邵仲国提供黄浦粮油公司报告和姜继忠的信函，以姜继忠伤情恢复良好等为由，请求免予对麦克公司和邵仲国本人的处罚。这些材料所提出的理由，不符合法律规定免予行政处罚的条件。至于邵仲国提出其经济困难，无履行处罚能力的诉讼意见，则非本案对被诉行政处罚行为合法性审查的范围，不能作为黄浦区安监局行政处罚行为违法的理由，故不能支持。据此，上海市黄浦区人民法院依照《中华人民共和国行政诉讼法》第54条第1项之规定，于2006年4月10日判决：维持被告黄浦区安监局于2005年11月7日对原告邵仲国作出的第2120050024号行政处罚决定。案件受理费810元，由原告邵仲国负担。

法律依据

《安全生产法》第91条："生产经营单位的主要负责人未履行本法规定的安全生产管理职责的，责令限期改正；逾期未改正的，处二万元以上五万元以下的罚款，责令生产经营单位停产停业整顿。

生产经营单位的主要负责人有前款违法行为，导致发生生产安全事故的，给予撤职处分；构成犯罪的，依照刑法有关规定追究刑事责任。

生产经营单位的主要负责人依照前款规定受刑事处罚或者撤职处分的，自刑罚执行完毕或者受处分之日起，五年内不得担任任何生产经营单位的主要负责人；对重大、特别重大生产安全事故负有责任的，终身不得担任本行业生产经营单位的主要负责人。"

《安全生产法》第92条："生产经营单位的主要负责人未履行本法规定的安全生产管理职责，导致发生生产安全事故的，由安全生产监督管理部门依照下列规定处以罚款：

（一）发生一般事故的，处上一年年收入百分之三十的罚款；

（二）发生较大事故的，处上一年年收入百分之四十的罚款；

（三）发生重大事故的，处上一年年收入百分之六十的罚款；

（四）发生特别重大事故的，处上一年年收入百分之八十的罚款。"

《安全生产法》第93条："生产经营单位的安全生产管理人员未履行本法规定的安全生产管理职责的，责令限期改正；导致发生生产安全事故的，暂停或者撤销其与安全生产有关的资格；构成犯罪的，依照刑法有关规定追究刑事责任。"

5. **工程项目的现场负责人将施工任务交给没有公司机构且不具备资质的第三人组织施工，从而发生楼塌事故造成人员伤亡的，应如何论处？**

上海楼房倒塌案（秦永林等重大责任事故案）

裁判要旨

重大责任事故罪，是指在生产、作业中违反有关安全管理的规定，因而发生重大伤亡事故或者造成其他严重后果的行为。从犯罪构成要件来讲，本罪的主体是特殊主体——工厂、矿山、林场、建筑企业或者其他企业、事业单位的职工；本罪侵犯的客体是工厂、矿山、林场、建筑企业或者其他企业、事业单位的生产安全；主观方面表现为过失；客观方面表现为在生产和作业过程中违反规章制度，不服从管理或者强令工人违章冒险作业，因而发生重大伤亡事故，造成严重后果的行为。据此，工程项目的现场负责人将施工任务交给没有公司机构且不具备资质的第三人组织施工，从而发生楼塌事故造成人员伤亡的，构成了重大责任事故罪，应根据我国《刑法》第134条之规定对其定罪量刑。

案件事实

2006年8月，梅都公司与众欣公司签订《建设工程施工合同》，将商品住宅项目"莲花河畔景某"（又称"莲花河畔家园"）交众欣公司承建。同年9月，梅都公司与光启公司签订《建设工程委托监理合同》，委托光启公司为"莲花河畔景某"工程监理单位。同年10月，梅都公司取得该工程项目的《建筑工程施工许可证》并开始施工。梅都公司任命被告人秦永林为"莲花河畔景某"

项目负责人，管理现场施工事宜；众欣公司指派被告人夏建刚负责工地现场管理工作；光启公司指派被告人乔某任"莲花河畔景某"工程总监理；被告人陆某某由于先前挂靠众欣公司取得工程项目经理等资质证书，而默许众欣公司及被告人张耀杰使用其资质挂名担任工程一标段经理投标承建"莲花河畔景某"工程，及在施工过程中，变更挂名担任二标段项目经理用于应对有关部门的工程安全和质量监督管理。实际施工过程中，被告人陆某某还实施了配合众欣公司应付有关安全和质量监督检查的行为。陆虽然不从众欣公司获取报酬，但其父因此从众欣公司承接了"莲花河畔景某"部分土建等项目。

2008年11月，梅都公司法定代表人张某某（另案处理）将属于众欣公司总包范围的地下车库开挖工程，违规分包给没有公司机构且不具备资质的被告人张耀雄（张耀杰之弟），并指令秦永林安排张耀雄组织施工、违规开挖堆土。张耀雄向没有土方开挖资质的索途公司等借用机械、人员，先对其中的12号地下车库进行开挖，并按照张某某及秦永林的要求，将开挖出的土方堆放在工地7号楼北侧等多处。2009年6月，张某某与秦永林明知工程二标段内的0号地下车库尚处于基坑围护期内，也未进行天然地基承载力计算，为赶工程进度而指令张耀雄对紧邻7号楼南侧的0号地下车库进行开挖，并将开挖出的土方继续向7号楼北侧等处堆放。在上述过程中，被告人张耀杰对建设方违规分包工程项目未予反对、制止，听任没有资质的张耀雄在众欣公司承包、管理范围内施工；被告人夏建刚明知建设方违规分包工程项目、土方开挖堆放系违规操作而不加制止，且配合被告人秦永林指使他人制作土方开挖专项施工方案；被告人陆某某挂名担任"莲花河畔景某"二标段项目经理，致使0号地下车库的土方开挖和堆放脱离有效的工程安全和质量监管；被告人乔某对土方施工人员资质怠于审查，虽对违规挖土、堆土曾提出过安全异议，但未依监理职责进行有效制止。

2009年6月27日5时许，由于"莲花河畔景某"7号楼北侧在短期内堆土过高（最高处达10米左右），同时紧邻大楼南侧的地下车库基坑正在开挖（深度4.6米），大楼两侧的压力差使土体发生水平位移，过大的水平力超过桩基的抗侧能力导致房屋整体倾倒，造成作业人员肖德坤逃生不及，躯体受压致机械性窒息而死亡。上述事故造成土建及安装造价损失计人民币6 692 979元，同时造成梅都公司监管小组向该楼购房者赔付共计人民币12 768 678元。

事故发生后，被告人秦永林、张耀杰、夏建刚、陆某某、张耀雄、乔某在接受相关部门调查时，均如实交代了上述事实。

案件评析‖

本院认为，被告人秦永林、张耀杰、夏建刚、陆某某、张耀雄、乔某在"莲花河畔景某"工程项目中，分别作为工程建设方、施工单位、监理方的工作人员以及土方施工的具体实施者，在工程施工的不同岗位和环节中，本应上下衔接、互相制约，但却违反安全管理规定，不履行、不能正确履行或者消极履行各自的职责、义务，最终导致该工程项目楼房整体倾倒的重大工程安全事故，致一人死亡，并造成重大经济损失，六名被告人均已构成重大责任事故罪，且属情节特别恶劣，依法应予惩处。公诉机关指控的罪名成立。

关于被告人秦永林、张耀杰、夏建刚及其辩护人分别就秦、张、夏对土方工程的管理职责提出的辩解和辩护意见，经查：各被告人和涉案人员张某某的供述，证人孟某某、孙某某、王某某、邵某某、孙某、陆某某、王某某、薛某、章某某、张某某、郑某某、徐某、余某某等人的证言，以及《任命书》、《莲花河畔家园0号地库土方开挖专项施工方案》和多项事故调查报告等书证证实，被告人秦永林作为"莲花河畔景某"项目现场负责人，秉承张某某的指令将属于众欣公司总包范围的地下车库开挖工程，直接交予没有公司机构且不具备资质的被告人张耀雄组织施工、并违规指令施工人员开挖堆土，对本案倒楼事故的发生负有现场管理责任；被告人张耀杰身为工程施工单位主要负责人，违规使用他人专业资质证书投标承接工程，致使工程项目的专业管理缺位，且放任建设单位违规分包土方工程给其没有专业资质的亲属，对本案倒楼事故的发生负有领导和管理责任；被告人夏建刚作为工程施工单位的现场负责人，施工现场的安全管理是其应负的职责，但其任由工程施工在没有项目经理实施专业管理的状态下进行，且放任建设方违规分包土方工程、违规堆土，致使工程管理脱节，对倒楼事故的发生亦负有现场管理责任。

　　关于被告人陆某某及其辩护人提出的辩解和辩护意见，经查：被告人秦永林和陆某某的供述，证人陆某某、孟某某、王某某、王某某、薛某等人的证言以及《工程会议纪要》、公安局物证鉴定中心的《鉴定书》、《梅陇镇 26 号地块商品住宅一标段投标文件》、"莲花河畔家园"二标段《工作联系表》等书证证实，陆某某 1 虽然挂名担任工程项目经理，实际未从事相应管理工作，但其任由施工单位在工程招投标及施工管理中以其名义充任项目经理，默许甚至配合施工单位以此应付监管部门的监督管理和检查，致使工程施工脱离专业管理，由此造成施工隐患难以通过监管被发现、制止，因而对本案倒楼事故的发生仍负有不可推卸的责任。

　　关于被告人张耀雄及其辩护人提出的辩解和辩护意见，经查：六名被告人以及涉案人员张某某的供述、证人王某某、王某某等人的证言以及索途公司的《上海市市容环卫经营性服务资质证书》、《道路运输经营许可证》等书证证实，被告人张耀雄没有专业施工单位违规承接工程项目，并盲从建设单位指令违反工程安全管理规范进行土方开挖和堆土施工，最终导致倒楼事故发生，系本案事故发生的直接责任人员。

关于被告人乔某及其辩护人提出的辩解和辩护意见，经查：被告人秦永林、夏建刚以及涉案人员张某某的供述、证人王某某、邵某某、孙某等人的证言以及《工程会议纪要》等书证可以证实，被告人乔某作为工程项目的总监理，对工程项目经理名实不符的违规情况审查不严，对建设单位违规发包土方工程疏于审查，在对违规开挖、堆土提出异议未果后，未能有效制止，对本案倒楼事故发生负有未尽监理职责的责任。但鉴于乔曾对违规开挖和堆土提出异议，可以酌情从轻处罚。

对于相关辩护人提出起诉书认定经济损失数额不当、认定"情节特别恶劣"无法律依据的辩护意见，经查：公诉机关根据上海华瑞建设经济咨询有限公司出具的《审价书》以及梅都公司监管小组出具的《关于7号楼倒覆楼购房者赔偿情况的说明》认定本案倒楼事故的经济损失依据充分；本案倒楼事故造成一人死亡及人民币1 900余万元的重大经济损失，后果严重，具有重大社会危害性，公诉机关认定六名被告人重大责任事故犯罪情节特别恶劣并无不当，本院予以确认。

综上，六名被告人及其辩护人对起诉书指控的事实和适用法律方面的辩解和辩护意见与查明的事实不符，且无法律依据，本院不予采纳。鉴于六名被告人有自首情节，依法可以从轻处罚。为严肃国家法制，维护公共安全，依照《中华人民共和国刑法》第134条第1款、第67条第1款之规定，判决如下：

1. 被告人秦永林犯重大责任事故罪，判处有期徒刑五年（刑期从判决执行之日起计算。判决执行以前先行羁押的，羁押一日折抵刑期一日，即自2009年7月2日起至2014年7月1日止）。

2. 被告人张耀杰犯重大责任事故罪，判处有期徒刑五年（刑期从判决执行之日起计算。判决执行以前先行羁押的，羁押一日折抵刑期一日，即自2009年7月2日起至2014年7月1日止）。

3. 被告人夏建刚犯重大责任事故罪，判处有期徒刑四年（刑期从判决执行之日起计算。判决执行以前先行羁押的，羁押一日折抵刑期一日，即自 2009 年 8 月 11 日起至 2013 年 8 月 10 日止）。

4. 被告人陆某某 1 犯重大责任事故罪，判处有期徒刑三年（刑期从判决执行之日起计算。判决执行以前先行羁押的，羁押一日折抵刑期一日，即自 2009 年 7 月 2 日起至 2012 年 7 月 1 日止）。

5. 被告人张耀雄犯重大责任事故罪，判处有期徒刑四年（刑期从判决执行之日起计算。判决执行以前先行羁押的，羁押一日折抵刑期一日，即自 2009 年 6 月 29 日起至 2013 年 6 月 28 日止）。

6. 被告人乔某犯重大责任事故罪，判处有期徒刑三年（刑期从判决执行之日起计算。判决执行以前先行羁押的，羁押一日折抵刑期一日，即自 2009 年 7 月 2 日起至 2012 年 7 月 1 日止）。

法律依据

《中华人民共和国刑法》第 134 条："在生产、作业中违反有关安全管理的规定，因而发生重大伤亡事故或者造成其他严重后果的，处三年以下有期徒刑或者拘役；情节特别恶劣的，处三年以上七年以下有期徒刑。强令他人违章冒险作业，因而发生重大伤亡事故或者造成其他严重后果的，处五年以下有期徒刑或者拘役；情节特别恶劣的，处五年以上有期徒刑。"

《中华人民共和国刑法》第 67 条："犯罪以后自动投案，如实供述自己的罪行的，是自首。对于自首的犯罪分子，可以从轻或者减轻处罚。其中，犯罪较轻的，可以免除处罚。

被采取强制措施的犯罪嫌疑人、被告人和正在服刑的罪犯，如实供述司法机关还未掌握的本人其他罪行的，以自首论。

犯罪嫌疑人虽不具有前两款规定的自首情节，但是如实供述自己罪行的，可以从轻处罚；因其如实供述自己罪行，避免特别严重后果发生的，可以减轻处罚。"

6. 当事人在未取得剧毒化学品使用许可证的情况下，买卖、储存剧毒化学品的，其行为是否构成犯罪？

王召成等非法买卖、储存危险物质案

裁判要旨‖

国家严格监督管理的氰化钠等剧毒化学品，易致人中毒或者死亡，对人体、环境具有极大的毒害性和危险性，属于《刑法》第125条第2款规定的"毒害性"物质。

"非法买卖"毒害性物质，是指违反法律和国家主管部门规定，未经有关主管部门批准许可，擅自购买或者出售毒害性物质的行为，并不需要兼有买进和卖出的行为。

案件事实‖

公诉机关指控：被告人王召成、金国淼、孙永法、钟伟东、周智明非法买卖氰化钠，危害公共安全，且系共同犯罪，应当以非法买卖危险物质罪追究刑事责任，但均如实供述自己的罪行，购买氰化钠用于电镀，未造成严重后果，可以从轻处罚，并建议对五被告人适用缓刑。

被告人王召成的辩护人辩称：氰化钠系限用而非禁用剧毒化学品，不属于毒害性物质，王召成等人擅自购买氰化钠的行为，不符合《刑法》第125条第2款规定的构成要件，在未造成严重后果的情形下，不应当追究刑事责任，故请求对被告人宣告无罪。

法院经审理查明：被告人王召成、金国淼在未依法取得剧毒化学品购买、使用许可的情况下，约定由王召成出面购买氰化钠。2006年10月至2007年年底，王召成先后3次以每桶1000元的价

格向倪荣华（另案处理）购买氰化钠，共支付给倪荣华 40 000 元。
2008 年 8 月至 2009 年 9 月，王召成先后 3 次以每袋 975 元的价格
向李光明（另案处理）购买氰化钠，共支付给李光明 117 000 元。
王召成、全国森均将上述氰化钠储存在浙江省绍兴市南洋五金有
限公司其二人各自承包车间的带锁仓库内，用于电镀生产。其中，
王召成用总量的三分之一，全国森用总量的三分之二。2008 年 5
月和 2009 年 7 月，被告人孙永法先后共用 2 000 元向王召成分别
购买氰化钠 1 桶和 1 袋。2008 年 7、8 月间，被告人钟伟东以每袋
1 000 元的价格向王召成购买氰化钠 5 袋。2009 年 9 月，被告人周
智明以每袋 1 000 元的价格向王召成购买氰化钠 3 袋。孙永法、钟
伟东、周智明购得氰化钠后，均储存于各自车间的带锁仓库或水
槽内，用于电镀生产。

　　浙江省绍兴市越城区人民法院于 2012 年 3 月 31 日作出
（2011）绍越刑初字第 205 号刑事判决，以非法买卖、储存危险物
质罪，分别判处被告人王召成有期徒刑三年，缓刑五年；被告人
全国森有期徒刑三年，缓刑四年六个月；被告人钟伟东有期徒刑
三年，缓刑四年；被告人周智明有期徒刑三年，缓刑三年六个月；
被告人孙永法有期徒刑三年，缓刑三年。宣判后，五被告人均未
提出上诉，判决已发生法律效力。

案件评析

　　法院生效裁判认为：被告人王召成、全国森、孙永法、钟伟
东、周智明在未取得剧毒化学品使用许可证的情况下，违反国务
院《危险化学品安全管理条例》等规定，明知氰化钠是剧毒化学
品仍非法买卖、储存，危害公共安全，其行为均已构成非法买卖、
储存危险物质罪，且系共同犯罪。关于王召成的辩护人提出的辩
护意见，经查，氰化钠虽不属于禁用剧毒化学品，但系列入危险
化学品名录中严格监督管理的限用的剧毒化学品，易致人中毒或

者死亡，对人体、环境具有极大的毒害性和极度危险性，极易对环境和人的生命健康造成重大威胁和危害，属于《刑法》第125条第2款规定的"毒害性"物质；"非法买卖"毒害性物质，是指违反法律和国家主管部门规定，未经有关主管部门批准许可，擅自购买或者出售毒害性物质的行为，并不需要兼有买进和卖出的行为；王召成等人不具备购买、储存氰化钠的资格和条件，违反国家有关监管规定，非法买卖、储存大量剧毒化学品，逃避有关主管部门的安全监督管理，破坏危险化学品管理秩序，已对人民群众的生命、健康和财产安全产生现实威胁，足以危害公共安全，故王召成等人的行为已构成非法买卖、储存危险物质罪，上述辩护意见不予采纳。王召成、金国淼、孙永法、钟伟东、周智明到案后均能如实供述自己的罪行，且购买氰化钠用于电镀生产，未发生事故，未发现严重环境污染，没有造成严重后果，依法可以从轻处罚。根据五被告人的犯罪情节及悔罪表现等情况，对其可依法宣告缓刑。公诉机关提出的量刑建议，王召成、钟伟东、周智明请求从轻处罚的意见，予以采纳，故依法作出如上判决。

法律依据

《中华人民共和国刑法》第125条："非法制造、买卖、运输、邮寄、储存枪支、弹药、爆炸物的，处三年以上十年以下有期徒刑；情节严重的，处十年以上有期徒刑、无期徒刑或者死刑。

非法制造、买卖、运输、储存毒害性、放射性、传染病病原体等物质，危害公共安全的，依照前款的规定处罚。

单位犯前两款罪的，对单位判处罚金，并对其直接负责的主管人员和其他直接责任人员，依照第一款的规定处罚。"

7. 从业人员能否同时获得工伤保险赔偿与人身损害赔偿？

杨文伟诉宝二十冶公司人身损害赔偿纠纷案

裁判要旨

只要符合《工伤保险条例》第 14 条规定的法定情形，职工所受伤害都应当认定为工伤。第三人侵权造成他人身体伤害的应当承担赔偿责任，被侵害人依法享有获得赔偿的权利。因用人单位以外的第三人侵权造成劳动者人身损害，构成工伤的，劳动者因工伤事故享有工伤保险赔偿请求权，因第三人侵权享有人身损害赔偿请求权。首先，根据《工伤保险条例》的规定，只要客观上存在工伤事故，就会在受伤职工和用人单位之间产生工伤保险赔偿关系，即使工伤事故系因用人单位以外的第三人侵权所致，不影响受伤职工向用人单位主张工伤保险赔偿。其次，侵权之债成立与否，与被侵权人是否获得工伤保险赔偿无关。宝二十冶公司作为本案事故的侵权行为人必须依法承担相应的侵权赔偿责任。根据瑞金医院的诊断治疗意见，被上诉人杨文伟需长期服用德巴金和弥凝片。一审法院判决上诉人宝二十冶公司负担该费用是合理的，宝二十冶公司不同意承担该费用，并无法律和事实依据，不予支持。本案工伤事故发生后，被上诉人杨文伟多次向上诉人宝二十冶公司主张权利，杨文伟起诉时并未超出法律规定的诉讼时效，故宝二十冶公司上诉称本案起诉已超出诉讼时效并无事实依据，不予采信。

案件事实

杨文伟系宝冶公司职工。2000 年 10 月 16 日，宝冶公司职工在工作过程中违规作业，从高处抛掷钢管，将正在现场从事工作的杨文伟头部砸伤，致其重度颅脑外伤、外伤性尿崩症等。根据宝山区职工劳动能力鉴定委员会于 2003 年 1 月 14 日出具的伤情鉴定，杨文伟因工致残程度四级。杨文伟与宝冶公司发生工伤保险赔偿纠纷，经仲裁和法院判决，宝冶公司已就杨文伟的工伤事故承担了一定的费用。根据上海第二医科大学附属瑞金医院（以下简称瑞金医院）的诊断治疗意见，杨文伟需长期服用德巴金、弥凝片。根据司法部作出的司法鉴定结论，杨文伟需要护理 12 个月、营养 8 个月。杨文伟受伤前月平均工资为 1 523 元，受伤后减为 1 005 元。杨文伟之子张旸皓出生于 1996 年 10 月 24 日，8 周岁，系未成年人。杨文伟之母金玉琴出生于 1948 年 5 月 3 日，57 周岁，系肢体残疾人。

上海市宝山区人民法院认为：因用人单位以外的第三人侵权造成劳动者人身损害，构成工伤的，赔偿权利人在获得工伤保险赔偿以后，仍有权请求第三人承担赔偿责任。现原告杨文伟要求被告宝二十冶公司承担赔偿责任，于法有据。关于杨文伟请求赔偿交通费用问题，根据宝民一（民）初字第 1819 号民事判决书，法院在审理工伤保险赔偿案中已判令杨文伟所在的宝冶公司赔偿杨文伟交通费 2 520 元，杨文伟没有证据证明在本案中主张的交通费用系为治疗支出的合理费用，故对其要求赔偿交通费的诉讼请求，不予支持。根据司法部作出的司法鉴定结论，杨文伟伤后需要护理 12 个月、营养 8 个月，故其要求赔偿护理费 9 600 元、营养费 4 800 元的诉讼请求，应当予以支持。根据瑞金医院的诊断治疗意见，杨文伟需长期服用德巴金和弥凝片，宝二十冶公司应当支付相关费用。但瑞金医院上述意见，仅说明杨文伟需长期服药，并未明确服药期限，杨文伟亦没有提供充足的证据说明要求被告一次性付清药物费用的原因，故对其要求被告一次性付清药物费用的诉讼请求，不予支持。杨文伟之子系未成年人，需要杨文伟抚养，杨文伟要求被告支付被抚养人生活费 52 200 元在规定范围内，予以支持。杨文伟母亲系肢体残疾人，亦需要杨文伟赡养，杨文伟要求被告支付其母生活费 1 万元合情合理，予以支持。《最高人民法院关于确定民事侵权精神损害赔偿责任若干问题的解释》第 1 条规定："自然人因下列人格权利遭受非法侵害，向人民法院起诉请求赔偿精神损害的，人民法院应当依法予以受理：（一）生命权、健康权、身体权；……"杨文伟因被告侵权行为受到人身损害，要求被告赔偿精神损害抚慰金，符合上述司法解释的规定，应予支持，但原告请求赔偿 5 万元数额过高，故酌定为 2 万元。杨文伟要求宝二十冶公司赔偿其因伤残导致的收入损失 124 320 元，可予支持。

据此，上海市宝山区人民法院于 2005 年 6 月 30 日判决：

一、被告宝二十冶公司应于本判决生效之日起 10 日内赔偿原告杨文伟护理费 9 600 元、营养费 4 800 元、被抚养、赡养人生活费 62 200 元、因伤残造成的收入损失 124 320 元、律师代理费 3 000元、精神抚慰金 2 万元，以上共计 223 920 元；

二、原告杨文伟因伤残需长期服用德巴金、弥凝片的费用由被告宝二十冶公司负担；

三、驳回原告杨文伟的其他诉讼请求。

宝二十冶公司不服一审判决，向上海市第二中级人民法院提出上诉，理由是：①事故发生后，被上诉人杨文伟未在诉讼时效内向宝二十冶公司主张权利，本案的诉讼时效已超过；②杨文伟已获得用人单位工伤保险赔偿，现其又就人身损害赔偿提起诉讼，不应予以支持；③杨文伟已享受工伤津贴，被抚养、赡养人生活费与工伤津贴的性质是一致的，再要求赔偿被抚养、赡养人生活费不应予以支持；④杨文伟服用德巴金和弥凝片不是必需的，上诉人不同意赔偿相关费用。请求撤销原判，驳回杨文伟的诉讼请求。

被上诉人杨文伟辩称：①事故发生后，被上诉人一直向上诉人宝二十冶公司主张权利，有宝冶公司和吴江涛出具的情况说明为证，本案并未超过诉讼时效；②被上诉人确已就事故得到了工伤赔偿，但工伤保险赔偿不足部分应由宝二十冶公司负担；③原审判决核定的赔偿范围和金额正确。故要求驳回上诉，维持原判。

上海市第二中级人民法院经过审理后，最终维持原判。

案件评析

本案的争议焦点是：因用人单位以外的第三人侵权造成劳动者人身损害，构成工伤的，劳动者在获得用人单位工伤保险赔偿后，又向侵权人提起人身损害赔偿诉讼，请求判令侵权人承担民事赔偿责任的，是否应当予以支持。

《工伤保险条例》第 14 条规定："职工有下列情形之一的，应当认定为工伤：（一）在工作时间和工作场所内，因工作原因受到事故伤害的；（二）工作时间前后在工作场所内，从事与工作有关的预备性或者收尾性工作受到事故伤害的；（三）在工作时间和工作场所内，因履行工作职责受到暴力等意外伤害的；（四）患职业病的；（五）因工外出期间，由于工作原因受到伤害或者发生事故下落不明的；（六）在上下班途中，受到机动车事故伤害的；（七）法律、行政法规规定应当认定为工伤的其他情形。"该规定明确了应当认定为工伤的法定情形，只要符合上述法定情形，职工所受伤害无论是否由第三人侵权引起，都应当认定为工伤。换言之，是否存在第三人侵权不影响工伤的认定。

《民法通则》第 98 条规定，公民享有生命健康权。第 119 条规定："侵害公民身体造成伤害的，应当赔偿医疗费、因误工减少的收入、残废者生活补助费等费用；造成死亡的，并应当支付丧葬费、死者生前扶养的人必要的生活费等费用。"因此，第三人侵权造成他人身体伤害的应当承担赔偿责任，被侵害人依法享有获得赔偿的权利。

最高人民法院《关于审理人身损害赔偿案件适用法律若干问题的解释》第 12 条第 1 款规定："依法应当参加工伤保险统筹的用人单位的劳动者，因工伤事故遭受人身损害，劳动者或者其近亲属向人民法院起诉请求用人单位承担民事赔偿责任的，告知其按《工伤保险条例》的规定处理。"该条第 2 款规定："因用人单位以外的第三人侵权造成劳动者人身损害，赔偿权利人请求第三人承担民事赔偿责任的，人民法院应予支持。"根据该规定，劳动者因工伤事故受到人身损害，有权向用人单位主张工伤保险赔偿，如果所受人身损害系因用人单位以外的第三人侵权所致，劳动者同时还有权向第三人主张人身损害赔偿。

因用人单位以外的第三人侵权造成劳动者人身损害，构成工伤的，劳动者因工伤事故享有工伤保险赔偿请求权，因第三人侵权享有人身损害赔偿请求权。二者虽然基于同一损害事实，但存在于两个不同的法律关系之中，互不排斥。首先，基于工伤事故的发生，劳动者与用人单位之间形成工伤保险赔偿关系。国家设置工伤保险制度，目的是为了保障因工作遭受事故伤害或者患职业病的职工获得医疗救治和经济补偿。根据《工伤保险条例》的规定，用人单位应当为本单位全体职工缴纳工伤保险费，因工伤事故受到人身损害的职工有权获得工伤保险赔偿、享受工伤待遇。因此，只要客观上存在工伤事故，就会在受伤职工和用人单位之间产生工伤保险赔偿关系，确认该法律关系成立与否，无须考查工伤事故发生的原因，即使工伤事故系因用人单位以外的第三人侵权所致，或者是由于受伤职工本人的过失所致，都不影响受伤职工向用人单位主张工伤保险赔偿。其次，基于侵权事实的存在，受伤职工作为被侵权人，与侵权人之间形成侵权之债的法律关系，有权向侵权人主张人身损害赔偿。侵权之债成立与否，与被侵权人是否获得工伤保险赔偿无关，即使用人单位已经给予受伤职工工伤保险赔偿，也不能免除侵权人的赔偿责任。综上，因用人单位以外的第三人侵权造成劳动者人身损害，构成工伤的，劳动者具有双重主体身份——工伤事故中的受伤职工和人身侵权的受害人。基于双重主体身份，劳动者有权向用人单位主张工伤保险赔偿，同时还有权向侵权人主张人身损害赔偿，即有权获得双重赔偿。在这种情形下，用人单位和侵权人应当依法承担各自所负的赔偿责任，不因受伤职工（受害人）先行获得一方赔偿、实际损失已得到全部或部分补偿而免除或减轻另一方的责任。

结合本案的实际情况，虽然被上诉人杨文伟获得了其所在单位宝冶公司的工伤保险赔偿，但并不因此而减免上诉人宝二十冶公司的侵权损害赔偿责任。宝二十冶公司作为本案事故的侵权行为人必须依法承担相应的侵权赔偿责任。宝二十冶公司上诉主张杨文伟已获得工伤保险赔偿，无权再向其要求侵权赔偿，没有法律依据，不予支持。杨文伟作为工伤事故中的受伤职工和侵权行为的受害人，有权获得双重赔偿，宝二十冶公司的侵权赔偿责任并未因此而有所加重。

根据瑞金医院的诊断治疗意见，被上诉人杨文伟需长期服用德巴金和弥凝片。一审法院判决上诉人宝二十冶公司负担杨文伟长期服用上述药物的费用是合理的，宝二十冶公司不同意承担该费用，无法律和事实依据，不予支持。

本案工伤事故发生后，被上诉人杨文伟多次向上诉人宝二十冶公司主张权利，杨文伟起诉时并未超出法律规定的诉讼时效，故宝二十冶公司上诉称本案起诉已超出诉讼时效并无事实依据，不予采信。

综上，上诉人宝二十冶公司的上诉理由均不能成立。原审法院认定事实清楚，适用法律正确，核定的赔偿范围和确定的赔偿金额适当，应予维持。据此，上海市第二中级人民法院依照《中华人民共和国民事诉讼法》第153条第1款第1项之规定，于2006年6月30日判决：驳回上诉，维持原判。

法律依据

《中华人民共和国民法通则》第98条："公民享有生命健康权。"

《中华人民共和国民法通则》第119条："侵害公民身体造成伤害的，应当赔偿医疗费、因误工减少的收入、残废者生活补助费等费用；造成死亡的，并应当支付丧葬费、死者生前扶养的人必要的生活费等费用。"

《工伤保险条例》第14条："职工有下列情形之一的，应当认定为工伤：

（一）在工作时间和工作场所内，因工作原因受到事故伤害的；

（二）工作时间前后在工作场所内，从事与工作有关的预备性或者收尾性工作受到事故伤害的；

（三）在工作时间和工作场所内，因履行工作职责受到暴力等意外伤害的；

（四）患职业病的；

（五）因工外出期间，由于工作原因受到伤害或者发生事故下落不明的；

（六）在上下班途中，受到非本人主要责任的交通事故或者城市轨道交通、客运轮渡、火车事故伤害的；

（七）法律、行政法规规定应当认定为工伤的其他情形。"

最高人民法院《关于审理人身损害赔偿案件适用法律若干问题的解释》第12条第1款："依法应当参加工伤保险统筹的用人

单位的劳动者，因工伤事故遭受人身损害，劳动者或者其近亲属向人民法院起诉请求用人单位承担民事赔偿责任的，告知其按《工伤保险条例》的规定处理。"

最高人民法院《关于确定民事侵权精神损害赔偿责任若干问题的解释》第 1 条："自然人因下列人格权利遭受非法侵害，向人民法院起诉请求赔偿精神损害的，人民法院应当依法予以受理：

（一）生命权、健康权、身体权；

（二）姓名权、肖像权、名誉权、荣誉权；

（三）人格尊严权、人身自由权。

违反社会公共利益、社会公德侵害他人隐私或者其他人格利益，受害人以侵权为由向人民法院起诉请求赔偿精神损害的，人民法院应当依法予以受理。"

安全生产法律法规及重点条文解读 | 第三篇

1. 《中华人民共和国安全生产法》全文及重点条文解读

（根据 2014 年 8 月 31 日第十二届全国人民代表大会常务委员会第十次会议《关于修改〈中华人民共和国安全生产法〉的决定》第二次修正）

第一章　总　则

第一条　为了加强安全生产工作，防止和减少生产安全事故，保障人民群众生命和财产安全，促进经济社会持续健康发展，制定本法。

第二条　在中华人民共和国领域内从事生产经营活动的单位（以下统称生产经营单位）的安全生产及其监督管理，适用本法；有关法律、行政法规对消防安全和道路交通安全、铁路交通安全、水上交通安全、民用航空安全以及核与辐射安全、特种设备安全另有规定的，适用其规定。

第三条　安全生产工作应当以人为本，坚持安全发展，坚持安全第一、预防为主、综合治理的方针，强化和落实生产经营单位的主体责任，建立生产经营单位负责、职工参与、政府监管、行业自律和社会监督的机制。

第四条　生产经营单位必须遵守本法和其他有关安全生产的法律、法规，加强安全生产管理，建立、健全安全生产责任制和安全生产规章制度，改善安全生产条件，推进安全生产标准化建设，提高安全生产水平，确保安全生产。

第五条 生产经营单位的主要负责人对本单位的安全生产工作全面负责。

解读：本条是关于生产经营单位的主要负责人在安全生产方面的责任的规定。

生产经营单位的主要负责人是生产经营活动的决策者和指挥者，是生产经营单位的最高领导者和管理者。一般情况下，生产经营单位的主要负责人就是其法定代表人，如公司制企业的董事长、执行董事或者经理，非公司制企业的厂长、经理等。对合伙企业、个人独资企业、个体工商户等，其投资人或者负责执行生产经营业务活动的人就是主要负责人。需要注意的是，实践中存在法定代表人和实际经营决策人相分离的情况，如跨国集团公司的法定代表人住住在国外，且并不具体负责企业的日常生产经营，或者生产经营单位的法定代表人因生病或学习等原因长期缺位，由其他负责人主持生产经营单位的全面工作。在这种情况下，那些真正全面组织、领导企业生产经营活动的实际负责人就是本条所说的生产经营单位的主要负责人。

如何理解生产经营单位主要负责人对本单位安全生产工作"全面负责"的含义？实践中应主要把握几个要素：

1. 对本单位安全生产工作的各个方面、各个环节都要负责，而不是仅仅负责某些方面或者部分环节。从建立、健全安全生产责任制、组织制定安全生产规章制度和操作规程、组织制定并实施安全生产教育和培训计划、保证安全生产投入的有效实施，到督促、检查本单位安全生产工作，及时消除生产安全事故隐患、组织制定并实施本单位的生产安全事故应急救援预案以及及时、如实报告生产安全事故等，都要负起责任，不能"选择性负责"。

2. 对本单位安全生产工作全程负责。生产经营单位主要负责人在任职期间，对本单位安全生产工作始终负有责任，不能间断，时而负责时而不负责。要确保本单位持续具备安全生产条件，不断提高安全生产管理水平。

3. 对本单位安全生产工作负最终责任。生产经营单位安全生产工作的总体状况、水平高低以及存在的问题等，最终由主要负责人承担责任，不能以任何借口规避、逃避。未履行安全生产管理职责的，主要负责人要依法承担相应的法律责任。

第六条　生产经营单位的从业人员有依法获得安全生产保障的权利，并应当依法履行安全生产方面的义务。

第七条　工会依法对安全生产工作进行监督。

生产经营单位的公会依法组织职工参见本单位安全生产工作的民主管理和民主监督，维护职工在安全生产方面的合法权益。

生产经营单位制定或者修改有关安全生产的规章制度，应当听取职工会的意见。

第八条　国务院和县级以上地方各级人民政府应当根据国民经济和社会发展规划制定安全生产规划，并组织实施。

安全生产规划应当与城乡规划相衔接。

国务院和县级以上地方各级人民政府应当加强对安全生产工作的领导，支持、督促各有关部门依法履行安全生产监督管理职责，建立健全安全生产工作协调机制，及时协调、解决安全生产监督管理中存在的重大问题。

乡、镇人民政府以及街道办事处、开发区管理机构等地方人民政府的派出机关应当按照职责，加强对本行政区域内生产经营单位安全生产状况的监督检查，协助上级人民政府有关部门依法履行安全生产监督管理职责。

第九条　国务院安全生产监督管理部门依照本法，对全国安全生产工作实施综合监督管理；县级以上地方各级人民政府安全生产监督管理部门依照本法，对本行政区域内安全生产工作实施综合监督管理。

国务院有关部门依照本法和其他有关法律、行政法规的规定，在各自的职责范围内对有关行业、领域的安全生产工作实施监督管理；县级以上地方各级人民政府有关部门依照本法和其他有关法律、法规的规定，在各自的职责范围内对有关行业、领域的安全生产工作实施监督管理。

安全生产监督管理部门和对有关行业、领域的安全生产工作实施监督管理的部门，统称负有安全生产监督管理职责的部门。

第十条 国务院有关部门应当按照保障安全生产的要求，依法及时制定有关的国家标准或者行业标准，并根据科技进步和经济发展适时修订。

生产经营单位必须执行依法制定的保障安全生产的国家标准或者行业标准。

第十一条 各级人民政府及其有关部门应当采取多种形式，加强对有关安全生产的法律、法规和安全生产知识的宣传，增强全社会的安全生产意识。

第十二条 有关协会组织依照法律、行政法规和章程，为生产经营单位提供安全生产方面的信息、培训等服务，发挥自律作用，促进生产经营单位加强安全生产管理。

第十三条 依法设立的为安全生产提供技术、管理服务的机构，依照法律、行政法规和执业准则，接受生产经营单位的委托为其安全生产工作提供技术、管理服务。

生产经营单位委托前款规定的机构提供安全生产技术、管理服务的，保证安全生产的责任仍由本单位负责。

第十四条 国家实行生产安全事故责任追究制度，依照本法和有关法律、法规的规定，追究生产安全事故责任人员的法律责任。

第十五条 国家鼓励和支持安全生产科学技术研究和安全生产先进技术的推广应用，提高安全生产水平。

第十六条 国家对在改善安全生产条件、防止生产安全事故、参加抢险救护等方面取得显著成绩的单位和个人，给予奖励。

第二章 生产经营单位的安全生产保障

第十七条 生产经营单位应当具备本法和有关法律、行政法规和国家标准或者行业标准规定的安全生产条件；不具备安全生产条件的，不得从事生产经营活动。

第十八条 生产经营单位的主要负责人对本单位安全生产工作负有下列职责：

（一）建立、健全本单位安全生产责任制；

（二）组织制定本单位安全生产规章制度和操作规程；

（三）组织制定实施本单位安全生产教育和培训计划；

（四）保证本单位安全生产投入的有效实施；

（五）督促、检查本单位的安全生产工作，及时消除生产安全事故隐患；

（六）组织制定并实施本单位的生产安全事故应急救援预案；

（七）及时、如实报告生产安全事故。

第十九条 生产经营单位的安全生产责任制应当明确各岗位的责任人员、责任范围和考核标准等内容。生产经营单位应当建立相应的机制，加强对安全生产责任制落实情况的监督考核，保证安全生产责任制的落实。

解读：本条是关于生产经营单位建立安全生产责任制的规定。

1. 安全生产人人有责、各负其责，是保证生产经营单位的生产经营活动安全进行的重要基础。按照"管生产必须管安全、谁主管谁负责"的原则，生产经营单位应当建立纵向到底、横向到边的全员安全生产责任制，以保证安全生产工作人人有责、各负其责。安全生产责任制应当做到"三定"，即定岗位、定人员、定安全责任。根据岗位的实际情况，确定相应的人员，明确岗位职责和相应的安全生产职责，实行"一岗双责"。安全生产责任制主要内容应当包括以下五个方面：一是生产经营单位的各级负责生产和经营的管理人员，在完成生产或者经营任务的同时，对保证生产安全负责；二是各职能部门的人员，对自己业务范围内有关的安全生产负责；三是班组长、特种作业人员对其岗位的安全生产工作负责；四是所有从业人员应在自己本职工作范围内做到安全生产；五是各类安全责任的考核标准，以及奖惩措施。安全生产责任制应当内容全面、要求清晰、操作方便，各岗位的责任人员、责任范围及相关考核标准一目了然。工作岗位变动，人员调整，生产经营单位应当及时对安全生产责任制内容作出相应修改，以适应安全生产工作的需要。

2. 生产经营单位应当完善相应机制，保证安全生产责任制的落实。生产经营单位应当根据本单位实际，建立由本单位主要负责人牵头，相关负责人、安全生产管理机构负责人以及人事、财务等相关职能部门人员组成的安全生产责任制监督考核领导机构，协调处理安全生产责任制执行中的问题。主要负责人对安全生产责任落实情况全面负责，安全生产管理机构具体负责安全生产责任制的监督和考核工作。生产经营单位应当建立完善安全生产责任制监督、考核、奖惩的相关制度，明确安全生产管理机构和人事、财务等相关职能部门的职责。安全生产责任制的落实情况应当与生产经营单位的安全生产奖惩措施挂钩。对于严格履行安全生产职责，未超出责任制考核标准要求的，予以奖励；对于弄虚作假、未认真履行安全生产职责或者存在重大事故隐患、发生生产安全事故等超出责任制考核标准要求的，给予严惩。要充分发挥工会的作用，鼓励从业人员对安全生产责任制落实情况进行监督。

第二十条　生产经营单位应当具备的安全生产条件所必需的资金投入，由生产经营单位的决策机构、主要负责人或者个人经营的投资人予以保证，并对由于安全生产所必需的资金投入不足导致的后果承担责任。

有关生产经营单位应当按照规定提取和使用安全生产费用，专门用于改善安全生产条件。安全生产费用在成本中据实列支。安全生产费用提取、使用和监督管理的具体办法由国务院财政部门会同国务院安全生产监督管理部门征求国务院有关部门意见后制定。

解读：本条是关于保证生产经营单位安全生产所需资金投入的责任主体以及安全生产费用的提取、使用和管理制度的规定。

1. 保证安全生产资金投入的责任主体。不言而喻，生产经营单位要具备安全生产条件特别是持续具备安全生产条件，必须有相应的资金投入。实践中，一些生产经营单位只顾追求经济效益，安全投入不足甚至不投入的现象较为普遍，"安全欠账"问题突出。解决这个问题，需要从法律上进一步明确保证生产经营单位安全生产资金投入的责任主体。

根据本条的规定，生产经营单位应当具备的安全生产条件所需的资金投入，由生产经营单位的决策机构、主要负责人或者个人经营的投资人予以保证。这一规定，一方面明确了资金投入的最低要求，即必须保证生产经营单位能够持续地具备本法和有关法律、法规、国家标准或者行业所规定的安全生产条件；另一方面明确了保证资金投入的责任主体，即生产经营单位的决策机构、主要负责人或者个人经营的投资人。对于设立了股东会、董事会等决策机构的生产经营单位，由其决策机构保证本单位安全生产的资金投入；没有设立决策机构的生产经营单位，由其主要负责人保证安全生产的资金投入；个人投资经营的生产经营单位，则由投资人保证安全生产的资金投入。生产经营单位的决策机构、主要负责人或者个人经营的投资人在本单位处于决策、领导的地位，明确把保证安全生产所需资金投入的义务赋予这些机构和人员，对于明确责任，切实保证安全生产所需资金的投入，具有重要的意义。

本条同时规定，生产经营单位的决策机构、主要负责人或者个人经营的投资人对安全生产所必需的资金投入不足导致的后果承担责任，也就是说因资金投入不足，使生产经营单位不具备安全生产条件，导致发生生产安全事故的，上述机构和人员应承担相应的法律责任，包括民事赔偿责任、行政责任以及刑事责任。这就明确了因安全生产资金投入不足而导致后果的责任主体，有利于增强生产经营单位的决策机构、主要负责人或者个人经营的投资人的责任心，促使他们认真履行法定义务，保证本单位安全生产资金投入满足安全生产的需要。至于资金投入的具体数额，本条未做具体规定，实践中应当根据保证本单位安全生产需要的原则，视具体情况而定。这样规定，尊重了生产经营单位的经营自主权。

2. 安全生产费用提取和使用制度。安全生产费用提取和使用制度是 2014 年修改《安全生产法》时专门增加的一项规定。对危险性较大的生产经营单位提取安全生产费用，是实践中一项行之有效的做法。这一制度最早适用于煤矿企业，后扩展到其他高危行业企业。2004 年，为建立煤矿安全生产长效投入机制，财政部、国家发展和改革委员会、国家煤矿安全监察局联合发布《煤炭生产安全费用提取和使用管理办法》，在所有煤炭生产企业建立提取煤炭生产安全费用制度。同年，《国务院关于进一步加强安全生产工作的决定》提出，借鉴煤矿提取安全费用的经验，在条件成熟后，逐步建立对高危行业生产企业提取安全费用制度。2010年，《国务院关于进一步加强企业安全生产工作的通知》对此做了重申。为落实国务院要求，2012年2月财政部、国家安全生产监督管理总局制定了《企业安全生产费用提取和使用管理办法》，明确了提取安全生产费用的企业范围、安全生产费用的提取标准、使用范围以及监督检查等事项。根据该管理办法的规定，安全生产费用是指企业按照规定提取在成本中列支，专门用于完善和改进企业或者项目安全生产条件的资金。

实施安全生产费用提取和使用制度的效果比较明显，对于建立企业安全生产长效投入机制发挥了积极作用。为了进一步提升这项制度的权威性，更好地规范安全生产费用的提取和使用，这次修改《安全生产法》将其上升为一项法律制度，明确规定有关生产经营单位应当按照规定提取和使用安全生产费用，专门用于改善安全生产条件。这里的"按照规定"，目前可以理解为按照《企业安全生产费用提取和使用管理办法》的规定；"有关生产经营单位"指的是该管理办法规定的煤炭生产、建设工程施工、危险品生产与储存、交通运输、冶金、机械制造、烟花爆竹生产、武器装备研制生产与试验等领域的企业。考虑到对安全生产费用提取、使用和监督管理的具体办法难以在《安全生产法》中作具体规定，本条同时规定具体办法由国务院财政部门会同国务院安全生产监督管理部门征求国务院有关部门意见后制定，这样既符合目前的实际情况，也便于今后根据实际情况适时调整。

第二十一条　矿山、金属冶炼、建筑施工、道路运输单位和危险物品的生产、经营、储存单位，应当设置安全生产管理机构或者配备专职安全生产管理人员。

前款规定以外的其他生产经营单位，从业人员超过一百人的，应当设置安全生产管理机构或者配备专职安全生产管理人员；从业人员在一百人以下的，应当配备专职或者兼职的安全生产管理人员。

解读： 本条是对生产经营单位配备专职安全生产管理人员的规定。

1. 本条第 1 款对危险性较大的生产经营单位设置安全生产管理机构和配备安全生产管理人员提出了要求："矿山、金属冶炼、建筑施工、道路运输单位和危险物品的生产、经营、储存单位，应当设置安全生产管理机构或者配备专职安全生产管理人员。"这里的"安全生产管理机构"是指生产经营单位内部设立的专门负责安全生产管理事务的机构。"专职安全生产管理人员"是指在生产经营单位中专门负责安全生产管理，不兼做其他工作的人员。这些单位的危险因素大，无论其规模大小，都应设置安全生产管理机构或者配备专职安全生产管理人员。这是比较严格的要求，目的是加强这些单位的日常安全生产管理。

需要说明的是，此次修改把金属冶炼和道路运输单位纳入本条第 1 款的适用范围，主要是因为这两类单位危险性也较大，同样需要加强内部日常安全生产管理。

实践中，具体在什么情况下应当设置安全生产管理机构，在什么情况下配备专职安全生产管理人员，本条未做具体规定。生产经营单位可以根据本单位的规模以及安全生产状况等实际情况，自主做出决定。一般来讲，规模较小的生产经营单位，可只配备专职安全生产管理人员；规模较大的生产经营单位则应当设置安全生产管理机构。从根本上说，无论是设置安全生产管理机构还是配备专职安全生产管理人员，必须以满足本单位安全生产管理工作的实际需要为原则。

2. 其他生产经营单位根据从业人员规模决定安全生产管理机构设置和安全生产管理人员配备。矿山、金属冶炼、建筑施工、道路运输单位和危险物品生产、经营、储存单位以外的其他生产经营单位，危险性相对较小，一律要求其设置安全生产管理机构或者配备安全生产管理人员，既无必要也不可行。按照原则性与灵活性相结合的要求，本条对这些生产经营单位设置安全生产管理机构或者配备安全生产管理人员的要求也相对灵活，给了生产经营单位更多自主权。即根据这些单位的不同规模，分别做出要求：对从业人员在 100 人以上的生产经营单位，考虑到其规模较大，一旦发生事故，造成的损失也较大，因此也要求其设置安全生产管理机构或者配备专职安全生产管理人员。对从业人员在 100 人以下的生产经营单位，则不要求其必须设置安全生产管理机构，可以配备专职安全生产管理人员，也可以配备兼职安全生产管理人员。兼职安全生产管理人员是指生产经营单位中承担其他工作同时负责安全生产管理工作的人员。需要指出的是，本条原来规定的划分标准是 300 人，这次修改时规定从业人员 100 人以上就要设置安全生产管理机构或者配备专职安全生产管理人员，提出了更严格的要求。

此外，本条第 2 款原来规定从业人员数量较少的生产经营单位既可以配备专职或兼职安全生产管理人员，也可以委托具有国家规定的相关专业技术资格的工程技术人员提供安全生产服务。为体现从严掌握的要求，保证生产经营单位日常安全生产工作时时有人负责，从业人员数量较少的生产经营单位也应该有自己的专职或者兼职安全生产管理人员，不宜完全依靠委托他人提供安全生产管理服务。同时，生产经营单位不论性质和规模，都可以委托有关服务机构提供安全生产管理服务，本法第 13 条对此已作了明确规定。因此，这次修改时在本条第 2 款中删去了相关内容，并相应将本条原第 3 款移至第 13 条作为第 2 款。

第二十二条　生产经营单位的安全生产管理机构以及安全生产管理人员履行下列职责：

（一）组织或者参与拟订本单位安全生产规章制度、操作规程和生产安全事故应急救援预案；

（二）组织或者参与本单位安全生产教育和培训，如实记录安全生产教育和培训情况；

（三）督促落实本单位重大危险源的安全管理措施；

（四）组织或者参与本单位应急救援演练；

（五）检查本单位的安全生产状况，及时排查生产安全事故隐患，提出改进安全生产管理的建议；

（六）制止和纠正违章指挥、强令冒险作业、违反操作规程的行为；

（七）督促落实本单位安全生产整改措施。

第二十三条　生产经营单位的安全生产管理机构以及安全生产管理人员应当恪尽职守，依法履行职责。

生产经营单位作出涉及安全生产的经营决策，应当听取安全生产管理机构以及安全生产管理人员的意见。

生产经营单位不得因安全生产管理人员依法履行职责而降低其工资、福利等待遇或者解除与其订立的劳动合同。

危险物品的生产、储存单位以及矿山、金属冶炼单位的安全生产管理人员的任免，应当告知主管的负有安全生产监督管理职责的部门。

第二十四条　生产经营单位的主要负责人和安全生产管理人员必须具备与本单位所从事的生产经营活动相应的安全生产知识和管理能力。

危险物品的生产、经营、储存单位以及矿山、金属冶炼、建筑施工、道路运输单位的主要负责人和安全生产管理人员，应当由主管的负有安全生产监督管理职责的部门对其安全生产知识和管理能力考核合格。考核不得收费。

　　危险物品的生产、储存单位以及矿山、金属冶炼单位应当有注册安全工程师从事安全生产管理工作。鼓励其他生产经营单位聘用注册安全工程师从事安全生产管理工作。注册安全工程师按专业分类管理，具体办法由国务院人力资源和社会保障部门、国务院安全生产监督管理部门会同国务院有关部门制定。

　　解读：本条是关于生产经营单位的主要负责人和安全生产管理人员应当具备的知识、能力和考核制度，以及注册安全工程师制度的原则规定。

　　1. 对生产经营单位的主要负责人和安全生产管理人员安全生产知识和管理能力的一般性要求。生产经营单位主要负责人对本单位的安全生产工作全面负责；安全生产管理人员直接、具体承担本单位日常的安全生产管理工作。因此，生产经营单位的主要负责人和安全生产管理人员在安全生产方面的知识水平和管理能力，直接关系到本单位安全生产管理工作水平。近年来发生的生产安全事故表明，生产经营单位主要负责人和安全生产管理人员缺乏基本的安全生产知识，安全生产管理和组织能力不强，指挥不当、调度不及时，措施不得力，是导致事故发生的重要原因之一。从立法上对生产经营单位主要负责人和安全生产管理人员应当具备的安全生产知识和管理能力提出要求，使其既懂生产经营，也懂安全生产管理，对于提高生产经营单位的安全生产管理水平，保障安全生产，具有十分重要的意义。

　　本条首先明确了对生产经营单位主要负责人和安全生产管理人员在知识和能力方面的要求：必须具备与本单位所从事的生产经营活动相应的安全生产知识和管理能力。这是一项原则性要求，如何确定"相应的安全生产知识和管理能力"，既要考虑单位的生产经营范围、规模，还要考虑单位的性质、危险程度等因素。一般说来，生产经营单位的主要负责人要熟悉和了解国家有关安全生产的法律、法规、规章以及方针政策，要对本单位所从事生产经营活动必需的安全知识有一定的了解，并能够较好地组织和领导本单位的安全生产工作。对安全生产管理人员来说，还需要对本单位所从事的生产经营活动需要的安全生产知识有比较具体的、深入的了解和掌握，并能够熟练地在安全生产管理工作中运用。

2. 对危险物品的生产、经营、储存单位以及矿山、金属冶炼、建筑施工、道路运输单位的主要负责人和安全生产管理人员安全生产知识和能力的要求。由于危险物品的生产、经营、储存单位以及矿山、建筑施工单位专业性强、危险性大，属于事故多发的领域，对这类生产经营单位的主要负责人和安全生产管理人员的安全生产知识和管理能力应当有更高的要求。考虑到金属冶炼、道路运输单位的危险性也比较大，这次修改《安全生产法》时将这两类单位也纳入本款规定的适用范围。根据本款规定，危险物品的生产、经营、储存单位以及矿山、金属冶炼、建筑施工、道路运输单位的主要负责人和安全生产管理人员，应当由主管的负有安全生产监督管理职责的部门对其安全生产知识和管理能力考核合格。对上述单位的主要负责人和安全生产管理人员来说，不仅要具备相应的安全生产知识和管理能力，还要经有关主管部门考核合格，增加了一道考核程序，以确保其具备相应的安全生产知识和管理能力。

需要特别指出的是，根据行政审批制度改革的精神，2014 年修改《安全生产法》时，删去了原来规定的"考核合格后方可任职"中的"方可任职"，对矿山等高危生产经营单位主要负责人和安全生产管理人员安全生产知识和管理能力的考核，不再与能否任职挂钩。这样修改实际上取消了考核合格作为任职的前置条件这一行政许可。正确理解这一修改要注意以下三点：①考核不再与任职资格挂钩，并不意味着削弱和放松考核，恰恰相反，要更加严格地进行考核，更加严格地把关。负责考核的有关部门要进一步完善考核内容、考核程序，创新和丰富考核的方法和手段，进一步增强考核的针对性和实际效果，确保通过考核，使有关高危单位的主要负责人和安全生产管理人员真正具备相应的安全生产知识和管理能力。②考核不再与任职资格挂钩，只是从法律制度上不再把考核合格作为任职资格条件，取消了一项许可事项，但并不意味着有关方面在任命、聘任主要负责人或者安全生产管理人员时不可以把考核结果作为条件来掌握。相反，对此应该鼓励。也就是说，虽然不是法律规定的强制性要求，但在实际工作中，任命或者聘任生产经营单位主要负责人以及安全生产管理人员时，有关方面完全可以把是否考核合格作为一个重要条件，真正把那些懂安全、懂管理的人选拔出来。③实践中，对考核不合格的生产经营单位负责人和安全生产管理人员，应连续组织考核，直至考核合格。未经考核合格前，可以考虑暂由其他经考核合格的人协助或者替代其履行相关安全生产管理职责，确保安全生产工作不受影响。

此外，本条还规定有关部门对上述生产经营单位的主要负责人和安全生产管理人员的安全生产知识和管理能力进行考核，不得收取费用。这是考虑到实践中考核乱收费的问题较为严重的现实而做出的针对性很强的规定，有利于防止重收费、轻考核，不注意考核实际效果的问题，也有利于改善政府部门的形象，减轻生产经营单位的负担，使考核工作能够顺利进行。

本条规定的注册安全工程师性质上属于职业水平评价类资格，不属于行政许可。取得注册安全工程师资格证明其具备了从事安全生产管理工作所需要的相关知识，但并不是其从事某项工作的必要条件。虽然高危行业相关单位应当有注册安全工程师，但不意味着只有注册安全工程师才可以在这些单位从事安全生产管理工作。配备多少注册安全工程师，由生产经营单位自行决定。

第二十五条 生产经营单位应当对从业人员进行安全生产教育和培训，保证从业人员具备必要的安全生产知识，熟悉有关的安全生产规章制度和安全操作规程，掌握本岗位的安全操作技能，了解事故应急处理措施，知悉自身在安全生产方面的权利和义务。未经安全生产教育和培训合格的从业人员，不得上岗作业。

生产经营单位使用被派遣劳动者的，应当将被派遣劳动者纳入本单位从业人员统一管理，对被派遣劳动者进行岗位安全操作规程和安全操作技能的教育和培训。劳务派遣单位应当对被派遣劳动者进行必要的安全生产教育和培训。

生产经营单位接收中等职业学校、高等学校学生实习的，应当对实习学生进行相应的安全生产教育和培训，提供必要的劳动防护用品。学校应当协助生产经营单位对实习学生进行安全生产教育和培训。

生产经营单位应当建立安全生产教育和培训档案，如实记录安全生产教育和培训的时间、内容、参加人员以及考核结果等情况。

解读： 本条是对生产经营单位进行安全生产教育和培训的规定。

1. 对被派遣劳动者的安全生产教育和培训。本款是 2014 年修改《安全生产法》时新增加的规定。劳务派遣是劳务派遣单位与被派遣劳动者签订劳动合同，并与用工单位签订劳务派遣协议，由被派遣劳动者向用工单位给付劳务的用工方式。在这种用工方式中，劳动合同关系存在于劳务派遣单位与被派遣劳动者之间，而劳动力给付的事实则发生于被派遣劳动者和用工单位之间。根据《中华人民共和国劳动合同法》（以下简称《劳动合同法》）的有关规定，劳动合同用工是我国企业的基本用工形式，劳务派遣工是补充形式，只能在临时性、辅助性或者替代性的工作岗位上实施。从实际情况看，这种用工方式在满足企业灵活用工需要的同时，也随之产生一些突出问题。从安全生产角度看，一个突出问题是用工单位对被派遣劳动者"另眼相看"，不履行相应的义务，特别是不对被派遣劳动者进行安全生产教育和培训，或者不为被派遣劳动者提供必要的劳动保护条件。此外，劳务派遣单位由于不用工，对被派遣劳动者也往往不进行任何安全生产教育和培训。这种情况不仅对被派遣劳动者不公平，而且直接危及安全生产。因此，这次修改《安全生产法》新增了该款规定，具有很强的现实针对性，旨在重申和明确一个重要理念：安全是人类永恒的价值追求，无论用工方式有何不同，劳动者在安全生产方面的权利必须平等。

基于这个理念和原则，用工的生产经营单位和劳务派遣单位都应当对被派遣劳动者的安全生产教育和培训负责。首先，被派遣劳动者是在生产经营单位从事劳动，其安全生产风险来自工作和劳动的过程中，这就要求生产经营单位切实负起责任，对被派遣劳动者和正式从业人员一视同仁，将被派遣劳动者纳入本单位从业人员统一管理，给予同等的权利和待遇，并使其履行同等的义务和责任。特别是，生产经营单位应当对被派遣劳动者进行岗位安全操作规程和安全操作技能的教育和培训，使其掌握岗位安全操作规程和操作技能，不得在未进行安全生产教育和培训的情况下，安排被派遣劳动者上岗作业。这一规定也与《劳动合同法》关于用工单位应当对在岗被派遣劳动者进行工作岗位所必需的培训的规定相衔接。

从劳动合同关系看，被派遣劳动者与劳务派遣单位签订了劳动合同，实质上是劳务派遣单位的员工，劳务派遣单位也应当对被派遣劳动者进行必要的安全生产教育和培训。由于劳务派遣单位主要从事劳务派遣业务，与生产经营单位相比，其安全生产教育和培训的能力相对要差一些，同时被派遣劳动者在不同的生产经营单位参加劳动，对被派遣劳动者的安全生产教育和培训应该主要由生产经营单位承担。因此，本条规定劳务派遣单位的义务是对被派遣劳动者进行"必要的安全生产教育和培训"，包括讲授一些常识性安全生产知识，开展安全生产法律法规、安全作业意识、遵章守纪方面的教育和培训等。这样规定一方面明确了劳务派遣单位的责任，同时也体现了实事求是的科学态度。

2. 对实习学生的安全生产教育和培训。实践中，生产经营单位从各类中等职业学校、高等学校中接收实习学生的情况比较普遍。由于实习学生普遍缺乏相应的安全生产知识和技能，而生产经营单位认为实习学生不属于正常上班，因此不安排其参加安全生产教育和培训，甚至不提供劳动防护用品，由此导致人身伤害的情况时有发生。为加强对实习学生的保护，本次修改《安全生产法》专门增加一款，规定生产经营单位应当对接收的实习学生进行相应的安全生产教育和培训，提供必要的劳动防护用品。需要说明的是，由于实习学生不是正式从业人员，在实习中介入生产经营活动的方式、程度不完全相同，有的属于观摩、学习性质，因此应根据具体情况，由生产经营单位对其进行相应的安全生产教育和培训，提供必要的劳动防护用品，不强求和正式从业人员完全一样。同时对学校而言，其对实习学生的情况更为了解，对于实习学生也负有相应的管理职责，因此本款规定还要求学校协助生产经营单位对实习学生进行安全生产教育和培训。

3. 生产经营单位应建立安全生产教育和培训档案。安全生产教育和培训不能停留在口号中。针对实践中安全生产教育和培训不落实、不规范甚至流于形式等问题，为了确保生产经营单位的安全生产教育和培训落到实处，保证教育和培训的效果，本次修改专门增加规定，生产经营单位应当建立安全生产教育和培训档案，如实记录安全生产教育和培训的时间、内容、参加人员以及考核结果等情况。信息记录和档案管理制度是教育和培训规范化、系统化、标准化的重要途径，有利于提高培训的计划性和针对性，保障培训效果。同时，也便于负有安全生产监督管理职责的部门通过查阅档案记录，加强监督检查，适时掌握生产经营单位安全生产教育和培训的实际情况，有针对性地提出改进意见和建议，保证生产经营单位的安全生产教育和培训取得应有的成效。

第二十六条　生产经营单位采用新工艺、新技术、新材料或者使用新设备，必须了解、掌握其安全技术特性，采取有效的安全防护措施，并对从业人员进行专门的安全生产教育和培训。

第二十七条　生产经营单位的特种作业人员必须按照国家有关规定经专门的安全作业培训，取得相应资格，方可上岗作业。

特种作业人员的范围由国务院安全生产监督管理部门会同国务院有关部门确定。

解读：本条是关于生产经营单位建设项目的安全设施与主体工程"三同时"的要求以及安全设施投资纳入建设项目概算的规定。

1. 生产经营单位建设项目的安全设施与主体工程的"三同时"要求。生产经营单位建设项目是否具备安全设施，对于能否保障安全生产具有直接的影响。保证安全，首先建设项目必须有相应的安全设施，这是保证安全生产的重要基础。近年来发生的一些生产安全事故，不少都与生产经营单位建设项目的安全设施不健全有关。有的生产经营单位的建设项目不考虑必要的安全设施，有的安全设施与主体工程不配套，往往是主体工程建成投产了，安全设施还没有着落。特别是随着市场经济的发展和市场竞争的激烈、生产经营成本的提高，不少生产经营单位为了最大限度地追求经济利益，不重视安全设施建设的问题较为严重。为了确保生产经营单位建设项目安全设施的建设，本条特别规定了安全设施与主体工程的"三同时"。

所谓安全设施与主体工程"三同时"，是指生产经营单位建设项目的安全设施必须与主体工程同时设计、同时施工、同时投入生产和使用。同时设计，要求在编制建设项目的设计文件时，必须同时编制安全设施的设计，不得不编制或者迟延编制。这是保证安全设施建设的第一个环节，非常重要。安全设施设计还必须符合有关法律、法规、规章和国家标准的要求，不得随意降低要求。同时施工，要求建设项目施工过程中，必须严格按照设计要求，对安全设施同时进行施工，安全设施施工不得偷工减料，降低建设质量。同时投入生产和使用，要求安全设施必须与主体工程同时竣工并经验收合格后，同时投入生产和使用，不得只将主体工程投入生产和使用，而将安全设施摆样子，不予使用。

需要说明的是，"三同时"是一个原则性要求，并不要求在时间上完全亦步亦趋。

2. 安全设施投资应当纳入建设项目概算。建设项目概算，也称建设项目投资概算，是对工程建设预计花费的全部费用的计划。安全设施投资纳入建设项目概算，有利于保证安全设施设计、施工所需资金，对于落实安全设施与主体工程的"三同时"具有重大意义。针对目前实践中大量存在的生产经营单位不重视安全设施建设资金投入的问题，本条有针对性地规定了建设项目的安全设施投资应当纳入建设项目概算。生产经营单位必须照此办理，切实按照建设项目概算落实安全设施投资。

第二十八条 生产经营单位新建、改建、扩建工程项目（以下统称建设项目）的安全设施，必须与主体工程同时设计、同时施工、同时投入生产和使用。安全设施投资应当纳入建设项目概算。

解读：本条是关于生产经营单位建设项目的安全设施与主体工程"三同时"的要求以及安全设施投资纳入建设项目概算的规定。

1. 生产经营单位建设项目的安全设施与主体工程的"三同时"要求。生产经营单位建设项目是否具备安全设施，对于能否保障安全生产具有直接的影响。保证安全，首先建设项目必须有相应的安全设施，这是保证安全生产的重要基础。近年来发生的一些生产安全事故，不少都与生产经营单位建设项目的安全设施不健全有关。有的生产经营单位的建设项目不考虑必要的安全设施，有的安全设施与主体工程不配套，往往是主体工程建成投产了，安全设施还没有着落。特别是随着市场经济的发展和市场竞争的激烈、生产经营成本的提高，不少生产经营单位为了最大限度地追求经济利益，不重视安全设施建设的问题较为严重。为了确保生产经营单位建设项目安全设施的建设，本条特意规定了安全设施与主体工程的"三同时"。

所谓安全设施与主体工程"三同时"，是指生产经营单位建设项目的安全设施必须与主体工程同时设计、同时施工、同时投入生产和使用。同时设计，要求在编制建设项目的设计文件时，必须同时编制安全设施的设计，不得不编制或者迟延编制。这是保证安全设施建设的第一个环节，非常重要。安全设施设计还必须符合有关法律、法规、规章和国家标准的要求，不得随意降低要求。同时施工，要求建设项目施工过程中，必须严格按照设计要求，对安全设施同时进行施工，安全设施施工不得偷工减料，降低建设质量。同时投入生产和使用，要求安全设施必须与主体工程同时竣工并经验收合格后，同时投入生产和使用，不得只将主体工程投入生产和使用，而将安全设施摆样子，不予使用。

需要说明的是，"三同时"是一个原则性要求，并不要求在时间上完全亦步亦趋。

2. 安全设施投资应当纳入建设项目概算。建设项目概算，也称建设项目投资概算，是对工程建设预计花费的全部费用的计划。安全设施投资纳入建设项目概算，有利于保证安全设施设计、施工所需资金，对于落实安全设施与主体工程的"三同时"具有重大意义。针对目前实践中大量存在的生产经营单位不重视安全设施建设资金投入的问题，本条有针对性地规定了建设项目的安全设施投资应当纳入建设项目概算。生产经营单位必须照此办理，切实按照建设项目概算落实安全设施投资。

第二十九条 矿山、金属冶炼建设项目和用于生产、储存、装卸危险物品的建设项目，应当按照国家有关规定进行安全评价。

第三十条 建设项目安全设施的设计人、设计单位应当对安全设施设计负责。

矿山、金属冶炼建设项目和用于生产、储存、装卸危险物品的建设项目的安全设施设计应当按照国家有关规定报经有关部门审查，审查部门及其负责审查的人员对审查结果负责。

第三十一条 矿山、金属冶炼建设项目和用于生产、储存、装卸危险物品的建设项目的施工单位必须按照批准的安全设施设计施工，并对安全设施的工程质量负责。

矿山、金属冶炼建设项目和用于生产、储存危险物品的建设项目竣工投入生产或者使用前，应当由建设单位负责组织对安全设施进行验收；验收合格后，方可投入生产和使用。安全生产监督管理部门应当加强对建设单位验收活动和验收结果的监督核查。

第三十二条 生产经营单位应当在有较大危险因素的生产经营场所和有关设施、设备上，设置明显的安全警示标志。

第三十三条 安全设备的设计、制造、安装、使用、检测、维修、改造和报废，应当符合国家标准或者行业标准。

生产经营单位必须对安全设备进行经常性维护、保养，并定期检测，保证正常运转。维护、保养、检测应当作好记录，并由有关人员签字。

第三十四条 生产经营单位使用的涉及生命安全、危险性较大的特种设备，以及危险物品的容器、运输工具，必须按照国家有关规定，由专业生产单位生产，并经取得专业资质的检测、

检验机构检测、检验合格，取得安全使用证或者安全标志，方可投入使用。检测、检验机构对检测、检验结果负责。

涉及生命安全、危险性较大的特种设备的目录由国务院负责特种设备安全监督管理的部门制定，报国务院批准后执行。

第三十五条 国家对严重危及生产安全的工艺、设备实行淘汰制度，具体目录由国务院安全生产监督管理部门会同国务院有关部门制定并公布。法律、行政法规对目录的制定另有规定的，适用其规定。

省、自治区、直辖市人民政府可以根据本地区实际情况制定并公布具体目录，对前款规定以外的危及生产安全的工艺、设备予以淘汰。

生产经营单位不得使用应当淘汰的危及生产安全的工艺、设备。

第三十六条 生产、经营、运输、储存、使用危险物品或者处置废弃危险物品的，由有关主管部门依照有关法律、法规的规定和国家标准或者行业标准审批并实施监督管理。

生产经营单位生产、经营、运输、储存、使用危险物品或者处置废弃危险物品，必须执行有关法律、法规和国家标准或者行业标准，建立专门的安全管理制度，采取可靠的安全措施，接受有关主管部门依法实施的监督管理。

第三十七条 生产经营单位对重大危险源应当登记建档，进行定期检测、评估、监控，并制定应急预案，告知从业人员和相关人员在紧急情况下应当采取的应急措施。

生产经营单位应当按照国家有关规定将本单位重大危险源及有关安全措施、应急措施报有关地方人民政府安全生产监督管理部门和有关部门备案。

第三十八条 生产经营单位应当建立健全生产安全事故隐患排查治理制度，采取技术、管理措施，及时发现并消除事故隐患。事故隐患排查治理情况应当如实记录，并向从业人员通报。

县级以上地方各级人民政府负有安全生产监督管理职责的部门应当建立健全重大事故隐患治理督办制度，督促生产经营单位消除重大事故隐患。

第三十九条 生产、经营、储存、使用危险物品的车间、商店、仓库不得与员工宿舍在同一座建筑物内，并应当与员工宿舍保持安全距离。

生产经营场所和员工宿舍应当设有符合紧急疏散要求、标志明显、保持畅通的出口。禁止锁闭、封堵生产经营场所或者员工宿舍的出口。

第四十条 生产经营单位进行爆破、吊装以及国务院安全生产监督管理部门会同国务院有关部门规定的其他危险作业，应当安排专门人员进行现场安全管理，确保操作规程的遵守和安全措施的落实。

第四十一条 生产经营单位应当教育和督促从业人员严格执行本单位的安全生产规章制度和安全操作规程；并向从业人员如实告知作业场所和工作岗位存在的危险因素、防范措施以及事故应急措施。

第四十二条 生产经营单位必须为从业人员提供符合国家标准或者行业标准的劳动防护用品，并监督、教育从业人员按照使用规则佩戴、使用。

第四十三条 生产经营单位的安全生产管理人员应当根据本单位的生产经营特点，对安全生产状况进行经常性检查；对检查中发现的安全问题，应当立即处理；不能处理的，应当及时报告本单位有关负责人，有关负责人应当及时处理。检查及处理情况应当如实记录在案。

生产经营单位的安全生产管理人员在检查中发现重大事故隐患，依照前款规定向本单位有关负责人报告，有关负责人不及时处理的，安全生产管理人员可以向主管的负有安全生产监督管理职责的部门报告，接到报告的部门应当依法及时处理。

第四十四条　生产经营单位应当安排用于配备劳动防护用品、进行安全生产培训的经费。

第四十五条　两个以上生产经营单位在同一作业区域内进行生产经营活动，可能危及对方生产安全的，应当签订安全生产管理协议，明确各自的安全生产管理职责和应当采取的安全措施，并指定专职安全生产管理人员进行安全检查与协调。

第四十六条　生产经营单位不得将生产经营项目、场所、设备发包或者出租给不具备安全生产条件或者相应资质的单位或者个人。

生产经营项目、场所发包或者出租给其他单位的，生产经营单位应当与承包单位、承租单位签订专门的安全生产管理协议，或者在承包合同、租赁合同中约定各自的安全生产管理职责；

生产经营单位对承包单位、承租单位的安全生产工作统一协调、管理，定期进行安全检查，发现安全问题的，应当及时督促整改。

解读：本条是关于生产经营单位将生产经营项目、场所、设备发包或者出租时的安全管理要求的规定。

1. 生产经营单位不得将生产经营项目、场所、设备发包或者出租给不具备安全生产条件或者相应资质的单位或者个人。生产经营单位将生产经营项目、场所、设备发包或者出租，本质上是一种民事行为，原则上可以自主决定。但是，上述行为也必须符合法律的强制性规定。根据本法的有关规定，生产经营单位应当具备法律、行政法规和国家标准或者行业标准规定的安全生产条件，不具备安全生产条件的，不得从事生产经营活动。在生产经营单位将生产经营项目、场所、设备发包或者出租的情形下，生产经营活动实际上是由承包人或者承租人（包括单位和个人，下同）来进行的。承包人或者承租人如果不具备安全生产条件或者不具备相应的资质，安全生产同样不能得到保障。因此，本条要求生产经营单位不得将生产经营项目、场所、设备发包或者出租给不具备安全生产条件或者相应资质的单位或者个人。根据这一规定，生产经营单位在选择承包或者租赁对象时，不能只为了经济利益，对其安全生产条件和资质不闻不问，而必须考察其是否具备安全生产条件或者相应资质。将生产经营项目、场所、设备发包或者出租给不具备安全生产条件或者相应资质的单位或者个人的，应当依法承担法律责任。导致发生生产安全事故，给他人造成损害的，生产经营单位还应当与承包方、承租方承担连带赔偿责任。

2. 生产经营项目、场所发包或者出租的安全管理责任。实践中，生产经营项目、场所发包或者出租的情况非常普遍，往往因安全生产管理责任不明确而导致生产安全事故，因此有必要依法明确这种情况下的安全生产管理责任。

（1）根据本条规定，生产经营项目、场所发包或者出租给其他单位时，生产经营单位首先要与承包单位、承租单位签订专门的安全生产管理协议，或者在承包合同、租赁合同中约定各自的安全生产管理职责。这种专门协议或者专项条款，对于明确生产经营单位与承包单位、承租单位各自的安全生产管理职责，促使其加强安全生产管理，具有重要意义。同时，也是发生生产安全事故后判断各方责任的重要依据。需要说明的是，本条修改前规定的前提条件是"生产经营项目、场所有多个承包单位、承租单位"，存在一定的漏洞，比如当生产经营项目、场所只有一个承包单位或者承租单位时，生产经营单位是不是需要与承包、承租单位约定各自的安全生产管理职责，不够明确。这次《安全生产法》修改，将"生产经营项目、场所有多个承包单位、承租单位"修改为"生产经营项目、场所发包或者出租给其他单位"，使本条规定更加周密。

（2）发包单位、出租单位对承包、承租单位的安全生产管理统一协调、管理，并定期进行安全检查。无论安全生产管理职责如何划分，作为发包单位、出租单位的生产经营单位，对承包单位、承租单位的安全生产工作应当统一协调、管理。这是其法定义务，不得通过安全生产管理协议或者承包合同、租赁合同免除或者转嫁给承包单位、承租单位。在协议中转嫁该义务的，相关条款无效。这样规定，一方面是因为各个承包、承租部分共同构成一个有机联系的整体，不仅要做好各承包单位、承租单位内部的安全生产工作，还需要在各承包单位、承租单位之间做好统一协调、管理工作，只有这样，才能保障各自的生产安全以及整个项目、场所的生产安全；另一方面，在生产经营项目、场所发包或者出租的情况下，每个承包单位、承租单位都只能负责其中的部分项目、场所的安全生产管理，难以对整个项目、场所的安全生产工作统一协调、管理。因此，法律规定由发包或者出租的生产经营单位承担这项义务是恰当的，有利于明确责任。生产经营单位未对承包单位、承租单位的安全生产统一协调、管理的，依照本法有关规定追究其法律责任。此外，为了进一步强化发包单位的安全生产管理责任，这次《安全生产法》修改时还增加规定，生产经营单位应当定期对承包单位、承租单位进行安全检查，发现安全问题的，应当及时督促整改。这一规定既进一步明确了发包单位、出租单位的责任，同时也为其进行安全生产检查以及督促承包单位、承租单位整改安全生产问题提供了法律依据。

第四十七条 生产经营单位发生生产安全事故时，单位的主要负责人应当立即组织抢救，并不得在事故调查处理期间擅离职守。

第四十八条 生产经营单位必须依法参加工伤保险，为从业人员缴纳保险费。国家鼓励生产经营单位投保安全生产责任保险。

第三章　从业人员的权利义务

第四十九条 生产经营单位与从业人员订立的劳动合同，应当载明有关保障从业人员劳动安全、防止职业危害的事项，以及依法为从业人员办理工伤保险的事项。

生产经营单位不得以任何形式与从业人员订立协议，免除或者减轻其对从业人员因生产安全事故伤亡依法应承担的责任。

解读：本条是关于劳动合同应当载明有关安全生产事项以及生产经营单位不得通过协议免除或减轻自身责任的规定。

1. 生产经营单位与从业人员订立的劳动合同，应当载明有关安全生产的事项。劳动合同是生产经营单位与从业人员之间确立劳动关系、明确双方权利和义务的书面协议，也是从业人员与生产经营单位确立劳动关系的基本形式。由于劳动合同的内容直接关系到从业人员的切身利益，为了规范劳动合同的订立，切实保障从业人员的合法权益，《劳动法》、《劳动合同法》等有关法律对劳动合同应当具备的条款做了明确规定，包括劳动合同期限、工作内容和工作地点、劳动报酬、社会保险以及劳动保护、劳动条件和职业危害防护等。如果生产经营单位提供的劳动合同文本不具备上述必备条款，由劳动行政部门责令改正，给劳动者造成损害的，依法承担赔偿责任。

为了切实保障从业人员在安全生产方面的权利，本条规定，劳动合同应当载明有关保障从业人员劳动安全、防止职业危害和依法为从业人员办理工伤保险的事项。这是对有关法律规定的进一步强调和重申。

（1）劳动合同应当载明有关保障从业人员劳动安全的事项。为了保证从业人员在劳动中的人身安全，明确责任，在劳动合同中必须对劳动安全条件、劳动防护用品的配备等有关劳动安全的事项予以明确。

（2）劳动合同中必须载明有关防止职业危害的事项。职业危害是指从业人员在劳动过程中因接触有毒有害物品和遇到各种不安全因素而有损于健康的危害。一般包括：①在生产过程中的危害。可分为化学因素的危害，如有毒物质和生产性粉尘的侵害；物理因素的危害，如高温高压、低温低压、电离辐射、非电离辐射、噪音、振动等；生物因素的危害，如生产劳动过程中的疫病、细菌、病毒感染等。②与劳动状况有关的危害。包括作业时间过长，劳动负荷过重，从业人员生理状况不适应或个别生理器官或系统过度紧张，长时间采用同一不良体位等。③与生产环境有关的危害。如厂房狭小、通风和照明不合理，缺乏防寒取暖和防暑降温等设施，卫生防护装置不健全等。为防止职业危害，生产经营单位应采取各种有效措施，并将这些措施载明在劳动合同中。此外，还应在劳动合同中载明对从事有职业危害的从业人员按国家规定定期进行健康检查，其间所占用的生产、工作时间，应当按正常出勤处理等内容。

（3）劳动合同应当载明依法为从业人员办理工伤保险的事项。工伤保险是指从业人员在从事生产劳动或与之相关的工作时，遭受事故伤害或者患职业病，有权获得医疗救治和经济补偿。工伤保险制度对于有效降低生产经营单位生产经营风险和从业人员职业风险，稳定从业人员队伍，调动从业人员的劳动积极性，促进安全生产，都具有重大意义。生产经营单位必须参加工伤保险，为从业人员缴纳保险费，这些事项都必须在合同中载明。

生产经营单位在与从业人员签订劳动合同时，必须按照上述规定，明确有关安全生产方面的事项。

2. 生产经营单位不得以任何形式与从业人员订立协议，免除或者减轻其对从业人员因生产安全事故伤亡依法应承担的责任。实践中，一些生产经营单位为了逃避应当承担的事故赔偿责任，在劳动合同中或以其他方式与从业人员订立协议，约定"工伤、死亡概不负责"等，企图免除或者减轻其对从业人员因生产安全事故伤亡依法应承担的责任。从业人员由于缺乏相关法律知识或者急于就业，往往在不知情或者被迫的情况下签订此类协议。这种情况在实践中并不少见。针对这种情况，本条明确规定生产经营单位不得以任何形式与从业人员订立协议，免除或者减轻其对从业人员因生产安全事故伤亡依法应承担的责任。

从业人员因生产安全事故受到伤害时的求偿权利，是一项根本性的权利，任何单位和个人都无权剥夺。生产经营单位与从业人员签订的包含"工伤概不负责"类似内容的任何协议，都属于违反法律强制性规定，没有法律效力。即使签订了此类协议，生产经营单位仍应承担责任。

第五十条 生产经营单位的从业人员有权了解其作业场所和工作岗位存在的危险因素、防范措施及事故应急措施，有权对本单位的安全生产工作提出建议。

第五十一条 从业人员有权对本单位安全生产工作中存在的问题提出批评、检举、控告；有权拒绝违章指挥和强令冒险作业。

生产经营单位不得因从业人员对本单位安全生产工作提出批评、检举、控告或者拒绝违章指挥、强令冒险作业而降低其工资、福利等待遇或者解除与其订立的劳动合同。

第五十二条　从业人员发现直接危及人身安全的紧急情况时，有权停止作业或者在采取可能的应急措施后撤离作业场所。

生产经营单位不得因从业人员在前款紧急情况下停止作业或者采取紧急撤离措施而降低其工资、福利等待遇或者解除与其订立的劳动合同。

解读：本条是关于从业人员在紧急情况下的停止作业权和撤离作业场所权的规定。

1. 从业人员停止作业或者撤离作业场所的权利。由于生产经营活动具有不可完全预测的风险，从业人员在作业过程中有可能会突然遇到直接危及人身安全的紧急情况，此时，如果不停止作业或者撤离作业场所，就极有可能造成重大的人身伤亡。因此，本条赋予从业人员在紧急情况下可以停止作业以及撤离作业场所的权利。这是从业人员可以自行做出的一项重要决定，对于保证从业人员的生命安全十分重要。根据本条规定，从业人员发现直接危及人身安全的紧急情况，如果继续作业很有可能会发生重大事故时（如矿井内瓦斯浓度严重超标），有权停止作业；或者事故马上就要发生，不撤离作业场所就会造成重大伤亡时，可以在采取可能的应急措施后撤离作业场所。

实践中，如何判断"直接危及人身安全的紧急情况"，什么样的措施算是"可能的应急措施"，需要根据具体情况来做出判断。从业人员应正确判断险情危及人身安全的程度，行使这一权利既要积极，又要慎重。

2. 生产经营单位不得因从业人员实施上述行为对其进行打击报复。从业人员发现直接危及人身安全的紧急情况时，有权停止作业或者在采取可能的应急措施后撤离作业场所，这是法律赋予从业人员的一项权利。生产经营单位不得因从业人员的上述行为而对其进行打击报复，降低其工资、福利等待遇或者解除与其订立的劳动合同。前条中对此已有论述，这里不再赘述。

第五十三条 因生产安全事故受到损害的从业人员，除依法享有工伤保险外，依照有关民事法律尚有获得赔偿的权利的，有权向本单位提出赔偿要求。

解读:本条是关于从业人员因生产安全事故受到损害时的工伤保险和民事求偿权利的规定。

工伤保险是为了保障因工作遭受事故伤害或者患职业病的从业人员获得医疗救治和经济补偿，促进工伤预防和职业康复，分散生产经营单位的工伤风险的一种制度。

根据《社会保险法》、《工伤保险条例》的有关规定，职工因工作原因受到事故伤害且经工伤认定的，享受工伤保险待遇。具体讲，从业人员由于下列情形之一负伤、致残、死亡的，应当认定为工伤，依法享有工伤保险：①在工作时间和工作场所内，因工作原因受到事故伤害的；②工作时间前后在工作场所内，从事与工作有关的预备性或者收尾性工作受到事故伤害的；③在工作时间和工作场所内，因履行工作职责受到暴力等意外伤害的；④患职业病的；⑤因工外出期间，由于工作原因受到伤害或者发生事故下落不明的；⑥在上下班途中，受到非本人主要责任的交通事故或者城市轨道交通、客运轮渡、火车事故伤害的；⑦法律、行政法规规定应当认定为工伤的其他情形。此外，职工有下列情形之一的，也应视同工伤，依法享有工伤保险：①在工作时间和工作岗位，突发疾病死亡或者在 48 小时之内经抢救无效死亡的；②在抢险救灾等维护国家利益、公共利益活动中受到伤害的；③职工原在军队服役，因战、因公负伤致残，已取得革命伤残军人证，到用人单位后旧伤复发的。

　　按照本条规定，因生产安全事故受到损害的从业人员，除依法享有工伤保险外，依照有关民事法律享有获得赔偿的权利的，有权向本单位提出赔偿要求。这里的"有关民事法律"，是指《中华人民共和国民法通则》、《中华人民共和国合同法》和《中华人民共和国侵权责任法》等。赔偿责任，是指行为人因其行为导致他人财产或人身受到损害时，行为人以自己的财产补偿受害人损失的责任。这是承担民事责任最普遍、适用最广的方式。赔偿的范围，原则上应包括受害人所受的全部实际损失。具体到生产安全事故，如果工伤保险不能补偿从业人员因事故受到的全部损害，同时生产经营单位对事故的发生负有责任的，则从业人员除依法享有工伤保险外，还有权向本单位提出赔偿要求。本条规定意味着，在工伤保险之外，从业人员还有可能获得相应的民事赔偿，以最大限度地补偿其因事故受到的全部损害。实践中有一种观点认为，享受了工伤保险就不能再要求民事赔偿，这是不正确的。

　　第五十四条　从业人员在作业过程中，应当严格遵守本单位的安全生产规章制度和操作规程，服从管理，正确佩戴和使用劳动防护用品。

　　第五十五条　从业人员应当接受安全生产教育和培训，掌握本职工作所需的安全生产知识，提高安全生产技能，增强事故预防和应急处理能力。

　　第五十六条　从业人员发现事故隐患或者其他不安全因素，应当立即向现场安全生产管理人员或者本单位负责人报告；接到报告的人员应当及时予以处理。

　　第五十七条　工会有权对建设项目的安全设施与主体工程同时设计、同时施工、同时投入生产和使用进行监督，提出意见。

　　工会对生产经营单位违反安全生产法律、法规，侵犯从业人员合法权益的行为，有权要求纠正；发现生产经营单位违章指挥、强令冒险作业或者发现事故隐患时，有权提出解决的建议，生产经营单位应当及时研究答复；发现危及从业人员生命安全的情况时，有权向生产经营单位建议组织从业人员撤离危险场所，生产经营单位必须立即作出处理。

工会有权依法参加事故调查，向有关部门提出处理意见，并要求追究有关人员的责任。

解读：本条是关于生产经营单位有义务配合安全生产监督检查人员依法履行监督检查职责的规定。

安全生产监督检查人员依法履行监督检查职责，是代表国家执行公务的行为，具有强制性。生产经营单位必须接受依法进行的监督检查，同时必须提供相应的便利条件，予以积极配合，这样，才能保证监督检查的顺利进行，取得良好的效果。实践中，一些生产经营单位拒绝接受依法进行的监督检查，不允许监督检查人员进入本单位进行检查；还有些生产经营单位对安全生产监督检查人员依法履行监督检查职责不予配合，例如，不向监督检查人员提供有关资料或者有关情况，或者不及时、如实提供有关资料和情况；对监督检查部门作出的一些决定不予执行等；也有的生产经营单位使用种种手段给监督检查设置各种障碍，甚至对监督检查人员使用暴力或者威胁使用暴力，妨碍监督检查的进行。凡此种种，严重影响安全生产监督检查工作的正常进行，不仅损害了法律的权威和尊严，也使生产经营单位在安全生产方面存在的问题不能及时发现和解决，给生产经营单位的安全生产埋下了隐患。针对这种情况，本条明确规定，生产经营单位应当配合安全生产监督检查人员依法履行监督检查职责，不得拒绝、阻挠。这是生产经营单位的一项法定义务。违反这一义务，应当依法承担相应的法律责任；使用暴力拒绝、阻挠监督检查，构成犯罪的，依法追究有关责任人员的刑事责任。

对安全生产监督检查人员依法履行监督检查职责应当予以配合，是指生产经营单位必须为监督检查提供必要的便利条件。例如，应当允许监督检查人员进入本单位进行检查，监督检查人员需要调阅有关资料时，生产经营单位及其有关人员应当及时、如实提供；需要了解有关情况时，生产经营单位应当如实报告；对监督检查中作出的一些决定，如要求纠正安全生产违法行为或者排除事故隐患等，应当认真执行、落实等。

不得拒绝、阻挠监督检查，是指生产经营单位对依法进行的监督检查必须接受，不能以任何借口和理由加以拒绝。同时，也不能以任何手段，设置障碍，阻碍监督检查。

需要注意的是，生产经营单位应当配合的只是安全生产监督检查人员依法履行监督检查职责的行为。所谓"依法履行监督检查职责"是：①监督检查主体必须合法，即检查人员必须是负有安全生产监督管理职责的部门有执法资格的工作人员；②检查内容必须合法，即必须是依照有关安全生产的法律、法规对涉及安全生产的事项进行检查；③手续、程序必须合法，如监督检查人员必须出示有效证件等。对于没有资格的其他人员进行的所谓"检查"，或者有资格的监督检查人员不按法律规定的程序和手续进行的检查，或者以检查为名干扰生产经营单位正常生产经营活动，甚至"吃、拿、卡、要"，谋取个人利益的行为，生产经营单位不仅有权拒绝、抵制，还有权向有关部门检举和控告。

第五十八条 生产经营单位使用被派遣劳动者的，被派遣劳动者享有本法规定的从业人员的权利，并应当履行本法规定的从业人员的义务。

第四章 安全生产的监督管理

第五十九条 县级以上地方各级人民政府应当根据本行政区域内的安全生产状况，组织有关部门按照职责分工，对本行政区域内容易发生重大生产安全事故的生产经营单位进行严格检查。

安全生产监督管理部门应当按照分类分级监督管理的要求，制定安全生产年度监督检查计划，并按照年度监督检查计划进行监督检查，发现事故隐患，应当及时处理。

第六十条 负有安全生产监督管理职责的部门依照有关法律、法规的规定，对涉及安全生产的事项需要审查批准（包括批准、核准、许可、注册、认证、颁发证照等，下同）或者验收的，必须严格依照有关法律、法规和国家标准或者行业标准规定的安全生产条件和程序进行审查；不符合有关法律、法规和国家标准或者行业标准规定的安全生产条件的，不得批准或者验收通过。对未依法取得批准或者验收合格的单位擅自从事有关活动的，负责行政审批的部门发现或者接到举报后应当立即予以取缔，并依法予以处理。对已经依法取得批准的单位，负责行政审批的部门发现其不再具备安全生产条件的，应当撤销原批准。

第六十一条 负有安全生产监督管理职责的部门对涉及安全生产的事项进行审查、验收，不得收取费用；不得要求接受审查、验收的单位购买其指定品牌或者指定生产、销售单位的安全设备、器材或者其他产品。

第六十二条 安全生产监督管理部门和其他负有安全生产监督管理职责的部门依法开展安全生产行政执法工作，对生产经营单位执行有关安全生产的法律、法规和国家标准或者行业标准的情况进行监督检查，行使以下职权：

（一）进入生产经营单位进行检查，调阅有关资料，向有关单位和人员了解情况；

（二）对检查中发现的安全生产违法行为，当场予以纠正或者要求限期改正；对依法应当给予行政处罚的行为，依照本法和其他有关法律、行政法规的规定作出行政处罚决定；

（三）对检查中发现的事故隐患，应当责令立即排除；重大事故隐患排除前或者排除过程中无法保证安全的，应当责令从危险区域内撤出作业人员，责令暂时停产停业或者停止使用相关设施、设备；重大事故隐患排除后，经审查同意，方可恢复生产经营和使用；

（四）对有根据认为不符合保障安全生产的国家标准或者行业标准的设施、设备、器材以及违法生产、储存、使用、经营、运输的危险物品予以查封或者扣押，对违法生产、储存、使用、经营危险物品的作业场所予以查封，并依法作出处理决定。

监督检查不得影响被检查单位的正常生产经营活动。

第六十三条　生产经营单位对负有安全生产监督管理职责的部门的监督检查人员（以下统称安全生产监督检查人员）依法履行监督检查职责，应当予以配合，不得拒绝、阻挠。

第六十四条　安全生产监督检查人员应当忠于职守，坚持原则，秉公执法。

安全生产监督检查人员执行监督检查任务时，必须出示有效的监督执法证件；对涉及被检查单位的技术秘密和业务秘密，应当为其保密。

第六十五条　安全生产监督检查人员应当将检查的时间、地点、内容、发现的问题及其处理情况，作出书面记录，并由检查人员和被检查单位的负责人签字；被检查单位的负责人拒绝签字的，检查人员应当将情况记录在案，并向负有安全生产监督管理职责的部门报告。

第六十六条　负有安全生产监督管理职责的部门在监督检查

中，应当互相配合，实行联合检查；确需分别进行检查的，应当互通情况，发现存在的安全问题应当由其他有关部门进行处理的，应当及时移送其他有关部门并形成记录备查，接受移送的部门应当及时进行处理。

第六十七条　负有安全生产监督管理职责的部门依法对存在重大事故隐患的生产经营单位作出停产停业、停止施工、停止使用相关设施或者设备的决定，生产经营单位应当依法执行，及时消除事故隐患。生产经营单位拒不执行，有发生生产安全事故的现实危险的，在保证安全的前提下，经本部门主要负责人批准，负有安全生产监督管理职责的部门可以采取通知有关单位停止供电、停止供应民用爆炸物品等措施，强制生产经营单位履行决定。通知应当采用书面形式，有关单位应当予以配合。

负有安全生产监督管理职责的部门依照前款规定采取停止供电措施，除有危及生产安全的紧急情形外，应当提前二十四小时通知生产经营单位。生产经营单位依法履行行政决定、采取相应措施消除事故隐患的，负有安全生产监督管理职责的部门应当及时解除前款规定的措施。

解读：本条是关于在紧急情况下赋予负有安全生产监督管理职责的部门相应的行政强制执行权的规定。

本条是2014年修改《安全生产法》时新增加的规定，是修改的"亮点"之一。实践中，一些存在重大事故隐患的生产经营单位，因拒不执行负有安全生产监督管理职责的部门依法做出的相关决定而导致事故的情况时有发生。在有发生事故的现实危险的情况下，如果申请法院强制执行相关决定，难以适应及时有效避免事故发生的紧急要求，客观上需要赋予监管部门相应的行政强制执行权，使其能够及时采取有效措施，强制生产经营单位履行决定，避免事故发生的严重后果。这种强制执行权本质上是一种现场应急处置权，做出这一规定是安全生产监督管理实践经验的总结，具有很强的现实针对性。

1. 赋予监管部门行政强制执行权的条件和程序。本条不是简单的"停水停电"规定。在保障安全生产和不影响生产经营单位正常的生产经营活动之间，必须统筹兼顾和平衡。如果强制执行权被滥用，对生产经营单位会造成很大的影响。因此，本条关于赋予监管部门强制执行权的规定是在严格限定前提条件和实施程序的基础上做出的。适用本条规定，必须同时符合以下条件、程序要求：

（1）生产经营单位存在重大事故隐患。对于不存在重大事故隐患的生产经营单位，不能适用本条规定。

（2）存在重大事故隐患的生产经营单位拒不执行负有安全生产监督管理职责的部门依法做出的相关决定，有发生生产安全事故的现实危险。对存在重大事故隐患的生产经营单位，负有安全生产监督管理职责的部门依法对其做出停产停业、停止使用相关设施或者设备的决定后，生产经营单位应当依法执行，及时采取措施消除事故隐患。生产经营单位做到了这一点，也就没有强制执行的必要。只有在生产经营单位拒不执行相关决定，继续冒险开工、带病作业，有发生事故的现实危险的，才能强制其执行相关决定。如果拒不执行决定的行为并不构成发生事故的现实危险，则不能适用本条规定。对于什么是"有发生生产安全事故的现实危险"，由于存在各种复杂情况，很难在法条中进行具体界定，需要有关部门在实践中予以把握。一般认为，有明显的证据和迹象表明，如果不执行相关决定，事故马上或者很快就会发生，就可以认定为"有发生生产安全事故的现实危险"。

（3）必须在保证安全的前提下才能采取相关强制执行措施。采取强制执行措施必须以保障安全为第一原则。在有的情况下，采取停电等措施反而会加大危险性，比如煤矿井下瓦斯浓度超标时，如果停电造成通风设备无法运转，反而会更危险。因此，适用本条规定必须以确保安全为前提。

（4）需经本部门主要负责人批准。这是采取强制执行措施的程序性要求，目的是保证这项权力慎重、规范地行使。

2. 具体措施。本条规定的强制执行措施主要是通知有关单位停止供电、停止供应民用爆炸物品，目的是"釜底抽薪"，使生产经营活动失去能源动力以及操作必备的物质材料，不得不停产停业、停止施工、停止使用相关设施或者设备。停止供应民用爆炸物品主要适用于矿山、工程施工等常规性使用民用爆炸物品的生产经营单位。由于负有安全生产监督管理职责的部门不是电力或民用爆炸物品的供应单位，只能通知有关单位停止供电或者停止供应民用爆炸物品。这种通知是一种具有执法效力的要求，供电、供应民用爆炸物品的有关单位有积极配合的义务，不能推诿阻碍。同时，这种情况下的停止供电、停止供应民用爆炸物品是协助执法的行为，不承担违约责任。

需要强调的是，停电措施的影响面比较大，应当让生产经营单位有相应的时间进行调整、准备。因此，本条规定，有关部门采取停止供电措施，应当提前24小时通知生产经营单位。客观上，这也是给予生产经营单位主动整改的一个机会，在这段时间内主动执行有关决定的，不再采取强制执行措施。当然，提前24小时通知还存在一个例外情况，如果有危及生产安全的紧急情形的，为了保障人民群众的生命财产安全，负有安全生产监督管理职责的部门可以不通知生产经营单位，直接通知有关单位采取停止供电措施。

3. 强制执行措施的解除。本条所规定的强制执行措施并非是永久性的。如果生产经营单位依法履行了有关行政决定，采取相应措施消除事故隐患，做出强制执行措施决定的部门经核实认为已经满足有关安全生产条件，可以继续生产的，应当及时解除相关措施，避免影响正常生产经营活动。

第六十八条 监察机关依照行政监察法的规定，对负有安全生产监督管理职责的部门及其工作人员履行安全生产监督管理职责实施监察。

第六十九条 承担安全评价、认证、检测、检验的机构应当具备国家规定的资质条件，并对其作出的安全评价、认证、检测、检验的结果负责。

第七十条 负有安全生产监督管理职责的部门应当建立举报制度，公开举报电话、信箱或者电子邮件地址，受理有关安全生产的举报；受理的举报事项经调查核实后，应当形成书面材料；需要落实整改措施的，报经有关负责人签字并督促落实。

第七十一条 任何单位或者个人对事故隐患或者安全生产违法行为，均有权向负有安全生产监督管理职责的部门报告或者举报。

第七十二条 居民委员会、村民委员会发现其所在区域内的生产经营单位存在事故隐患或者安全生产违法行为时，应当向当地人民政府或者有关部门报告。

第七十三条 县级以上各级人民政府及其有关部门对报告重大事故隐患或者举报安全生产违法行为的有功人员，给予奖励。具体奖励办法由国务院安全生产监督管理部门会同国务院财政部门制定。

第七十四条 新闻、出版、广播、电影、电视等单位有进行安全生产公益宣传教育的义务，有对违反安全生产法律、法规的行为进行舆论监督的权利。

第七十五条 负有安全生产监督管理职责的部门应当建立安全生产违法行为信息库，如实记录生产经营单位的安全生产违法行为信息；对违法行为情节严重的生产经营单位，应当向社会公告，并通报行业主管部门、投资主管部门、国土资源主管部门、证券监督管理机构以及有关金融机构。

第五章　生产安全事故的应急救援与调查处理

第七十六条　国家加强生产安全事故应急能力建设，在重点行业、领域建立应急救援基地和应急救援队伍，鼓励生产经营单位和其他社会力量建立应急救援队伍，配备相应的应急救援装备和物资，提高应急救援的专业化水平。

国务院安全生产监督管理部门建立全国统一的生产安全事故应急救援信息系统，国务院有关部门建立健全相关行业、领域的生产安全事故应急救援信息系统。

第七十七条　县级以上地方各级人民政府应当组织有关部门制定本行政区域内生产安全事故应急救援预案，建立应急救援体系。

第七十八条　生产经营单位应当制定本单位生产安全事故应急救援预案，与所在地县级以上地方人民政府组织制定的生产安全事故应急救援预案相衔接，并定期组织演练。

第七十九条　危险物品的生产、经营、储存单位以及矿山、金属冶炼、城市轨道交通运营、建筑施工单位应当建立应急救援组织；生产经营规模较小的，可以不建立应急救援组织，但应当指定兼职的应急救援人员。

危险物品的生产、经营、储存、运输单位以及矿山、金属冶炼、城市轨道交通运营、建筑施工单位应当配备必要的应急救援器材、设备和物资，并进行经常性维护、保养，保证正常运转。

第八十条　生产经营单位发生生产安全事故后，事故现场有关人员应当立即报告本单位负责人。单位负责人接到事故报告后，应当迅速采取有效措施，组织抢救，防止事故扩大，减少人员伤亡和财产损失，并按照国家有关规定立即如实报告当地负有安全生产监督管理职责的部门，不得隐瞒不报、谎报或者不报，不得故意破坏事故现场、毁灭有关证据。

解读：本条是关于生产经营单位有关人员报告生产安全事故及进行事故抢救等责任的规定。

生产经营单位发生生产安全事故后，单位内部有关人员在第一时间报告事故并组织抢救，对于防止事故扩大、减少事故损失至关重要。

1. 事故现场有关人员应当立即向单位负责人报告。生产经营单位发生生产安全事故后，事故现场有关人员，包括有关管理人员以及从业人员等，应当立即向本单位负责人报告，不得拖延，更不能不报，以便本单位负责人能及时组织抢救，并向有关部门报告。本条规定的关键在于要"立即报告"，即第一时间毫不迟延地报告，这是事故现场有关人员不可推卸的责任。

2. 生产经营单位负责人的组织抢救义务、报告义务和其他责任。生产经营单位负责人的重要职责之一就是组织本单位生产安全事故的抢救。因此，接到事故报告后，生产经营单位负责人应当迅速采取有效措施，组织抢救，防止事故扩大，减少人员伤亡和财产损失。这一点非常重要，因为单位负责人最有条件就地在第一时间组织抢救，又熟悉本单位生产经营活动和事故的特点，其迅速组织抢救意义重大。同时，单位负责人要按照国家有关规定立即向当地负有安全生产监管职责的部门如实报告。这里的"国家有关规定"，是指《生产安全事故报告和调查处理条例》《电力安全事故应急处置和调查处理条例》以及《特种设备安全法》、《突发事件应对法》等法律、行政法规。这些法律、行政法规对单位负责人报告事故的时限、程序、内容等做了明确规定。比如，根据《生产安全事故报告和调查处理条例》的规定，单位负责人应在接到报告后1小时内向事故发生地县级以上人民政府安全生产监督管理部门和负有安全生产监督管理职责的有关部门报告。事故报告的内容包括事故发生单位概况，事故发生的时间、地点及事故现场情况，事故的简要经过，事故已经造成或者可能造成的伤亡人数，已经采取的措施以及其他应当报告的情况。单位负责人应当将这些内容全面、如实上报，不得隐瞒不报、谎报或者迟报，以免影响及时组织更有力的抢救工作。此外，单位负责人不得故意破坏事故现场、毁灭有关证据，为将来进行事故调查、确定事故责任制造障碍。否则，就要承担相应的行政责任；构成犯罪的，还要追究其刑事责任。

第八十一条 负有安全生产监督管理职责的部门接到事故报告后，应当立即按照国家有关规定上报事故情况。负有安全生产监督管理职责的部门和有关地方人民政府对事故情况不得隐瞒不报、谎报或者不报。

第八十二条 有关地方人民政府和负有安全生产监督管理职责的部门的负责人接到生产安全事故报告后，应当按照生产安全事故应急救援预案的要求立即赶到事故现场，组织事故抢救。

参与事故抢救的部门和单位应当服从统一指挥，加强协同联动，采取有效的应急救援措施，并根据事故救援的需要采取警戒、疏散等措施，防止事故扩大和次生灾害的发生，减少人员伤亡和财产损失。

事故抢救过程中应当采取必要措施，避免或者减少对环境造成的危害。任何单位和个人都应当支持、配合事故抢救，并提供一切便利条件。

第八十三条 事故调查处理应当按照科学严谨、依法依规、实事求是、注重实效的原则，及时、准确地查清事故原因，查明事故性质和责任，总结事故教训，提出整改措施，并对事故责任者提出处理意见。事故调查报告应当依法及时向社会公布。事故调查和处理的具体办法由国务院制定。

事故发生单位应当及时全面落实整改措施，负有安全生产监督管理职责的部门应当加强监督检查。

第八十四条　生产经营单位发生生产安全事故，经调查确定为责任事故的，除了应当查明事故单位的责任并依法予以追究外，还应当查明对安全生产的有关事项负有审查批准和监督职责的行政部门的责任，对有失职、渎职行为的，依照本法第七十七条的规定追究法律责任。

第八十五条　任何单位和个人不得阻挠和干涉对事故的依法调查处理。

第八十六条　县级以上地方各级人民政府安全生产监督管理部门应当定期统计分析本行政区域内发生生产安全事故的情况，并定期向社会公布。

第六章　法律责任

第八十七条　负有安全生产监督管理职责的部门的工作人员，有下列行为之一的，给予降级或者撤职的处分；构成犯罪的，依照刑法有关规定追究刑事责任：

（一）对不符合法定安全生产条件的涉及安全生产的事项予以批准或者验收通过的；

（二）发现未依法取得批准、验收的单位擅自从事有关活动或者接到举报后不予取缔或者不依法予以处理的；

（三）对已经依法取得批准的单位不履行监督管理职责，发现其不再具备安全生产条件而不撤销原批准或者发现安全生产违法行为不予查处的；

（四）在监督检查中发现重大事故隐患，不依法及时处理的。

负有安全生产监督管理职责的部门的工作人员有前款规定以外的滥用职权、玩忽职守、徇私舞弊行为的，依法给予处分；构成犯罪的，依照刑法有关规定追究刑事责任。

第八十八条 负有安全生产监督管理职责的部门，要求被审查、验收的单位购买其指定的安全设备、器材或者其他产品的，在对安全生产事项的审查、验收中收取费用的，由其上级机关或者监察机关责令改正，责令退还收取的费用；情节严重的，对直接负责的主管人员和其他直接责任人员依法给予处分。

第八十九条 承担安全评价、认证、检测、检验工作的机构，出具虚假证明的，没收违法所得；违法所得在十万元以上的，并处违法所得二倍以上五倍以下的罚款；没有违法所得或者违法所得不足十万元的，单处或者并处十万元以上二十万元以下的罚款；对其直接负责的主管人员和其他直接责任人员处二万元以上五万元以下的罚款；给他人造成损害的，与生产经营单位承担连带赔偿责任；构成犯罪的，依照刑法有关规定追究刑事责任。

对有前款违法行为的机构，吊销其相应资质。

第九十条 生产经营单位的决策机构、主要负责人或者个人经营的投资人不依照本法规定保证安全生产所必需的资金投入，致使生产经营单位不具备安全生产条件的，责令限期改正，提供必需的资金；逾期未改正的，责令生产经营单位停产停业整顿。

有前款违法行为，导致发生生产安全事故的，对生产经营单位的主要负责人给予撤职处分，对个人经营的投资人处二万元以上二十万元以下的罚款；构成犯罪的，依照刑法有关规定追究刑事责任。

第九十一条 生产经营单位的主要负责人未履行本法规定的安全生产管理职责的，责令限期改正；逾期未改正的，处二万元以上五万元以下的罚款，责令生产经营单位停产停业整顿。

生产经营单位的主要负责人有前款违法行为，导致发生生产安全事故的，给予撤职处分；构成犯罪的，依照刑法有关规定追究刑事责任。

生产经营单位的主要负责人依照前款规定受刑事处罚或者撤职处分的，自刑罚执行完毕或者受处分之日起，五年内不得担任任何生产经营单位的主要负责人；对重大、特别重大生产安全事故负有责任的，终身不得担任本行业生产经营单位的主要负责人。

第九十二条　生产经营单位的主要负责人未履行本法规定的安全生产管理职责，导致发生生产安全事故的，由安全生产监督管理部门依照下列规定处以罚款：

（一）发生一般事故的，处上一年年收入百分之三十的罚款；

（二）发生较大事故的，处上一年年收入百分之四十的罚款；

（三）发生重大事故的，处上一年年收入百分之六十的罚款；

（四）发生特别重大事故的，处上一年年收入百分之八十的罚款。

第九十三条　生产经营单位的安全生产管理人员未履行本法规定的安全生产管理职责的，责令限期改正；导致发生生产安全事故的，暂停或者撤销其与安全生产有关的资格；构成犯罪的，依照刑法有关规定追究刑事责任。

第九十四条　生产经营单位有下列行为之一的，责令限期改正，可以处五万元以下的罚款；逾期未改正的，责令停产停业整顿，并处五万元以上十万元以下的罚款，对其直接负责的主管人员和其他直接责任人员处一万元以上二万元以下的罚款：

（一）未按照规定设置安全生产管理机构或者配备安全生产管理人员的；

（二）危险物品的生产、经营、储存单位以及矿山、金属冶炼、建筑施工、道路运输单位的主要负责人和安全生产管理人员未按照规定经考核合格的；

（三）未按照规定对从业人员、被派遣劳动者、实习学生进行安全生产教育和培训，或者未按照规定如实告知有关的安全生产事项的；

（四）未如实记录安全生产教育和培训情况的；

（五）未将事故隐患排查治理情况如实记录或者未向从业人员通报的；

（六）未按照规定制定生产安全事故应急救援预案或者未定期组织演练的；

（七）特种作业人员未按照规定经专门的安全作业培训并取得相应资格，上岗作业的。

第九十五条 生产经营单位有下列行为之一的，责令停止建设或者停产停业整顿，限期改正；逾期未改正的，处五十万元以上一百万元以下的罚款，对其直接负责的主管人员和其他直接责任人员处二万元以上五万元以下的罚款；构成犯罪的，依照刑法有关规定追究刑事责任：

（一）未按照规定对矿山、金属冶炼建设项目或者用于生产、储存、装卸危险物品的建设项目进行安全评价的；

（二）矿山、金属冶炼建设项目或者用于生产、储存、装卸危险物品的建设项目没有安全设施设计或者安全设施设计未按照规定报经有关部门审查同意的；

（三）矿山、金属冶炼建设项目或者用于生产、储存、装卸危险物品的建设项目的施工单位未按照批准的安全设施设计施工的；

（四）矿山、金属冶炼建设项目或者用于生产、储存危险物品的建设项目竣工投入生产或者使用前，安全设施未经验收合格的。

第九十六条 生产经营单位有下列行为之一的，责令限期改正，可以处五万元以下的罚款；逾期未改正的，处五万元以上二十万元以下的罚款，对其直接负责的主管人员和其他直接责任人员处一万元以上二万元以下的罚款；情节严重的，责令停产停业整顿；构成犯罪的，依照刑法有关规定追究刑事责任：

（一）未在有较大危险因素的生产经营场所和有关设施、设备上设置明显的安全警示标志的；

（二）安全设备的安装、使用、检测、改造和报废不符合国家标准或者行业标准的；

（三）未对安全设备进行经常性维护、保养和定期检测的；

（四）未为从业人员提供符合国家标准或者行业标准的劳动防护用品的；

（五）危险物品的容器、运输工具，以及涉及人身安全、危险性较大的海洋石油开采特种设备和矿山井下特种设备未经具有专业资质的机构检测、检验合格，取得安全使用证或者安全标志，投入使用的；

（六）使用应当淘汰的危及生产安全的工艺、设备的。

第九十七条 未经依法批准，擅自生产、经营、运输、储存、使用危险物品或者处置废弃危险物品的，依照有关危险物品安全管理的法律、行政法规的规定予以处罚；构成犯罪的，依照刑法有关规定追究刑事责任。

第九十八条 生产经营单位有下列行为之一的，责令限期改正，可以处十万元以下的罚款；逾期未改正的，责令停产停业整顿，并处十万元以上二十万元以下的罚款，对其直接负责的主管人员和其他直接责任人员处二万元以上五万元以下的罚款；构成犯罪的，依照刑法有关规定追究刑事责任：

（一）生产、经营、运输、储存、使用危险物品或者处置废弃危险物品，未建立专门安全管理制度、未采取可靠的安全措施的；

（二）对重大危险源未登记建档，或者未进行评估、监控，或者未制定应急预案的；

（三）进行爆破、吊装以及国务院安全生产监督管理部门会同国务院有关部门规定的其他危险作业，未安排专门人员进行现场安全管理的；

（四）未建立事故隐患排查治理制度的。

第九十九条　生产经营单位未采取措施消除事故隐患的，责令立即消除或者限期消除；生产经营单位拒不执行的，责令停产停业整顿，并处十万元以上五十万元以下的罚款，对其直接负责的主管人员和其他直接责任人员处二万元以上五万元以下的罚款。

第一百条　生产经营单位将生产经营项目、场所、设备发包或者出租给不具备安全生产条件或者相应资质的单位或者个人的，责令限期改正，没收违法所得；违法所得十万元以上的，并处违法所得二倍以上五倍以下的罚款；没有违法所得或者违法所得不足十万元的，单处或者并处十万元以上二十万元以下的罚款；对其直接负责的主管人员和其他直接责任人员处一万元以上二万元以下的罚款；导致发生生产安全事故给他人造成损害的，与承包方、承租方承担连带赔偿责任。

生产经营单位未与承包单位、承租单位签订专门的安全生产管理协议或者未在承包合同、租赁合同中明确各自的安全生产管理职责，或者未对承包单位、承租单位的安全生产统一协调、管理的，责令限期改正，可以处五万元以下的罚款，对其直接负责的主管人员和其他直接责任人员可以处一万元以下的罚款；逾期未改正的，责令停产停业整顿。

解读：本条是关于生产经营单位在生产经营项目、场所、设备发包或者出租过程中违反安全生产管理义务的法律责任的规定。

1. 承担法律责任的主体。本条规定的承担法律责任的主体是生产经营单位及其直接负责的主管人员和其他直接责任人员。

2. 承担法律责任的违法行为。本条规定的违法行为有两种：

（1）生产经营单位将生产经营项目、场所、设备发包或者出租给不具备安全生产条件或者相应资质的单位或者个人。

（2）生产经营单位未与承包单位、承租单位签订专门的安全生产管理协议或者未在承包合同、租赁合同中明确各自的安全生产管理职责，或者未对承包单位、承租单位的安全生产进行统一协调、管理。

3.责任形式。本条规定的责任形式有：

（1）行政责任。生产经营单位将生产经营项目、场所、设备发包或者出租给不具备安全生产条件或者相应资质的单位或者个人的，对生产经营单位责令限期改正，没收违法所得；违法所得10万元以上的，并处违法所得两倍以上5倍以下的罚款；没有违法所得或者违法所得不足10万元的，单处或者并处10万元以上20万元以下的罚款；对直接负责的主管人员和其他直接责任人员可以处1万元以上2万元以下的罚款。

生产经营单位未与承包单位、承租单位签订专门的安全生产管理协议或者未在承包合同、租赁合同中明确各自的安全生产管理职责，或者未对承包单位、承租单位的安全生产统一协调、管理的，责令限期改正，可以处5万元以下的罚款，对其直接负责的主管人员和其他直接责任人员可以处1万元以下的罚款；逾期未改正的，责令生产经营单位停产停业整顿。

需要说明的是，为了进一步加大对违法行为的处罚力度，本次《安全生产法》修改中，一是，提高了对生产经营单位将生产经营项目、场所、设备发包或者出租给不具备安全生产条件或者相应资质的单位这一违法行为的处罚力度，将"违法所得五万元以上的，并处违法所得一倍以上五倍以下的罚款；没有违法所得或者违法所得不足五万元的，单处或者并处一万元以上五万元以下的罚款"，提高至"违法所得十万元以上的，并处违法所得二倍以上五倍以下的罚款；没有违法所得或者违法所得不足十万元的，单处或者并处十万元以上二十万元以下的罚款"。同时增加生产经营单位有关责任人员的法律责任，对其直接负责的主管人员和其他直接责任人员处 1 万元以上 2 万元以下的罚款。二是，对生产经营单位未与承包单位、承租单位签订专门的安全生产管理协议或者未在承包合同、租赁合同中明确各自的安全生产管理职责，或者未对承包单位、承租单位的安全生产统一协调、管理的，在责令限期改正的同时，增加规定可以视情节对生产经营单位处 5 万元以下罚款，对单位直接负责的主管人员和其他直接责任人员可以处 1 万元以上 2 万元以下的罚款。

（2）民事责任。生产经营单位将生产经营项目、场所、设备发包或者出租给不具备安全生产条件或者相应资质的单位或者个人，导致发生生产安全事故，并给他人造成损害时，应当承担民事责任。违法行为尚未导致发生危害后果或者虽然导致发生危害后果，但并未给他人造成损害，生产经营单位只承担行政责任。只有当违法行为引起生产安全事故发生，并导致他人利益受损时才需要承担民事责任。本条规定的民事责任是连带赔偿责任，即生产经营单位应当与承包方、承租方承担连带赔偿责任。不具备安全生产条件或资质条件的承包、承租单位或者个人是直接施害方，应当依照有关民事法律的规定承担民事责任。生产经营单位的违法行为间接导致了事故发生，应当与其共同承担赔偿责任。依照有关民事法律规定，共同承担责任有分别承担责任和连带承担责任两种方式，本条规定了较为严格的连带责任方式，即受害人可以要求生产经营单位与承包、承租单位之间的任何一方先行承担全部或者部分赔偿责任，被要求承担责任的主体都必须予以赔偿。偿付受害人后，承担责任的一方可以向另一方追偿。

第一百零一条 两个以上生产经营单位在同一作业区域内进行可能危及对方安全生产的生产经营活动，未签订安全生产管理协议或者未指定专职安全生产管理人员进行安全检查与协调的，责令限期改正，可以处五万元以下的罚款，对其直接负责的主管人员和其他直接责任人员可以处一万元以下的罚款；逾期未改正的，责令停产停业。

第一百零二条　生产经营单位有下列行为之一的，责令限期改正，可以处五万元以下的罚款，对其直接负责的主管人员和其他直接责任人员可以处一万元以下的罚款；逾期未改正的，责令停产停业整顿；构成犯罪的，依照刑法有关规定追究刑事责任：

（一）生产、经营、储存、使用危险物品的车间、商店、仓库与员工宿舍在同一座建筑内，或者与员工宿舍的距离不符合安全要求的；

（二）生产经营场所和员工宿舍未设有符合紧急疏散需要、标志明显、保持畅通的出口，或者锁闭、封堵生产经营场所或者员工宿舍出口的。

第一百零三条　生产经营单位与从业人员订立协议，免除或者减轻其对从业人员因生产安全事故伤亡依法应承担的责任的，该协议无效；对生产经营单位的主要负责人、个人经营的投资人处二万元以上十万元以下的罚款。

解读：本条是关于生产经营单位与从业人员签订免责协议应承担的法律责任的规定。

1. 承担法律责任的主体。本条规定的承担法律责任的主体是生产经营单位的主要负责人以及个人经营的投资人，而不是生产经营单位。与从业人员签订"生死合同"的是生产经营单位，在法理上，似乎应由生产经营单位承担法律责任。本条之所以规定由生产经营单位的主要负责人或者个人经营的投资人承担责任，主要有以下几个方面的考虑：一是，生产经营单位的主要负责人和个人经营的投资人是生产经营单位的决策者，与从业人员签订"生死合同"的虽然是生产经营单位，但该行为往往体现的是生产经营单位的主要负责人或个人经营的投资人的意志，是在负责人或投资人的授意下发生的。有些单位负责人和投资人虽没有直接授意签订此类协议，但对于协议是知情或者默许的。二是，由于单位的经济实力较强，仅仅对单位进行行政处罚，效果并不明显。三是，要强化生产经营单位主要负责人和个人经营投资人的责任意识，敦促其依法办事，杜绝此类事件的发生。

2. 承担法律责任的违法行为。生产经营单位与从业人员签订的免除其赔偿责任的协议，民间俗称"生死合同"。从业人员是生产经营单位的职工，单位有义务提供良好的安全生产条件，保障从业人员的生命安全。生产安全事故发生后，生产经营单位根据本法和其他有关民事法律的规定，应当承担相应的赔偿责任的，必须依法赔偿。法律关于本项义务的规定是强制性规定，生产经营单位必须遵守，不得通过任何形式加以逃避。生产经营单位利用从业人员对自身权利不知情或者害怕失去工作机会的心理，强迫与其签订"生死合同"的违法行为，实际上是一种乘人之危或者欺诈行为，动机极其恶劣，不仅触犯本法和其他有关安全生产法律、法规，也违反了民法与合同法的有关规定。

3. 责任形式。本条规定的责任形式是行政处罚，即对生产经营单位的主要负责人、个人经营的投资人处二万元以上十万元以下的罚款。

4. 民法（合同法）上的法律后果。本条还规定了生产经营单位与从业人员签订的免除或者减轻其对从业人因生产安全事故伤亡依法应承担的责任的协议无效。这虽然不是一种法律责任，但同样非常重要，明确否定了此类协议的法律效力。合同法规定，违反法律、行政法规的强制性规定的合同无效。免除或者减轻生产经营单位对从业人员因生产安全事故受到伤害依法应承担的责任的协议，因其违反关于安全生产的法律、行政法规的强制性规定，属于无效合同，对双方当事人不发生法律效力。

第一百零四条　生产经营单位的从业人员不服从管理，违反安全生产规章制度或者操作规程的，由生产经营单位给予批评教育，依照有关规章制度给予处分；构成犯罪的，依照刑法有关规定追究刑事责任。

第一百零五条　违反本法规定，生产经营单位拒绝、阻碍负有安全生产监督管理职责的部门依法实施监督检查的，责令改正；拒不改正的，处二万元以上二十万元以下的罚款；对其直接负责的主管人员和其他直接责任人员处一万元以上二万元以下的罚款；构成犯罪的，依照刑法有关规定追究刑事责任。

第一百零六条　生产经营单位的主要负责人在本单位发生生产安全事故时，不立即组织抢救或者在事故调查处理期间擅离职守或者逃匿的，给予降级、撤职的处分，并由安全生产监督管理部门处上一年年收入百分之六十至百分之一百的罚款；对逃匿的处十五日以下拘留；构成犯罪的，依照刑法有关规定追究刑事责任。

生产经营单位的主要负责人对生产安全事故隐瞒不报、谎报或者迟报的，依照前款规定处罚。

第一百零七条　有关地方人民政府、负有安全生产监督管理职责的部门，对生产安全事故隐瞒不报、谎报或者不报的，对直接负责的主管人员和其他直接责任人员依法给予处分；构成犯罪的，依照刑法有关规定追究刑事责任。

第一百零八条　生产经营单位不具备本法和其他有关法律、行政法规和国家标准或者行业标准规定的安全生产条件，经停产停业整顿仍不具备安全生产条件的，予以关闭；有关部门应当依法吊销其有关证照。

第一百零九条　发生生产安全事故，对负有责任的生产经营单位除要求其依法承担相应的赔偿等责任外，由安全生产监督管理部门依照下列规定处以罚款：

（一）发生一般事故的，处二十万元以上五十万元以下的罚款；

（二）发生较大事故的，处五十万元以上一百万元以下的罚款；

（三）发生重大事故的，处一百万元以上五百万元以下的罚款；

（四）发生特别重大事故的，处五百万元以上一千万元以下的罚款；情节特别严重的，处一千万元以上二千万元以下的罚款。

第一百一十条　本法规定的行政处罚，由安全生产监督管理部门和其他负有安全生产监督管理职责的部门按照职责分工决定。予以关闭的行政处罚由负有安全生产监督管理职责的部门报请县级以上人民政府按照国务院规定的权限决定；给予拘留的行政处罚由公安机关依照治安管理处罚法的规定决定。

第一百一十一条　生产经营单位发生生产安全事故造成人员伤亡、他人财产损失的，应当依法承担赔偿责任；拒不承担或者其负责人逃匿的，由人民法院依法强制执行。

生产安全事故的责任人未依法承担赔偿责任，经人民法院依法采取执行措施后，仍不能对受害人给予足额赔偿的，应当继续履行赔偿义务；受害人发现责任人有其他财产的，可以随时请求人民法院执行。

第七章　附　则

第一百一十二条　本法下列用语的含义：危险物品，是指易燃易爆物品、危险化学品、放射性物品等能够危及人身安全和财产安全的物品。

重大危险源，是指长期地或者临时地生产、搬运、使用或者储存危险物品，且危险物品的数量等于或者超过临界量的单元（包括场所和设施）。

第一百一十三条　本法规定的生产安全一般事故、较大事故、重大事故、特别重大事故的划分标准由国务院规定。

国务院安全生产监督管理部门和其他负有安全生产监督管理职责的部门应当根据各自的职责分工，制定相关行业、领域重大事故隐患的判定标准。

第一百一十四条　本法自 2014 年 12 月 1 日起施行。

2. 中华人民共和国矿山安全法

第一章 总 则

第一条 为了保障矿山生产安全，防止矿山事故，保护矿山职工人身安全，促进采矿业的发展，制订本法。

第二条 在中华人民共和国领域和中华人民共和国管辖的其他海域从事矿山产资源开采活动，必须遵守本法。

第三条 矿山企业必须具有保障安全生产的设施，建立、健全安全管理制度，采取有效措施改善职工劳动条件，加强矿山安全管理工作，保证安全生产。

第四条 国务院劳动行政主管部门对全国矿山安全工作实施统一监督。县级以上地方各级人民政府劳动行政主管部门对本行政区域内的矿山安全工作实施统一监督。

县级以上人民政府管理矿山企业的主管部门对矿山安全工作进行管理。

第五条 国家鼓励矿山安全科学技术研究，推广先进技术，改进安全设施，提高矿山安全生产水平。

第六条 对坚持矿山安全生产，防止矿山事故，参加矿山抢险救护，进行矿山安全科学技术研究等方面取得显著成绩的单位和个人，给予奖励。

第二章 矿山建设的安全保障

第七条 矿山建设工程的安全设施必须和主体工程同时设计、

同时施工、同时投入生产和使用。

第八条　矿山建设工程的设计文件，必须符合矿山安全规程和行业技术规范，并按照国家规定经管理矿山企业的主管部门批准；不符合矿山安全规程和行业技术规范的，不得批准。

矿山建设工程安全设施的设计必须有劳动行政主管部门参加审查。

矿山安全规程和行业技术规范，由国务院管理矿山企业的主管部门制定。

第九条　矿山设计下列项目必须符合矿山安全规程和行业技术规范：

（一）矿井的通风系统和供风量、风质、风速；

（二）露天矿的边坡角和台阶的宽度、高度；

（三）供电系统；

（四）提升、运输系统；

（五）防水、排水系统和防火、灭火系统；

（六）防瓦斯系统和防尘系统；

（七）有关矿山安全的其他项目。

第十条　每个矿井必须有两个以上能行人的安全出口，出口之间的直线水平距离必须符合矿山安全规程和行业技术规范。

第十一条　矿山必须有与外界相通的、符合安全要求的运输和通信设施。

第十二条　矿山建设工程必须按照管理矿山企业的主管部门批准的设计文件施工。

矿山建设工程安全设施竣工后，由管理矿山企业的主管部门验收，并须有劳动行政主管部门参加；不符合矿山安全规程和行业技术规范的，不得验收，不得投入生产；

第三章　矿山开采的安全保障

第十三条　矿山开采必须具备保障安全生产的条件，执行开采不同矿种的矿山安全规程和行业技术规范。

第十四条　矿山设计规定保留的矿柱、岩柱，在规定的期限内，应当予以保护，不得开采或者毁坏。

第十五条　矿山使用的有特殊安全要求的设备、器材、防护用品和安全检测仪器，必须符合国家安全标准或者行业安全标准；不符合国家安全标准或者行业安全标准的，不得使用。

第十六条　矿山企业必须对机电设备及其防护装置、安全检测仪器，定期检查、维修，保证使用安全。

第十七条　矿山企业必须对作业场所中的有毒有害物质和井下空气含氧量进行检测，保证复合安全要求。

第十八条　矿山企业必须对下列危害安全的事故隐患采取预防措施：

（一）冒顶、片帮、边坡滑落和地表塌陷；

（二）瓦斯爆炸、煤尘爆炸；

（三）冲击地压、瓦斯突出、井喷；

（四）地面和井下的火灾、水灾；

（五）爆破器材和爆破作业发生的危害；

（六）粉尘、有毒有害气体、放射性物质和其他有害物质引起的危害；

（七）其他危害。

第十九条　矿山企业对使用机械、电气设备，排土场矸石山、尾矿库和矿山闭坑后可能引起的危害，应当采取预防措施。

第四章　矿山企业的安全管理

第二十条　矿山企业必须建立、健全安全生产责任制。

矿长对本企业的安全生产工作负责。

第二十一条　矿长应当定期向职工代表大会或者职工大会报告安全生产工作，发挥职工代表大会的监督作用。

第二十二条　矿山企业职工必须遵守有关矿山安全的法律、法规和企业规章制度。

矿山企业职工有权对危害安全的行为，提出批评、检举和控告。

第二十三条　矿山企业工会依法维护职工生产安全的合法权益，组织职工对矿山安全工作进行监督。

第二十四条　矿山企业违反有关安全的法律、法规、工会有权要求企业行政方面或者有关部门认真处理。

矿山企业召开讨论有关安全生产的会议，应当有工会代表参加，工会有权提出意见和建议。

第二十五条　矿山企业工会发现企业行政方面违章指挥、强令工人冒险作业或者生产过程中发现明显重大事故隐患和职业危害，有权提出解决的建议；发现危及职工生命安全的情况时，有权向矿山企业行政方面建议组织职工撤离危险现场，矿山企业行政方面必须及时作出处理决定。

第二十六条　矿山企业必须对职工进行安全教育、培训；未经安全教育、培训的，不得上岗作业。

矿山企业安全生产的特种作业人员必须接受专门培训，经考核合格缺德操作资格证书的，方可上岗作业。

第二十七条　矿长必须经过考核，具备安全专业知识，具有领导安全生产和处理矿山事故的能力。

矿山企业安全工作人员必须具备必要的安全专业知识和矿山安全工作经验。

第二十八条 矿山企业必须向职工发放保障安全生产所需的劳动防护用品。

第二十九条 矿山企业不得录用未成年人从事矿山井下劳动。

矿山企业对女职工按照国家规定实行特殊劳动保护，不得分配女职工从事矿山井下劳动。

第三十条 矿山企业必须制定矿山事故防范措施，并组织落实。

第三十一条 矿山企业应当建立由专职或者兼职人员组成的救护和医疗急救组织，配备必要的装备、器材和药物。

第三十二条 矿山企业必须从矿产销售额中按照国家规定提取安全技术措施专项费用。安全技术措施专项费用必须全部用于改善矿山安全生产条件，不得挪用他用。

第五章　矿山安全的监督和管理

第三十三条 县级以上各级人民政府劳动行政主管部门对矿山安全工作行使下列监督职责：

（一）检查矿山企业和管理企业的主管部门贯彻执行矿山安全法律、法规的情况；

（二）参加矿山建设工程安全设施的设计审查和竣工验收；

（三）检查矿山劳动条件和安全状况；

（四）检查矿山企业职工安全教育、培训工作；

（五）监督矿山企业提取和使用安全技术措施专项费用的情况；

（六）参加并监督矿山事故的调查和处理；

（七）法律、行政法规规定的其他监督职责。

第三十四条 县级以上人民政府管理矿山企业的主管部门对

矿山安全工作行使下列管理职责：

（一）检查矿山企业贯彻执行矿山安全法律、法规的情况；

（二）审查批准矿山建设工程安全设施的设计；

（三）负责矿山建设工程安全设施的竣工验收；

（四）组织矿长和矿山企业安全工作人员的培训工作；

（五）调查和处理重大矿山事故；

（六）法律、行政法规规定的其他管理职责。

第三十五条　劳动行政主管部门的矿山安全监督人员有权进入矿山企业，在现场检查安全状况；发现有危及职业安全的紧急隐情时，应当要求矿山企业立即处理。

第六章　矿山事故处理

第三十六条　发生矿山事故，矿山企业必须立即组织抢救，防止事故扩大，减少人员伤亡和财产损失，对伤亡事故必须立即如实报告劳动行政主管部门和管理矿山企业的主管部门。

第三十七条　发生一般矿山事故，由矿山企业负责调查和处理。

发生重大矿山事故，由政府及其有关部门、工会和矿山企业按照行政法规的规定进行调查和处理。

第三十八条　矿山企业对矿山事故中伤亡的职工按照国家规定给予抚恤或者补偿。

第三十九条　矿山事故发生后，应当尽快消除现场危险，查明事故原因，提出防范措施。现场危险消除后，方可恢复生产。

第七章　法律责任

第四十条　违反本法规定，有下列行为之一的，由劳动行政主管部门责令改正，可以并处罚款；情节严重的，提请县级以上人民政府决定责令停产整顿；对主管人员和直接责任人员由其所在单位或者上级主管机关给予行政处分：

（一）未对职工进行安全教育、培训，分配职工上岗作业的；

（二）使用不符合国家安全标准或者行业安全标准的设备、器材、防护用品、安全检测仪器的；

（三）未按照规定提取或者使用安全技术措施装箱费用的；

（四）拒绝矿山安全监督人员现场检查或者在被检查时隐瞒事故隐患、不如实反映情况的；

（五）未按照规定及时、如实报告矿山事故的。

第四十一条 矿长不具备安全专业知识的，安全生产的特种作业人员未取得操作资格证书上岗作业的，由劳动行政主管部门责令限期改正，提请县级以上人民政府决定责令停产，调整配备合格人员后，方可恢复生产。

第四十二条 矿山建设工程安全设施的设计未经批准擅自施工的，由管理矿山企业的主管部门责令停止施工；拒不执行的，由管理矿山企业的主管部门提请县级以上人民政府决定由有关主管部门吊销其采矿许可证和营业执照。

第四十三条 矿山建设工程的安全设施未经验收或者验收不合格擅自投入生产的，由劳动行政主管部门会同管理矿山企业的主管部门责令停止生产，并由劳动行政主管部门处以罚款；拒不停止生产的，由劳动行政主管部门提请县级以上人民政府决定由有关主管部门吊销其采矿许可证和营业执照。

第四十四条 已经投入生产的矿山企业，不具备安全生产条件而强行开采的，由劳动行政主管部门会同管理矿山企业的主管部门责令限期改进，逾期仍不具备安全生产条件的，由劳动行政主管部门提请县级以上人民政府决定责令停产整顿或者由有关主管部门吊销其采矿许可证或者营业执照。

第四十五条 当事人对行政处罚决定不服的，可以在接到处罚决定通知之日起十五日内向作出处罚决定的机关的上一级机关申请复议；当事人也可以在接到处罚决定通知之日起十五日内直接向人民法院起诉。

复议机关应当在接到复议申请之日起六十日内作出复议决定。当事人对复议决定不服的，可以在接到复议决定之日起十五日内向人民法院起诉。复议机关逾期不作出复议决定的，当事人可以在复议期满之日起十五内向人民法院起诉。

当事人逾期不申请复议也不向人民法院起诉、又不履行处罚决定的，作出处罚决定的机关可以申请人民法院强制执行。

第四十六条 矿山企业主管人员违章指挥、强令工人冒险作业，因而发生重大伤亡事故的，依照刑法有关规定追究刑事责任。

第四十七条 矿山企业主管人员对矿山事故隐患不采取措施，因而发生重大伤亡事故的，依照刑法有关规定追究刑事责任。

第四十八条 矿山安全监督人员和安全管理人员滥用职权、玩忽职守、徇私舞弊，构成犯罪的，依法追究刑事责任；不构成犯罪的，给予行政处分。

第八章 附 则

第四十九条 国务院劳动行政主管部门根据本法制定实施条例，报国务院批准施行。

省、自治区、直辖市人民代表大会常务委员会可以根据本法和本地区的实际情况，制定实施办法。

第五十条 本法自 1993 年 5 月 1 日起施行。

3. 中华人民共和国建筑法

第一章 总 则

第一条 为了加强对建筑活动的监督管理，维护建筑市场秩序，保证建筑工程的质量和安全，促进建筑业健康发展，制定本法。

第二条 在中华人民共和国境内从事建筑活动，实施对建筑活动的监督管理，应当遵守本法。

本法所称建筑活动，是指各类房屋建筑及其附属设施的建造和与其配套的线路、管道、设备的安装活动。

第三条 建筑活动应当确保建筑工程质量和安全，符合国家的建筑工程安全标准。

第四条 国家扶持建筑业的发展，支持建筑科学技术研究，提高房屋建筑设计水平，鼓励节约能源和保护环境，提倡采用先进技术、先进设备、先进工艺、新型建筑材料和现代管理方式。

第五条 从事建筑活动应当遵守法律、法规，不得损害社会公共利益和他人的合法权益。

任何单位和个人都不得妨碍和阻挠依法进行的建筑活动。

第六条 国务院建设行政主管部门对全国的建筑活动实施统一监督管理。

第二章 建筑许可

第一节 建筑工程施工许可

第七条 建筑工程开工前，建设单位应当按照国家有关规定向工程所在地县级以上人民政府建设行政主管部门申请领取施工许可证；但是，国务院建设行政主管部门确定的限额以下的小型工程除外。

按照国务院规定的权限和程序批准开工报告的建筑工程，不再领取施工许可证。

第八条 申请领取施工许可证，应当具备下列条件：

（一）已经办理该建筑工程用地批准手续；

（二）在城市规划区的建筑工程，已经取得规划许可证；

（三）需要拆迁的，其拆迁进度符合施工要求；

（四）已经确定建筑施工企业；

（五）有满足施工需要的施工图纸及技术资料；

（六）有保证工程质量和安全的具体措施；

（七）建设资金已经落实；

（八）法律、行政法规规定的其他条件。

建设行政主管部门应当自收到申请之日起十五日内，对符合条件的申请颁发施工许可证。

第九条 建设单位应当自领取施工许可证之日起三个月内开工。因故不能按期开工的，应当向发证机关申请延期；延期以两次为限，每次不超过三个月。既不开工又不申请延期或者超过延期时限的，施工许可证自行废止。

第十条 在建的建筑工程因故中止施工的，建设单位应当自中止施工之日起一个月内，向发证机关报告，并按照规定做好建筑工程的维护管理工作。

建筑工程恢复施工时，应当向发证机关报告；中止施工满一年的工程恢复施工前，建设单位应当报发证机关核验施工许可证。

第十一条　按照国务院有关规定批准开工报告的建筑工程，因故不能按期开工或者中止施工的，应当及时向批准机关报告情况。因故不能按期开工超过六个月的，应当重新办理开工报告的批准手续。

第二节　从业资格

第十二条　从事建筑活动的建筑施工企业、勘察单位、设计单位和工程监理单位，应当具备下列条件：

（一）有符合国家规定的注册资本；

（二）有与其从事的建筑活动相适应的具有法定执业资格的专业技术人员；

（三）有从事相关建筑活动所应有的技术装备；

（四）法律、行政法规规定的其他条件。

第十三条　从事建筑活动的建筑施工企业、勘察单位、设计单位和工程监理单位，按照其拥有的注册资本、专业技术人员、技术装备和已完成的建筑工程业绩等资质条件，划分为不同的资质等级，经资质审查合格，取得相应等级的资质证书后，方可在其资质等级许可的范围内从事建筑活动。

第十四条　从事建筑活动的专业技术人员，应当依法取得相应的执业资格证书，并在执业资格证书许可的范围内从事建筑活动。

第三章　建筑工程发包与承包

第一节　一般规定

第十五条　建筑工程的发包单位与承包单位应当依法订立书面合同，明确双方的权利和义务。

发包单位和承包单位应当全面履行合同约定的义务。不按照合同约定履行义务的，依法承担违约责任。

第十六条　建筑工程发包与承包的招标投标活动，应当遵循公开、公正、平等竞争的原则，择优选择承包单位。

建筑工程的招标投标，本法没有规定的，适用有关招标投标法律的规定。

第十七条　发包单位及其工作人员在建筑工程发包中不得收受贿赂、回扣或者索取其他好处。

承包单位及其工作人员不得利用向发包单位及其工作人员行贿、提供回扣或者给予其他好处等不正当手段承揽工程。

第十八条　建筑工程造价应当按照国家有关规定，由发包单位与承包单位在合同中约定。公开招标发包的，其造价的约定，须遵守招标投标法律的规定。

发包单位应当按照合同的约定，及时拨付工程款项。

第二节　发　包

第十九条　建筑工程依法实行招标发包，对不适于招标发包的可以直接发包。

第二十条　建筑工程实行公开招标的，发包单位应当依照法定程序和方式，发布招标公告，提供载有招标工程的主要技术要求、主要的合同条款、评标的标准和方法以及开标、评标、定标的程序等内容的招标文件。

开标应当在招标文件规定的时间、地点公开进行。开标后应当按照招标文件规定的评标标准和程序对标书进行评价、比较，在具备相应资质条件的投标者中，择优选定中标者。

第二十一条 建筑工程招标的开标、评标、定标由建设单位依法组织实施，并接受有关行政主管部门的监督。

第二十二条 建筑工程实行招标发包的，发包单位应当将建筑工程发包给依法中标的承包单位。建筑工程实行直接发包的，发包单位应当将建筑工程发包给具有相应资质条件的承包单位。

第二十三条 政府及其所属部门不得滥用行政权力，限定发包单位将招标发包的建筑工程发包给指定的承包单位。

第二十四条 提倡对建筑工程实行总承包，禁止将建筑工程肢解发包。

建筑工程的发包单位可以将建筑工程的勘察、设计、施工、设备采购一并发包给一个工程总承包单位，也可以将建筑工程勘察、设计、施工、设备采购的一项或者多项发包给一个工程总承包单位；但是，不得将应当由一个承包单位完成的建筑工程肢解成若干部分发包给几个承包单位。

第二十五条 按照合同约定，建筑材料、建筑构配件和设备由工程承包单位采购的，发包单位不得指定承包单位购入用于工程的建筑材料、建筑构配件和设备或者指定生产厂、供应商。

第三节 承 包

第二十六条 承包建筑工程的单位应当持有依法取得的资质证书，并在其资质等级许可的业务范围内承揽工程。

禁止建筑施工企业超越本企业资质等级许可的业务范围或者以任何形式用其他建筑施工企业的名义承揽工程。禁止建筑施工企业以任何形式允许其他单位或者个人使用本企业的资质证书、营业执照，以本企业的名义承揽工程。

第二十七条　大型建筑工程或者结构复杂的建筑工程，可以由两个以上的承包单位联合共同承包。共同承包的各方对承包合同的履行承担连带责任。

两个以上不同资质等级的单位实行联合共同承包的，应当按照资质等级低的单位的业务许可范围承揽工程。

第二十八条　禁止承包单位将其承包的全部建筑工程转包给他人，禁止承包单位将其承包的全部建筑工程肢解以后以分包的名义分别转包给他人。

第二十九条　建筑工程总承包单位可以将承包工程中的部分工程发包给具有相应资质条件的分包单位；但是，除总承包合同中约定的分包外，必须经建设单位认可。施工总承包的，建筑工程主体结构的施工必须由总承包单位自行完成。

建筑工程总承包单位按照总承包合同的约定对建设单位负责；分包单位按照分包合同的约定对总承包单位负责。总承包单位和分包单位就分包工程对建设单位承担连带责任。

禁止总承包单位将工程分包给不具备相应资质条件的单位。禁止分包单位将其承包的工程再分包。

第四章　建筑工程监理

第三十条　国家推行建筑工程监理制度。

国务院可以规定实行强制监理的建筑工程的范围。

第三十一条　实行监理的建筑工程，由建设单位委托具有相应资质条件的工程监理单位监理。建设单位与其委托的工程监理单位应当订立书面委托监理合同。

第三十二条　建筑工程监理应当依照法律、行政法规及有关的技术标准、设计文件和建筑工程承包合同，对承包单位在施工质量、建设工期和建设资金使用等方面，代表建设单位实施监督。

工程监理人员认为工程施工不符合工程设计要求、施工技术标准和合同约定的，有权要求建筑施工企业改正。

工程监理人员发现工程设计不符合建筑工程质量标准或者合同约定的质量要求的，应当报告建设单位要求设计单位改正。

第三十三条 实施建筑工程监理前，建设单位应当将委托的工程监理单位、监理的内容及监理权限，书面通知被监理的建筑施工企业。

第三十四条 工程监理单位应当在其资质等级许可的监理范围内，承担工程监理业务。

工程监理单位应当根据建设单位的委托，客观、公正地执行监理任务。

工程监理单位与被监理工程的承包单位以及建筑材料、建筑构配件和设备供应单位不得有隶属关系或者其他利害关系。

工程监理单位不得转让工程监理业务。

第三十五条 工程监理单位不按照委托监理合同的约定履行监理义务，对应当监督检查的项目不检查或者不按照规定检查，给建设单位造成损失的，应当承担相应的赔偿责任。

工程监理单位与承包单位串通，为承包单位谋取非法利益，给建设单位造成损失的，应当与承包单位承担连带赔偿责任。

第五章 建筑安全生产管理

第三十六条 建筑工程安全生产管理必须坚持安全第一、预防为主的方针，建立健全安全生产的责任制度和群防群治制度。

第三十七条 建筑工程设计应当符合按照国家规定制定的建筑安全规程和技术规范，保证工程的安全性能。

第三十八条　建筑施工企业在编制施工组织设计时，应当根据建筑工程的特点制定相应的安全技术措施；对专业性较强的工程项目，应当编制专项安全施工组织设计，并采取安全技术措施。

第三十九条　建筑施工企业应当在施工现场采取维护安全、防范危险、预防火灾等措施；有条件的，应当对施工现场实行封闭管理。

施工现场对毗邻的建筑物、构筑物和特殊作业环境可能造成损害的，建筑施工企业应当采取安全防护措施。

第四十条　建设单位应当向建筑施工企业提供与施工现场相关的地下管线资料，建筑施工企业应当采取措施加以保护。

第四十一条　建筑施工企业应当遵守有关环境保护和安全生产的法律、法规的规定，采取控制和处理施工现场的各种粉尘、废气、废水、固体废物以及噪声、振动对环境的污染和危害的措施。

第四十二条　有下列情形之一的，建设单位应当按照国家有关规定办理申请批准手续：

（一）需要临时占用规划批准范围以外场地的；

（二）可能损坏道路、管线、电力、邮电通讯等公共设施的；

（三）需要临时停水、停电、中断道路交通的；

（四）需要进行爆破作业的；

（五）法律、法规规定需要办理报批手续的其他情形。

第四十三条　建设行政主管部门负责建筑安全生产的管理，并依法接受劳动行政主管部门对建筑安全生产的指导和监督。

第四十四条　建筑施工企业必须依法加强对建筑安全生产的管理，执行安全生产责任制度，采取有效措施，防止伤亡和其他安全生产事故的发生。

建筑施工企业的法定代表人对本企业的安全生产负责。

第四十五条　施工现场安全由建筑施工企业负责。实行施工总承包的，由总承包单位负责。分包单位向总承包单位负责，服从总承包单位对施工现场的安全生产管理。

第四十六条　建筑施工企业应当建立健全劳动安全生产教育培训制度，加强对职工安全生产的教育培训；未经安全生产教育培训的人员，不得上岗作业。

第四十七条　建筑施工企业和作业人员在施工过程中，应当遵守有关安全生产的法律、法规和建筑行业安全规章、规程，不得违章指挥或者违章作业。作业人员有权对影响人身健康的作业程序和作业条件提出改进意见，有权获得安全生产所需的防护用品。作业人员对危及生命安全和人身健康的行为有权提出批评、检举和控告。

第四十八条　建筑施工企业应当依法为职工参加工伤保险缴纳工伤保险费。鼓励企业为从事危险作业的职工办理意外伤害保险，支付保险费。

第四十九条　涉及建筑主体和承重结构变动的装修工程，建设单位应当在施工前委托原设计单位或者具有相应资质条件的设计单位提出设计方案；没有设计方案的，不得施工。

第五十条　房屋拆除应当由具备保证安全条件的建筑施工单位承担，由建筑施工单位负责人对安全负责。

第五十一条　施工中发生事故时，建筑施工企业应当采取紧急措施减少人员伤亡和事故损失，并按照国家有关规定及时向有关部门报告。

第六章　建筑工程质量管理

第五十二条　建筑工程勘察、设计、施工的质量必须符合国家有关建筑工程安全标准的要求，具体管理办法由国务院规定。

有关建筑工程安全的国家标准不能适应确保建筑安全的要求

时，应当及时修订。

第五十三条　国家对从事建筑活动的单位推行质量体系认证制度。从事建筑活动的单位根据自愿原则可以向国务院产品质量监督管理部门或者国务院产品质量监督管理部门授权的部门认可的认证机构申请质量体系认证。经认证合格的，由认证机构颁发质量体系认证证书。

第五十四条　建设单位不得以任何理由，要求建筑设计单位或者建筑施工企业在工程设计或者施工作业中，违反法律、行政法规和建筑工程质量、安全标准，降低工程质量。

建筑设计单位和建筑施工企业对建设单位违反前款规定提出的降低工程质量的要求，应当予以拒绝。

第五十五条　建筑工程实行总承包的，工程质量由工程总承包单位负责，总承包单位将建筑工程分包给其他单位的，应当对分包工程的质量与分包单位承担连带责任。分包单位应当接受总承包单位的质量管理。

第五十六条　建筑工程的勘察、设计单位必须对其勘察、设计的质量负责。勘察、设计文件应当符合有关法律、行政法规的规定和建筑工程质量、安全标准、建筑工程勘察、设计技术规范以及合同的约定。设计文件选用的建筑材料、建筑构配件和设备，应当注明其规格、型号、性能等技术指标，其质量要求必须符合国家规定的标准。

第五十七条　建筑设计单位对设计文件选用的建筑材料、建筑构配件和设备，不得指定生产厂、供应商。

第五十八条　建筑施工企业对工程的施工质量负责。

建筑施工企业必须按照工程设计图纸和施工技术标准施工，不得偷工减料。工程设计的修改由原设计单位负责，建筑施工企业不得擅自修改工程设计。

第五十九条　建筑施工企业必须按照工程设计要求、施工技术标准和合同的约定，对建筑材料、建筑构配件和设备进行检验，不合格的不得使用。

第六十条 建筑物在合理使用寿命内，必须确保地基基础工程和主体结构的质量。

建筑工程竣工时，屋顶、墙面不得留有渗漏、开裂等质量缺陷；对已发现的质量缺陷，建筑施工企业应当修复。

第六十一条 交付竣工验收的建筑工程，必须符合规定的建筑工程质量标准，有完整的工程技术经济资料和经签署的工程保修书，并具备国家规定的其他竣工条件。

建筑工程竣工经验收合格后，方可交付使用；未经验收或者验收不合格的，不得交付使用。

第六十二条 建筑工程实行质量保修制度。

建筑工程的保修范围应当包括地基基础工程、主体结构工程、屋面防水工程和其他土建工程，以及电气管线、上下水管线的安装工程，供热、供冷系统工程等项目；保修的期限应当按照保证建筑物合理寿命年限内正常使用，维护使用者合法权益的原则确定。具体的保修范围和最低保修期限由国务院规定。

第六十三条 任何单位和个人对建筑工程的质量事故、质量缺陷都有权向建设行政主管部门或者其他有关部门进行检举、控告、投诉。

第七章 法律责任

第六十四条 违反本法规定，未取得施工许可证或者开工报告未经批准擅自施工的，责令改正，对不符合开工条件的责令停止施工，可以处以罚款。

第六十五条 发包单位将工程发包给不具有相应资质条件的承包单位的，或者违反本法规定将建筑工程肢解发包的，责令改正，处以罚款。

超越本单位资质等级承揽工程的，责令停止违法行为，处以罚款，可以责令停业整顿，降低资质等级；情节严重的，吊销资质证书；有违法所得的，予以没收。

未取得资质证书承揽工程的，予以取缔，并处罚款；有违法所得的，予以没收。

以欺骗手段取得资质证书的，吊销资质证书，处以罚款；构成犯罪的，依法追究刑事责任。

第六十六条 建筑施工企业转让、出借资质证书或者以其他方式允许他人以本企业的名义承揽工程的，责令改正，没收违法所得，并处罚款，可以责令停业整顿，降低资质等级；情节严重的，吊销资质证书。对因该项承揽工程不符合规定的质量标准造成的损失，建筑施工企业与使用本企业名义的单位或者个人承担连带赔偿责任。

第六十七条 承包单位将承包的工程转包的，或者违反本法规定进行分包的，责令改正，没收违法所得，并处罚款，可以责令停业整顿，降低资质等级；情节严重的，吊销资质证书。

承包单位有前款规定的违法行为的，对因转包工程或者违法分包的工程不符合规定的质量标准造成的损失，与接受转包或者分包的单位承担连带赔偿责任。

第六十八条 在工程发包与承包中索贿、受贿、行贿，构成犯罪的，依法追究刑事责任；不构成犯罪的，分别处以罚款，没收贿赂的财物，对直接负责的主管人员和其他直接责任人员给予处分。

对在工程承包中行贿的承包单位，除依照前款规定处罚外，可以责令停业整顿，降低资质等级或者吊销资质证书。

第六十九条 工程监理单位与建设单位或者建筑施工企业串通，弄虚作假、降低工程质量的，责令改正，处以罚款，降低资质等级或者吊销资质证书；有违法所得的，予以没收；造成损失的，承担连带赔偿责任；构成犯罪的，依法追究刑事责任。

工程监理单位转让监理业务的，责令改正，没收违法所得，可以责令停业整顿，降低资质等级；情节严重的，吊销资质证书。

第七十条 违反本法规定，涉及建筑主体或者承重结构变动的装修工程擅自施工的，责令改正，处以罚款；造成损失的，承担赔偿责任；构成犯罪的，依法追究刑事责任。

第七十一条 建筑施工企业违反本法规定，对建筑安全事故隐患不采取措施予以消除的，责令改正，可以处以罚款；情节严重的，责令停业整顿，降低资质等级或者吊销资质证书；构成犯罪的，依法追究刑事责任。

建筑施工企业的管理人员违章指挥、强令职工冒险作业，因而发生重大伤亡事故或者造成其他严重后果的，依法追究刑事责任。

第七十二条 建设单位违反本法规定，要求建筑设计单位或者建筑施工企业违反建筑工程质量、安全标准，降低工程质量的，责令改正，可以处以罚款；构成犯罪的，依法追究刑事责任。

第七十三条 建筑设计单位不按照建筑工程质量、安全标准进行设计的，责令改正，处以罚款；造成工程质量事故的，责令停业整顿，降低资质等级或者吊销资质证书，没收违法所得，并处罚款；造成损失的，承担赔偿责任；构成犯罪的，依法追究刑事责任。

第七十四条 建筑施工企业在施工中偷工减料的，使用不合格的建筑材料、建筑构配件和设备的，或者有其他不按照工程设计图纸或者施工技术标准施工的行为的，责令改正，处以罚款；情节严重的，责令停业整顿，降低资质等级或者吊销资质证书；造成建筑工程质量不符合规定的质量标准的，负责返工、修理，并赔偿因此造成的损失；构成犯罪的，依法追究刑事责任。

第七十五条　建筑施工企业违反本法规定，不履行保修义务或者拖延履行保修义务的，责令改正，可以处以罚款，并对在保修期内因屋顶、墙面渗漏、开裂等质量缺陷造成的损失，承担赔偿责任。

第七十六条　本法规定的责令停业整顿、降低资质等级和吊销资质证书的行政处罚，由颁发资质证书的机关决定；其他行政处罚，由建设行政主管部门或者有关部门依照法律和国务院规定的职权范围决定。

依照本法规定被吊销资质证书的，由工商行政管理部门吊销其营业执照。

第七十七条　违反本法规定，对不具备相应资质等级条件的单位颁发该等级资质证书的，由其上级机关责令收回所发的资质证书，对直接负责的主管人员和其他直接责任人员给予行政处分；构成犯罪的，依法追究刑事责任。

第七十八条　政府及其所属部门的工作人员违反本法规定，限定发包单位将招标发包的工程发包给指定的承包单位的，由上级机关责令改正；构成犯罪的，依法追究刑事责任。

第七十九条　负责颁发建筑工程施工许可证的部门及其工作人员对不符合施工条件的建筑工程颁发施工许可证的，负责工程质量监督检查或者竣工验收的部门及其工作人员对不合格的建筑工程出具质量合格文件或者按合格工程验收的，由上级机关责令改正，对责任人员给予行政处分；构成犯罪的，依法追究刑事责任；造成损失的，由该部门承担相应的赔偿责任。

第八十条　在建筑物的合理使用寿命内，因建筑工程质量不合格受到损害的，有权向责任者要求赔偿。

第八章　附　则

第八十一条　本法关于施工许可、建筑施工企业资质审查和建筑工程发包、承包、禁止转包，以及建筑工程监理、建筑工程安全和质量管理的规定，适用于其他专业建筑工程的建筑活动，具体办法由国务院规定。

第八十二条　建设行政主管部门和其他有关部门在对建筑活动实施监督管理中，除按照国务院有关规定收取费用外，不得收取其他费用。

第八十三条　省、自治区、直辖市人民政府确定的小型房屋建筑工程的建筑活动，参照本法执行。

依法核定作为文物保护的纪念建筑物和古建筑等的修缮，依照文物保护的有关法律规定执行。

抢险救灾及其他临时性房屋建筑和农民自建低层住宅的建筑活动，不适用本法。

第八十四条　军用房屋建筑工程建筑活动的具体管理办法，由国务院、中央军事委员会依据本法制定。

第八十五条　本法自 1998 年 3 月 1 日起施行。

4. 中华人民共和国职业病防治法

第一章 总 则

第一条 为了预防、控制和消除职业病危害，防治职业病，保护劳动者健康及其相关权益，促进经济社会发展，根据宪法，制定本法。

第二条 本法适用于中华人民共和国领域内的职业病防治活动。

本法所称职业病，是指企业、事业单位和个体经济组织等用人单位的劳动者在职业活动中，因接触粉尘、放射性物质和其他有毒、有害因素而引起的疾病。

职业病的分类和目录由国务院卫生行政部门会同国务院安全生产监督管理部门、劳动保障行政部门制定、调整并公布。

第三条 职业病防治工作坚持预防为主、防治结合的方针，建立用人单位负责、行政机关监管、行业自律、职工参与和社会监督的机制，实行分类管理、综合治理。

第四条 劳动者依法享有职业卫生保护的权利。

用人单位应当为劳动者创造符合国家职业卫生标准和卫生要求的工作环境和条件，并采取措施保障劳动者获得职业卫生保护。

工会组织依法对职业病防治工作进行监督，维护劳动者的合法权益。用人单位制定或者修改有关职业病防治的规章制度，应当听取工会组织的意见。

第五条 用人单位应当建立、健全职业病防治责任制，加强对职业病防治的管理，提高职业病防治水平，对本单位产生的职业病危害承担责任。

第六条 用人单位的主要负责人对本单位的职业病防治工作全面负责。

第七条 用人单位必须依法参加工伤保险。

国务院和县级以上地方人民政府劳动保障行政部门应当加强对工伤保险的监督管理，确保劳动者依法享受工伤保险待遇。

第八条 国家鼓励和支持研制、开发、推广、应用有利于职业病防治和保护劳动者健康的新技术、新工艺、新设备、新材料，加强对职业病的机理和发生规律的基础研究，提高职业病防治科学技术水平；积极采用有效的职业病防治技术、工艺、设备、材料；限制使用或者淘汰职业病危害严重的技术、工艺、设备、材料。

国家鼓励和支持职业病医疗康复机构的建设。

第九条 国家实行职业卫生监督制度。

国务院安全生产监督管理部门、卫生行政部门、劳动保障行政部门依照本法和国务院确定的职责，负责全国职业病防治的监督管理工作。国务院有关部门在各自的职责范围内负责职业病防治的有关监督管理工作。

县级以上地方人民政府安全生产监督管理部门、卫生行政部门、劳动保障行政部门依据各自职责，负责本行政区域内职业病防治的监督管理工作。县级以上地方人民政府有关部门在各自的职责范围内负责职业病防治的有关监督管理工作。

县级以上人民政府安全生产监督管理部门、卫生行政部门、劳动保障行政部门（以下统称职业卫生监督管理部门）应当加强沟通，密切配合，按照各自职责分工，依法行使职权，承担责任。

第十条 国务院和县级以上地方人民政府应当制定职业病防治规划，将其纳入国民经济和社会发展计划，并组织实施。

县级以上地方人民政府统一负责、领导、组织、协调本行政区域的职业病防治工作，建立健全职业病防治工作体制、机制，统一领导、指挥职业卫生突发事件应对工作；加强职业病防治能力建设和服务体系建设，完善、落实职业病防治工作责任制。

乡、民族乡、镇的人民政府应当认真执行本法，支持职业卫生监督管理部门依法履行职责。

第十一条　县级以上人民政府职业卫生监督管理部门应当加强对职业病防治的宣传教育，普及职业病防治的知识，增强用人单位的职业病防治观念，提高劳动者的职业健康意识、自我保护意识和行使职业卫生保护权利的能力。

第十二条　有关防治职业病的国家职业卫生标准，由国务院卫生行政部门组织制定并公布。

国务院卫生行政部门应当组织开展重点职业病监测和专项调查，对职业健康风险进行评估，为制定职业卫生标准和职业病防治政策提供科学依据。

县级以上地方人民政府卫生行政部门应当定期对本行政区域的职业病防治情况进行统计和调查分析。

第十三条　任何单位和个人有权对违反本法的行为进行检举和控告。有关部门收到相关的检举和控告后，应当及时处理。

对防治职业病成绩显著的单位和个人，给予奖励。

第二章　前期预防

第十四条　用人单位应当依照法律、法规要求，严格遵守国家职业卫生标准，落实职业病预防措施，从源头上控制和消除职业病危害。

第十五条　产生职业病危害的用人单位的设立除应当符合法律、行政法规规定的设立条件外，其工作场所还应当符合下列职业卫生要求：

（一）职业病危害因素的强度或者浓度符合国家职业卫生标准；

（二）有与职业病危害防护相适应的设施；

（三）生产布局合理，符合有害与无害作业分开的原则；

（四）有配套的更衣间、洗浴间、孕妇休息间等卫生设施；

（五）设备、工具、用具等设施符合保护劳动者生理、心理健康的要求；

（六）法律、行政法规和国务院卫生行政部门、安全生产监督管理部门关于保护劳动者健康的其他要求。

第十六条 国家建立职业病危害项目申报制度。

用人单位工作场所存在职业病目录所列职业病的危害因素的，应当及时、如实向所在地安全生产监督管理部门申报危害项目，接受监督。

职业病危害因素分类目录由国务院卫生行政部门会同国务院安全生产监督管理部门制定、调整并公布。职业病危害项目申报的具体办法由国务院安全生产监督管理部门制定。

第十七条 新建、扩建、改建建设项目和技术改造、技术引进项目（以下统称建设项目）可能产生职业病危害的，建设单位在可行性论证阶段应当向安全生产监督管理部门提交职业病危害预评价报告。安全生产监督管理部门应当自收到职业病危害预评价报告之日起三十日内，作出审核决定并书面通知建设单位。未提交预评价报告或者预评价报告未经安全生产监督管理部门审核同意的，有关部门不得批准该建设项目。

职业病危害预评价报告应当对建设项目可能产生的职业病危害因素及其对工作场所和劳动者健康的影响作出评价，确定危害类别和职业病防护措施。

建设项目职业病危害分类管理办法由国务院安全生产监督管

理部门制定。

第十八条　建设项目的职业病防护设施所需费用应当纳入建设项目工程预算，并与主体工程同时设计，同时施工，同时投入生产和使用。

职业病危害严重的建设项目的防护设施设计，应当经安全生产监督管理部门审查，符合国家职业卫生标准和卫生要求的，方可施工。

建设项目在竣工验收前，建设单位应当进行职业病危害控制效果评价。建设项目竣工验收时，其职业病防护设施经安全生产监督管理部门验收合格后，方可投入正式生产和使用。

第十九条　职业病危害预评价、职业病危害控制效果评价由依法设立的取得国务院安全生产监督管理部门或者设区的市级以上地方人民政府安全生产监督管理部门按照职责分工给予资质认可的职业卫生技术服务机构进行。职业卫生技术服务机构所作评价应当客观、真实。

第二十条　国家对从事放射性、高毒、高危粉尘等作业实行特殊管理。具体管理办法由国务院制定。

第三章　劳动过程中的防护与管理

第二十一条　用人单位应当采取下列职业病防治管理措施：

（一）设置或者指定职业卫生管理机构或者组织，配备专职或者兼职的职业卫生管理人员，负责本单位的职业病防治工作；

（二）制定职业病防治计划和实施方案；

（三）建立、健全职业卫生管理制度和操作规程；

（四）建立、健全职业卫生档案和劳动者健康监护档案；

（五）建立、健全工作场所职业病危害因素监测及评价制度；

（六）建立、健全职业病危害事故应急救援预案。

第二十二条 用人单位应当保障职业病防治所需的资金投入，不得挤占、挪用，并对因资金投入不足导致的后果承担责任。

第二十三条 用人单位必须采用有效的职业病防护设施，并为劳动者提供个人使用的职业病防护用品。

用人单位为劳动者个人提供的职业病防护用品必须符合防治职业病的要求；不符合要求的，不得使用。

第二十四条 用人单位应当优先采用有利于防治职业病和保护劳动者健康的新技术、新工艺、新设备、新材料，逐步替代职业病危害严重的技术、工艺、设备、材料。

第二十五条 产生职业病危害的用人单位，应当在醒目位置设置公告栏，公布有关职业病防治的规章制度、操作规程、职业病危害事故应急救援措施和工作场所职业病危害因素检测结果。

对产生严重职业病危害的作业岗位，应当在其醒目位置，设置警示标识和中文警示说明。警示说明应当载明产生职业病危害的种类、后果、预防以及应急救治措施等内容。

第二十六条 对可能发生急性职业损伤的有毒、有害工作场所，用人单位应当设置报警装置，配置现场急救用品、冲洗设备、应急撤离通道和必要的泄险区。

对放射工作场所和放射性同位素的运输、贮存，用人单位必须配置防护设备和报警装置，保证接触放射线的工作人员佩戴个人剂量计。

对职业病防护设备、应急救援设施和个人使用的职业病防护用品，用人单位应当进行经常性的维护、检修，定期检测其性能和效果，确保其处于正常状态，不得擅自拆除或者停止使用。

第二十七条 用人单位应当实施由专人负责的职业病危害因素日常监测，并确保监测系统处于正常运行状态。

用人单位应当按照国务院安全生产监督管理部门的规定，定期对工作场所进行职业病危害因素检测、评价。检测、评价结果存入用人单位职业卫生档案，定期向所在地安全生产监督管理部门报告并向劳动者公布。

职业病危害因素检测、评价由依法设立的取得国务院安全生产监督管理部门或者设区的市级以上地方人民政府安全生产监督管理部门按照职责分工给予资质认可的职业卫生技术服务机构进行。职业卫生技术服务机构所作检测、评价应当客观、真实。

发现工作场所职业病危害因素不符合国家职业卫生标准和卫生要求时，用人单位应当立即采取相应治理措施，仍然达不到国家职业卫生标准和卫生要求的，必须停止存在职业病危害因素的作业；职业病危害因素经治理后，符合国家职业卫生标准和卫生要求的，方可重新作业。

第二十八条　职业卫生技术服务机构依法从事职业病危害因素检测、评价工作，接受安全生产监督管理部门的监督检查。安全生产监督管理部门应当依法履行监督职责。

第二十九条　向用人单位提供可能产生职业病危害的设备的，应当提供中文说明书，并在设备的醒目位置设置警示标识和中文警示说明。警示说明应当载明设备性能、可能产生的职业病危害、安全操作和维护注意事项、职业病防护以及应急救治措施等内容。

第三十条　向用人单位提供可能产生职业病危害的化学品、放射性同位素和含有放射性物质的材料的，应当提供中文说明书。说明书应当载明产品特性、主要成分、存在的有害因素、可能产生的危害后果、安全使用注意事项、职业病防护以及应急救治措施等内容。产品包装应当有醒目的警示标识和中文警示说明。贮存上述材料的场所应当在规定的部位设置危险物品标识或者放射性警示标识。

国内首次使用或者首次进口与职业病危害有关的化学材料，使用单位或者进口单位按照国家规定经国务院有关部门批准后，应当向国务院卫生行政部门、安全生产监督管理部门报送该化学材料的毒性鉴定以及经有关部门登记注册或者批准进口的文件等资料。

进口放射性同位素、射线装置和含有放射性物质的物品的，按照国家有关规定办理。

第三十一条 任何单位和个人不得生产、经营、进口和使用国家明令禁止使用的可能产生职业病危害的设备或者材料。

第三十二条 任何单位和个人不得将产生职业病危害的作业转移给不具备职业病防护条件的单位和个人。不具备职业病防护条件的单位和个人不得接受产生职业病危害的作业。

第三十三条 用人单位对采用的技术、工艺、设备、材料，应当知悉其产生的职业病危害，对有职业病危害的技术、工艺、设备、材料隐瞒其危害而采用的，对所造成的职业病危害后果承担责任。

第三十四条 用人单位与劳动者订立劳动合同（含聘用合同，下同）时，应当将工作过程中可能产生的职业病危害及其后果、职业病防护措施和待遇等如实告知劳动者，并在劳动合同中写明，不得隐瞒或者欺骗。

劳动者在已订立劳动合同期间因工作岗位或者工作内容变更，从事与所订立劳动合同中未告知的存在职业病危害的作业时，用人单位应当依照前款规定，向劳动者履行如实告知的义务，并协商变更原劳动合同相关条款。

用人单位违反前两款规定的，劳动者有权拒绝从事存在职业病危害的作业，用人单位不得因此解除与劳动者所订立的劳动合同。

第三十五条 用人单位的主要负责人和职业卫生管理人员应当接受职业卫生培训，遵守职业病防治法律、法规，依法组织本单位的职业病防治工作。

用人单位应当对劳动者进行上岗前的职业卫生培训和在岗期

间的定期职业卫生培训，普及职业卫生知识，督促劳动者遵守职业病防治法律、法规、规章和操作规程，指导劳动者正确使用职业病防护设备和个人使用的职业病防护用品。

劳动者应当学习和掌握相关的职业卫生知识，增强职业病防范意识，遵守职业病防治法律、法规、规章和操作规程，正确使用、维护职业病防护设备和个人使用的职业病防护用品，发现职业病危害事故隐患应当及时报告。

劳动者不履行前款规定义务的，用人单位应当对其进行教育。

第三十六条　对从事接触职业病危害的作业的劳动者，用人单位应当按照国务院安全生产监督管理部门、卫生行政部门的规定组织上岗前、在岗期间和离岗时的职业健康检查，并将检查结果书面告知劳动者。职业健康检查费用由用人单位承担。

用人单位不得安排未经上岗前职业健康检查的劳动者从事接触职业病危害的作业；不得安排有职业禁忌的劳动者从事其所禁忌的作业；对在职业健康检查中发现有与所从事的职业相关的健康损害的劳动者，应当调离原工作岗位，并妥善安置；对未进行离岗前职业健康检查的劳动者不得解除或者终止与其订立的劳动合同。

职业健康检查应当由省级以上人民政府卫生行政部门批准的医疗卫生机构承担。

第三十七条　用人单位应当为劳动者建立职业健康监护档案，并按照规定的期限妥善保存。

职业健康监护档案应当包括劳动者的职业史、职业病危害接触史、职业健康检查结果和职业病诊疗等有关个人健康资料。

劳动者离开用人单位时，有权索取本人职业健康监护档案复印件，用人单位应当如实、无偿提供，并在所提供的复印件上签章。

第三十八条　发生或者可能发生急性职业病危害事故时，用人单位应当立即采取应急救援和控制措施，并及时报告所在地安全生产监督管理部门和有关部门。安全生产监督管理部门接到报告后，应当及时会同有关部门组织调查处理；必要时，可以采取临时控制措施。卫生行政部门应当组织做好医疗救治工作。

对遭受或者可能遭受急性职业病危害的劳动者，用人单位应当及时组织救治、进行健康检查和医学观察，所需费用由用人单位承担。

第三十九条 用人单位不得安排未成年工从事接触职业病危害的作业；不得安排孕期、哺乳期的女职工从事对本人和胎儿、婴儿有危害的作业。

第四十条 劳动者享有下列职业卫生保护权利：

（一）获得职业卫生教育、培训；

（二）获得职业健康检查、职业病诊疗、康复等职业病防治服务；

（三）了解工作场所产生或者可能产生的职业病危害因素、危害后果和应当采取的职业病防护措施；

（四）要求用人单位提供符合防治职业病要求的职业病防护设施和个人使用的职业病防护用品，改善工作条件；

（五）对违反职业病防治法律、法规以及危及生命健康的行为提出批评、检举和控告；

（六）拒绝违章指挥和强令进行没有职业病防护措施的作业；

（七）参与用人单位职业卫生工作的民主管理，对职业病防治工作提出意见和建议。

用人单位应当保障劳动者行使前款所列权利。因劳动者依法行使正当权利而降低其工资、福利等待遇或者解除、终止与其订立的劳动合同的，其行为无效。

第四十一条 工会组织应当督促并协助用人单位开展职业卫生宣传教育和培训，有权对用人单位的职业病防治工作提出意见和建议，依法代表劳动者与用人单位签订劳动安全卫生专项集体合同，与用人单位就劳动者反映的有关职业病防治的问题进行协调并督促解决。

工会组织对用人单位违反职业病防治法律、法规，侵犯劳动者合法权益的行为，有权要求纠正；产生严重职业病危害时，有权要求采取防护措施，或者向政府有关部门建议采取强制性措施；发生职业病危害事故时，有权参与事故调查处理；发现危及劳动者生命健康的情形时，有权向用人单位建议组织劳动者撤离危险现场，用人单位应当立即作出处理。

第四十二条　用人单位按照职业病防治要求，用于预防和治理职业病危害、工作场所卫生检测、健康监护和职业卫生培训等费用，按照国家有关规定，在生产成本中据实列支。

第四十三条　职业卫生监督管理部门应当按照职责分工，加强对用人单位落实职业病防护管理措施情况的监督检查，依法行使职权，承担责任。

第四章　职业病诊断与职业病病人保障

第四十四条　医疗卫生机构承担职业病诊断，应当经省、自治区、直辖市人民政府卫生行政部门批准。省、自治区、直辖市人民政府卫生行政部门应当向社会公布本行政区域内承担职业病诊断的医疗卫生机构的名单。

承担职业病诊断的医疗卫生机构应当具备下列条件：

（一）持有《医疗机构执业许可证》；

（二）具有与开展职业病诊断相适应的医疗卫生技术人员；

（三）具有与开展职业病诊断相适应的仪器、设备；

（四）具有健全的职业病诊断质量管理制度。

承担职业病诊断的医疗卫生机构不得拒绝劳动者进行职业病

诊断的要求。

第四十五条 劳动者可以在用人单位所在地、本人户籍所在地或者经常居住地依法承担职业病诊断的医疗卫生机构进行职业病诊断。

第四十六条 职业病诊断标准和职业病诊断、鉴定办法由国务院卫生行政部门制定。职业病伤残等级的鉴定办法由国务院劳动保障行政部门会同国务院卫生行政部门制定。

第四十七条 职业病诊断，应当综合分析下列因素：

（一）病人的职业史；

（二）职业病危害接触史和工作场所职业病危害因素情况；

（三）临床表现以及辅助检查结果等。

没有证据否定职业病危害因素与病人临床表现之间的必然联系的，应当诊断为职业病。

承担职业病诊断的医疗卫生机构在进行职业病诊断时，应当组织三名以上取得职业病诊断资格的执业医师集体诊断。

职业病诊断证明书应当由参与诊断的医师共同签署，并经承担职业病诊断的医疗卫生机构审核盖章。

第四十八条 用人单位应当如实提供职业病诊断、鉴定所需的劳动者职业史和职业病危害接触史、工作场所职业病危害因素检测结果等资料；安全生产监督管理部门应当监督检查和督促用人单位提供上述资料；劳动者和有关机构也应当提供与职业病诊断、鉴定有关的资料。

职业病诊断、鉴定机构需要了解工作场所职业病危害因素情况时，可以对工作场所进行现场调查，也可以向安全生产监督管理部门提出，安全生产监督管理部门应当在十日内组织现场调查。用人单位不得拒绝、阻挠。

第四十九条 职业病诊断、鉴定过程中，用人单位不提供工作场所职业病危害因素检测结果等资料的，诊断、鉴定机构应当结合劳动者的临床表现、辅助检查结果和劳动者的职业史、职业病危害接触史，并参考劳动者的自述、安全生产监督管理部门提供的日常监督检查信息等，作出职业病诊断、鉴定结论。

劳动者对用人单位提供的工作场所职业病危害因素检测结果等资料有异议，或者因劳动者的用人单位解散、破产，无用人单位提供上述资料的，诊断、鉴定机构应当提请安全生产监督管理部门进行调查，安全生产监督管理部门应当自接到申请之日起三十日内对存在异议的资料或者工作场所职业病危害因素情况作出判定；有关部门应当配合。

第五十条　职业病诊断、鉴定过程中，在确认劳动者职业史、职业病危害接触史时，当事人对劳动关系、工种、工作岗位或者在岗时间有争议的，可以向当地的劳动人事争议仲裁委员会申请仲裁；接到申请的劳动人事争议仲裁委员会应当受理，并在三十日内作出裁决。

当事人在仲裁过程中对自己提出的主张，有责任提供证据。劳动者无法提供由用人单位掌握管理的与仲裁主张有关的证据的，仲裁庭应当要求用人单位在指定期限内提供；用人单位在指定期限内不提供的，应当承担不利后果。

劳动者对仲裁裁决不服的，可以依法向人民法院提起诉讼。

用人单位对仲裁裁决不服的，可以在职业病诊断、鉴定程序结束之日起十五日内依法向人民法院提起诉讼；诉讼期间，劳动者的治疗费用按照职业病待遇规定的途径支付。

第五十一条　用人单位和医疗卫生机构发现职业病病人或者疑似职业病病人时，应当及时向所在地卫生行政部门和安全生产监督管理部门报告。确诊为职业病的，用人单位还应当向所在地劳动保障行政部门报告。接到报告的部门应当依法作出处理。

第五十二条　县级以上地方人民政府卫生行政部门负责本行政区域内的职业病统计报告的管理工作，并按照规定上报。

第五十三条 当事人对职业病诊断有异议的，可以向作出诊断的医疗卫生机构所在地地方人民政府卫生行政部门申请鉴定。

职业病诊断争议由设区的市级以上地方人民政府卫生行政部门根据当事人的申请，组织职业病诊断鉴定委员会进行鉴定。

当事人对设区的市级职业病诊断鉴定委员会的鉴定结论不服的，可以向省、自治区、直辖市人民政府卫生行政部门申请再鉴定。

第五十四条 职业病诊断鉴定委员会由相关专业的专家组成。

省、自治区、直辖市人民政府卫生行政部门应当设立相关的专家库，需要对职业病争议作出诊断鉴定时，由当事人或者当事人委托有关卫生行政部门从专家库中以随机抽取的方式确定参加诊断鉴定委员会的专家。

职业病诊断鉴定委员会应当按照国务院卫生行政部门颁布的职业病诊断标准和职业病诊断、鉴定办法进行职业病诊断鉴定，向当事人出具职业病诊断鉴定书。职业病诊断、鉴定费用由用人单位承担。

第五十五条 职业病诊断鉴定委员会组成人员应当遵守职业道德，客观、公正地进行诊断鉴定，并承担相应的责任。职业病诊断鉴定委员会组成人员不得私下接触当事人，不得收受当事人的财物或者其他好处，与当事人有利害关系的，应当回避。

人民法院受理有关案件需要进行职业病鉴定时，应当从省、自治区、直辖市人民政府卫生行政部门依法设立的相关的专家库中选取参加鉴定的专家。

第五十六条 医疗卫生机构发现疑似职业病病人时，应当告知劳动者本人并及时通知用人单位。

用人单位应当及时安排对疑似职业病病人进行诊断；在疑似职业病病人诊断或者医学观察期间，不得解除或者终止与其订立的劳动合同。

疑似职业病病人在诊断、医学观察期间的费用，由用人单位承担。

第五十七条　用人单位应当保障职业病病人依法享受国家规定的职业病待遇。

用人单位应当按照国家有关规定，安排职业病病人进行治疗、康复和定期检查。

用人单位对不适宜继续从事原工作的职业病病人，应当调离原岗位，并妥善安置。

用人单位对从事接触职业病危害的作业的劳动者，应当给予适当岗位津贴。

第五十八条　职业病病人的诊疗、康复费用，伤残以及丧失劳动能力的职业病病人的社会保障，按照国家有关工伤保险的规定执行。

第五十九条　职业病病人除依法享有工伤保险外，依照有关民事法律，尚有获得赔偿的权利的，有权向用人单位提出赔偿要求。

第六十条　劳动者被诊断患有职业病，但用人单位没有依法参加工伤保险的，其医疗和生活保障由该用人单位承担。

第六十一条　职业病病人变动工作单位，其依法享有的待遇不变。

用人单位在发生分立、合并、解散、破产等情形时，应当对从事接触职业病危害的作业的劳动者进行健康检查，并按照国家有关规定妥善安置职业病病人。

第六十二条　用人单位已经不存在或者无法确认劳动关系的职业病病人，可以向地方人民政府民政部门申请医疗救助和生活等方面的救助。

地方各级人民政府应当根据本地区的实际情况，采取其他措施，使前款规定的职业病病人获得医疗救治。

第五章　监督检查

第六十三条　县级以上人民政府职业卫生监督管理部门依照职业病防治法律、法规、国家职业卫生标准和卫生要求，依据职责划分，对职业病防治工作进行监督检查。

第六十四条　安全生产监督管理部门履行监督检查职责时，有权采取下列措施：

（一）进入被检查单位和职业病危害现场，了解情况，调查取证；

（二）查阅或者复制与违反职业病防治法律、法规的行为有关的资料和采集样品；

（三）责令违反职业病防治法律、法规的单位和个人停止违法行为。

第六十五条　发生职业病危害事故或者有证据证明危害状态可能导致职业病危害事故发生时，安全生产监督管理部门可以采取下列临时控制措施：

（一）责令暂停导致职业病危害事故的作业；

（二）封存造成职业病危害事故或者可能导致职业病危害事故发生的材料和设备；

（三）组织控制职业病危害事故现场。

在职业病危害事故或者危害状态得到有效控制后，安全生产监督管理部门应当及时解除控制措施。

第六十六条　职业卫生监督执法人员依法执行职务时，应当出示监督执法证件。

职业卫生监督执法人员应当忠于职守，秉公执法，严格遵守执法规范；涉及用人单位的秘密的，应当为其保密。

第六十七条　职业卫生监督执法人员依法执行职务时，被检查单位应当接受检查并予以支持配合，不得拒绝和阻碍。

第六十八条　安全生产监督管理部门及其职业卫生监督执法人员履行职责时，不得有下列行为：

（一）对不符合法定条件的，发给建设项目有关证明文件、资质证明文件或者予以批准；

（二）对已经取得有关证明文件的，不履行监督检查职责；

（三）发现用人单位存在职业病危害的，可能造成职业病危害事故，不及时依法采取控制措施；

（四）其他违反本法的行为。

第六十九条　职业卫生监督执法人员应当依法经过资格认定。

职业卫生监督管理部门应当加强队伍建设，提高职业卫生监督执法人员的政治、业务素质，依照本法和其他有关法律、法规的规定，建立、健全内部监督制度，对其工作人员执行法律、法规和遵守纪律的情况，进行监督检查。

第六章　法律责任

第七十条　建设单位违反本法规定，有下列行为之一的，由安全生产监督管理部门给予警告，责令限期改正；逾期不改正的，处十万元以上五十万元以下的罚款；情节严重的，责令停止产生职业病危害的作业，或者提请有关人民政府按照国务院规定的权限责令停建、关闭：

（一）未按照规定进行职业病危害预评价或者未提交职业病危害预评价报告，或者职业病危害预评价报告未经安全生产监督管理部门审核同意，开工建设的；

（二）建设项目的职业病防护设施未按照规定与主体工程同时投入生产和使用的；

（三）职业病危害严重的建设项目，其职业病防护设施设计未经安全生产监督管理部门审查，或者不符合国家职业卫生标准和卫生要求施工的；

（四）未按照规定对职业病防护设施进行职业病危害控制效果评价、未经安全生产监督管理部门验收或者验收不合格，擅自投入使用的。

第七十一条 违反本法规定，有下列行为之一的，由安全生产监督管理部门给予警告，责令限期改正；逾期不改正的，处十万元以下的罚款：

（一）工作场所职业病危害因素检测、评价结果没有存档、上报、公布的；

（二）未采取本法第二十一条规定的职业病防治管理措施的；

（三）未按照规定公布有关职业病防治的规章制度、操作规程、职业病危害事故应急救援措施的；

（四）未按照规定组织劳动者进行职业卫生培训，或者未对劳动者个人职业病防护采取指导、督促措施的；

（五）国内首次使用或者首次进口与职业病危害有关的化学材料，未按照规定报送毒性鉴定资料以及经有关部门登记注册或者批准进口的文件的。

第七十二条 用人单位违反本法规定，有下列行为之一的，由安全生产监督管理部门责令限期改正，给予警告，可以并处五万元以上十万元以下的罚款：

（一）未按照规定及时、如实向安全生产监督管理部门申报产生职业病危害的项目的；

（二）未实施由专人负责的职业病危害因素日常监测，或者监测系统不能正常监测的；

（三）订立或者变更劳动合同时，未告知劳动者职业病危害真实情况的；

（四）未按照规定组织职业健康检查、建立职业健康监护档案或者未将检查结果书面告知劳动者的；

（五）未依照本法规定在劳动者离开用人单位时提供职业健康监护档案复印件的。

第七十三条　用人单位违反本法规定，有下列行为之一的，由安全生产监督管理部门给予警告，责令限期改正，逾期不改正的，处五万元以上二十万元以下的罚款；情节严重的，责令停止产生职业病危害的作业，或者提请有关人民政府按照国务院规定的权限责令关闭：

（一）工作场所职业病危害因素的强度或者浓度超过国家职业卫生标准的；

（二）未提供职业病防护设施和个人使用的职业病防护用品，或者提供的职业病防护设施和个人使用的职业病防护用品不符合国家职业卫生标准和卫生要求的；

（三）对职业病防护设备、应急救援设施和个人使用的职业病防护用品未按照规定进行维护、检修、检测，或者不能保持正常运行、使用状态的；

（四）未按照规定对工作场所职业病危害因素进行检测、评价的；

（五）工作场所职业病危害因素经治理仍然达不到国家职业卫生标准和卫生要求时，未停止存在职业病危害因素的作业的；

（六）未按照规定安排职业病病人、疑似职业病病人进行诊治的；

（七）发生或者可能发生急性职业病危害事故时，未立即采取应急救援和控制措施或者未按照规定及时报告的；

（八）未按照规定在产生严重职业病危害的作业岗位醒目位置设置警示标识和中文警示说明的；

（九）拒绝职业卫生监督管理部门监督检查的；

（十）隐瞒、伪造、篡改、毁损职业健康监护档案、工作场所职业病危害因素检测评价结果等相关资料，或者拒不提供职业病诊断、鉴定所需资料的；

（十一）未按照规定承担职业病诊断、鉴定费用和职业病病人的医疗、生活保障费用的。

第七十四条 向用人单位提供可能产生职业病危害的设备、材料，未按照规定提供中文说明书或者设置警示标识和中文警示说明的，由安全生产监督管理部门责令限期改正，给予警告，并处五万元以上二十万元以下的罚款。

第七十五条 用人单位和医疗卫生机构未按照规定报告职业病、疑似职业病的，由有关主管部门依据职责分工责令限期改正，给予警告，可以并处一万元以下的罚款；弄虚作假的，并处二万元以上五万元以下的罚款；对直接负责的主管人员和其他直接责任人员，可以依法给予降级或者撤职的处分。

第七十六条 违反本法规定，有下列情形之一的，由安全生产监督管理部门责令限期治理，并处五万元以上三十万元以下的罚款；情节严重的，责令停止产生职业病危害的作业，或者提请有关人民政府按照国务院规定的权限责令关闭：

（一）隐瞒技术、工艺、设备、材料所产生的职业病危害而采用的；

（二）隐瞒本单位职业卫生真实情况的；

（三）可能发生急性职业损伤的有毒、有害工作场所、放射工作场所或者放射性同位素的运输、贮存不符合本法第二十六条规定的；

（四）使用国家明令禁止使用的可能产生职业病危害的设备或者材料的；

（五）将产生职业病危害的作业转移给没有职业病防护条件的单位和个人，或者没有职业病防护条件的单位和个人接受产生职业病危害的作业的；

（六）擅自拆除、停止使用职业病防护设备或者应急救援设施的；

（七）安排未经职业健康检查的劳动者、有职业禁忌的劳动者、未成年工或者孕期、哺乳期女职工从事接触职业病危害的作业或者禁忌作业的；

（八）违章指挥和强令劳动者进行没有职业病防护措施的作业的。

第七十七条 生产、经营或者进口国家明令禁止使用的可能产生职业病危害的设备或者材料的，依照有关法律、行政法规的规定给予处罚。

第七十八条 用人单位违反本法规定，已经对劳动者生命健康造成严重损害的，由安全生产监督管理部门责令停止产生职业病危害的作业，或者提请有关人民政府按照国务院规定的权限责令关闭，并处十万元以上五十万元以下的罚款。

第七十九条 用人单位违反本法规定，造成重大职业病危害事故或者其他严重后果，构成犯罪的，对直接负责的主管人员和其他直接责任人员，依法追究刑事责任。

第八十条 未取得职业卫生技术服务资质认可擅自从事职业卫生技术服务的，或者医疗卫生机构未经批准擅自从事职业健康检查、职业病诊断的，由安全生产监督管理部门和卫生行政部门依据职责分工责令立即停止违法行为，没收违法所得；违法所得五千元以上的，并处违法所得二倍以上十倍以下的罚款；没有违法所得或者违法所得不足五千元的，并处五千元以上五万元以下的罚款；情节严重的，对直接负责的主管人员和其他直接责任人员，依法给予降级、撤职或者开除的处分。

第八十一条 从事职业卫生技术服务的机构和承担职业健康检查、职业病诊断的医疗卫生机构违反本法规定，有下列行为之一的，由安全生产监督管理部门和卫生行政部门依据职责分工责令立即停止违法行为，给予警告，没收违法所得；违法所得五千元以上的，并处违法所得二倍以上五倍以下的罚款；没有违法所得或者违法所得不足五千元的，并处五千元以上二万元以下的罚款；情节严重的，由原认可或者批准机关取消其相应的资格；对直接负责的主管人员和其他直接责任人员，依法给予降级、撤职或者开除的处分；构成犯罪的，依法追究刑事责任：

（一）超出资质认可或者批准范围从事职业卫生技术服务或者职业健康检查、职业病诊断的；

（二）不按照本法规定履行法定职责的；

（三）出具虚假证明文件的。

第八十二条 职业病诊断鉴定委员会组成人员收受职业病诊断争议当事人的财物或者其他好处的，给予警告，没收收受的财物，可以并处三千元以上五万元以下的罚款，取消其担任职业病诊断鉴定委员会组成人员的资格，并从省、自治区、直辖市人民政府卫生行政部门设立的专家库中予以除名。

第八十三条 卫生行政部门、安全生产监督管理部门不按照规定报告职业病和职业病危害事故的，由上一级行政部门责令改正，通报批评，给予警告；虚报、瞒报的，对单位负责人、直接负责的主管人员和其他直接责任人员依法给予降级、撤职或者开除的处分。

第八十四条 违反本法第十七条、第十八条规定，有关部门擅自批准建设项目或者发放施工许可的，对该部门直接负责的主管人员和其他直接责任人员，由监察机关或者上级机关依法给予记过直至开除的处分。

第八十五条 县级以上地方人民政府在职业病防治工作中未依照本法履行职责，本行政区域出现重大职业病危害事故、造成严重社会影响的，依法对直接负责的主管人员和其他直接责任人员给予记大过直至开除的处分。

县级以上人民政府职业卫生监督管理部门不履行本法规定的职责，滥用职权、玩忽职守、徇私舞弊，依法对直接负责的主管人员和其他直接责任人员给予记大过或者降级的处分；造成职业病危害事故或者其他严重后果的，依法给予撤职或者开除的处分。

第八十六条　违反本法规定，构成犯罪的，依法追究刑事责任。

第七章　附　则

第八十七条　本法下列用语的含义：

职业病危害，是指对从事职业活动的劳动者可能导致职业病的各种危害。职业病危害因素包括：职业活动中存在的各种有害的化学、物理、生物因素以及在作业过程中产生的其他职业有害因素。

职业禁忌，是指劳动者从事特定职业或者接触特定职业病危害因素时，比一般职业人群更易于遭受职业病危害和罹患职业病或者可能导致原有自身疾病病情加重，或者在从事作业过程中诱发可能导致对他人生命健康构成危险的疾病的个人特殊生理或者病理状态。

第八十八条　本法第二条规定的用人单位以外的单位，产生职业病危害的，其职业病防治活动可以参照本法执行。

劳务派遣用工单位应当履行本法规定的用人单位的义务。

中国人民解放军参照执行本法的办法，由国务院、中央军事委员会制定。

第八十九条　对医疗机构放射性职业病危害控制的监督管理，由卫生行政部门依照本法的规定实施。

第九十条　本法自 2002 年 5 月 1 日起施行。

5. 中华人民共和国突发事件应对法

第一章 总 则

第一条 为了预防和减少突发事件的发生，控制、减轻和消除突发事件引起的严重社会危害，规范突发事件应对活动，保护人民生命财产安全，维护国家安全、公共安全、环境安全和社会秩序，制定本法。

第二条 突发事件的预防与应急准备、监测与预警、应急处置与救援、事后恢复与重建等应对活动，适用本法。

第三条 本法所称突发事件，是指突然发生，造成或者可能造成严重社会危害，需要采取应急处置措施予以应对的自然灾害、事故灾难、公共卫生事件和社会安全事件。

按照社会危害程度、影响范围等因素，自然灾害、事故灾难、公共卫生事件分为特别重大、重大、较大和一般四级。法律、行政法规或者国务院另有规定的，从其规定。

突发事件的分级标准由国务院或者国务院确定的部门制定。

第四条 国家建立统一领导、综合协调、分类管理、分级负责、属地管理为主的应急管理体制。

第五条 突发事件应对工作实行预防为主、预防与应急相结合的原则。国家建立重大突发事件风险评估体系，对可能发生的突发事件进行综合性评估，减少重大突发事件的发生，最大限度地减轻重大突发事件的影响。

第六条 国家建立有效的社会动员机制，增强全民的公共安全和防范风险的意识，提高全社会的避险救助能力。

第七条 县级人民政府对本行政区域内突发事件的应对工作负责；涉及两个以上行政区域的，由有关行政区域共同的上一级人民政府负责，或者由各有关行政区域的上一级人民政府共同负责。

突发事件发生后，发生地县级人民政府应当立即采取措施控制事态发展，组织开展应急救援和处置工作，并立即向上一级人民政府报告，必要时可以越级上报。

突发事件发生地县级人民政府不能消除或者不能有效控制突发事件引起的严重社会危害的，应当及时向上级人民政府报告。上级人民政府应当及时采取措施，统一领导应急处置工作。

法律、行政法规规定由国务院有关部门对突发事件的应对工作负责的，从其规定；地方人民政府应当积极配合并提供必要的支持。

第八条 国务院在总理领导下研究、决定和部署特别重大突发事件的应对工作；根据实际需要，设立国家突发事件应急指挥机构，负责突发事件应对工作；必要时，国务院可以派出工作组指导有关工作。

县级以上地方各级人民政府设立由本级人民政府主要负责人、相关部门负责人、驻当地中国人民解放军和中国人民武装警察部队有关负责人组成的突发事件应急指挥机构，统一领导、协调本级人民政府各有关部门和下级人民政府开展突发事件应对工作；根据实际需要，设立相关类别突发事件应急指挥机构，组织、协调、指挥突发事件应对工作。

上级人民政府主管部门应当在各自职责范围内，指导、协助下级人民政府及其相应部门做好有关突发事件的应对工作。

第九条 国务院和县级以上地方各级人民政府是突发事件应对工作的行政领导机关，其办事机构及具体职责由国务院规定。

第十条 有关人民政府及其部门作出的应对突发事件的决定、命令，应当及时公布。

第十一条　有关人民政府及其部门采取的应对突发事件的措施，应当与突发事件可能造成的社会危害的性质、程度和范围相适应；有多种措施可供选择的，应当选择有利于最大限度地保护公民、法人和其他组织权益的措施。

公民、法人和其他组织有义务参与突发事件应对工作。

第十二条　有关人民政府及其部门为应对突发事件，可以征用单位和个人的财产。被征用的财产在使用完毕或者突发事件应急处置工作结束后，应当及时返还。财产被征用或者征用后毁损、灭失的，应当给予补偿。

第十三条　因采取突发事件应对措施，诉讼、行政复议、仲裁活动不能正常进行的，适用有关时效中止和程序中止的规定，但法律另有规定的除外。

第十四条　中国人民解放军、中国人民武装警察部队和民兵组织依照本法和其他有关法律、行政法规、军事法规的规定以及国务院、中央军事委员会的命令，参加突发事件的应急救援和处置工作。

第十五条　中华人民共和国政府在突发事件的预防、监测与预警、应急处置与救援、事后恢复与重建等方面，同外国政府和有关国际组织开展合作与交流。

第十六条　县级以上人民政府作出应对突发事件的决定、命令，应当报本级人民代表大会常务委员会备案；突发事件应急处置工作结束后，应当向本级人民代表大会常务委员会作出专项工作报告。

第二章　预防与应急准备

第十七条　国家建立健全突发事件应急预案体系。

国务院制定国家突发事件总体应急预案，组织制定国家突发事件专项应急预案；国务院有关部门根据各自的职责和国务院相关应急预案，制定国家突发事件部门应急预案。

地方各级人民政府和县级以上地方各级人民政府有关部门根据有关法律、法规、规章、上级人民政府及其有关部门的应急预案以及本地区的实际情况，制定相应的突发事件应急预案。

应急预案制定机关应当根据实际需要和情势变化，适时修订应急预案。应急预案的制定、修订程序由国务院规定。

第十八条　应急预案应当根据本法和其他有关法律、法规的规定，针对突发事件的性质、特点和可能造成的社会危害，具体规定突发事件应急管理工作的组织指挥体系与职责和突发事件的预防与预警机制、处置程序、应急保障措施以及事后恢复与重建措施等内容。

第十九条　城乡规划应当符合预防、处置突发事件的需要，统筹安排应对突发事件所必需的设备和基础设施建设，合理确定应急避难场所。

第二十条　县级人民政府应当对本行政区域内容易引发自然灾害、事故灾难和公共卫生事件的危险源、危险区域进行调查、登记、风险评估，定期进行检查、监控，并责令有关单位采取安全防范措施。

省级和设区的市级人民政府应当对本行政区域内容易引发特别重大、重大突发事件的危险源、危险区域进行调查、登记、风险评估，组织进行检查、监控，并责令有关单位采取安全防范措施。

县级以上地方各级人民政府按照本法规定登记的危险源、危险区域，应当按照国家规定及时向社会公布。

第二十一条　县级人民政府及其有关部门、乡级人民政府、街道办事处、居民委员会、村民委员会应当及时调解处理可能引发社会安全事件的矛盾纠纷。

第二十二条　所有单位应当建立健全安全管理制度，定期检查本单位各项安全防范措施的落实情况，及时消除事故隐患；掌握并及时处理本单位存在的可能引发社会安全事件的问题，防止矛盾激化和事态扩大；对本单位可能发生的突发事件和采取安全防范措施的情况，应当按照规定及时向所在地人民政府或者人民政府有关部门报告。

第二十三条　矿山、建筑施工单位和易燃易爆物品、危险化学品、放射性物品等危险物品的生产、经营、储运、使用单位，应当制定具体应急预案，并对生产经营场所、有危险物品的建筑物、构筑物及周边环境开展隐患排查，及时采取措施消除隐患，防止发生突发事件。

第二十四条　公共交通工具、公共场所和其他人员密集场所的经营单位或者管理单位应当制定具体应急预案，为交通工具和有关场所配备报警装置和必要的应急救援设备、设施，注明其使用方法，并显著标明安全撤离的通道、路线，保证安全通道、出口的畅通。

有关单位应当定期检测、维护其报警装置和应急救援设备、设施，使其处于良好状态，确保正常使用。

第二十五条　县级以上人民政府应当建立健全突发事件应急管理培训制度，对人民政府及其有关部门负有处置突发事件职责的工作人员定期进行培训。

第二十六条　县级以上人民政府应当整合应急资源，建立或者确定综合性应急救援队伍。人民政府有关部门可以根据实际需要设立专业应急救援队伍。

县级以上人民政府及其有关部门可以建立由成年志愿者组成的应急救援队伍。单位应当建立由本单位职工组成的专职或者兼职应急救援队伍。

县级以上人民政府应当加强专业应急救援队伍与非专业应急

救援队伍的合作，联合培训、联合演练，提高合成应急、协同应急的能力。

第二十七条　国务院有关部门、县级以上地方各级人民政府及其有关部门、有关单位应当为专业应急救援人员购买人身意外伤害保险，配备必要的防护装备和器材，减少应急救援人员的人身风险。

第二十八条　中国人民解放军、中国人民武装警察部队和民兵组织应当有计划地组织开展应急救援的专门训练。

第二十九条　县级人民政府及其有关部门、乡级人民政府、街道办事处应当组织开展应急知识的宣传普及活动和必要的应急演练。

居民委员会、村民委员会、企业事业单位应当根据所在地人民政府的要求，结合各自的实际情况，开展有关突发事件应急知识的宣传普及活动和必要的应急演练。

新闻媒体应当无偿开展突发事件预防与应急、自救与互救知识的公益宣传。

第三十条　各级各类学校应当把应急知识教育纳入教学内容，对学生进行应急知识教育，培养学生的安全意识和自救与互救能力。

教育主管部门应当对学校开展应急知识教育进行指导和监督。

第三十一条　国务院和县级以上地方各级人民政府应当采取财政措施，保障突发事件应对工作所需经费。

第三十二条　国家建立健全应急物资储备保障制度，完善重要应急物资的监管、生产、储备、调拨和紧急配送体系。

设区的市级以上人民政府和突发事件易发、多发地区的县级人民政府应当建立应急救援物资、生活必需品和应急处置装备的储备制度。

县级以上地方各级人民政府应当根据本地区的实际情况，与有关企业签订协议，保障应急救援物资、生活必需品和应急处置装备的生产、供给。

第三十三条 国家建立健全应急通信保障体系，完善公用通信网，建立有线与无线相结合、基础电信网络与机动通信系统相配套的应急通信系统，确保突发事件应对工作的通信畅通。

第三十四条 国家鼓励公民、法人和其他组织为人民政府应对突发事件工作提供物资、资金、技术支持和捐赠。

第三十五条 国家发展保险事业，建立国家财政支持的巨灾风险保险体系，并鼓励单位和公民参加保险。

第三十六条 国家鼓励、扶持具备相应条件的教学科研机构培养应急管理专门人才，鼓励、扶持教学科研机构和有关企业研究开发用于突发事件预防、监测、预警、应急处置与救援的新技术、新设备和新工具。

第三章　监测与预警

第三十七条 国务院建立全国统一的突发事件信息系统。

县级以上地方各级人民政府应当建立或者确定本地区统一的突发事件信息系统，汇集、储存、分析、传输有关突发事件的信息，并与上级人民政府及其有关部门、下级人民政府及其有关部门、专业机构和监测网点的突发事件信息系统实现互联互通，加强跨部门、跨地区的信息交流与情报合作。

第三十八条 县级以上人民政府及其有关部门、专业机构应当通过多种途径收集突发事件信息。

县级人民政府应当在居民委员会、村民委员会和有关单位建立专职或者兼职信息报告员制度。

获悉突发事件信息的公民、法人或者其他组织，应当立即向所在地人民政府、有关主管部门或者指定的专业机构报告。

　　第三十九条　地方各级人民政府应当按照国家有关规定向上级人民政府报送突发事件信息。县级以上人民政府有关主管部门应当向本级人民政府相关部门通报突发事件信息。专业机构、监测网点和信息报告员应当及时向所在地人民政府及其有关主管部门报告突发事件信息。

　　有关单位和人员报送、报告突发事件信息，应当做到及时、客观、真实，不得迟报、谎报、瞒报、漏报。

　　第四十条　县级以上地方各级人民政府应当及时汇总分析突发事件隐患和预警信息，必要时组织相关部门、专业技术人员、专家学者进行会商，对发生突发事件的可能性及其可能造成的影响进行评估；认为可能发生重大或者特别重大突发事件的，应当立即向上级人民政府报告，并向上级人民政府有关部门、当地驻军和可能受到危害的毗邻或者相关地区的人民政府通报。

　　第四十一条　国家建立健全突发事件监测制度。

　　县级以上人民政府及其有关部门应当根据自然灾害、事故灾难和公共卫生事件的种类和特点，建立健全基础信息数据库，完善监测网络，划分监测区域，确定监测点，明确监测项目，提供必要的设备、设施，配备专职或者兼职人员，对可能发生的突发事件进行监测。

　　第四十二条　国家建立健全突发事件预警制度。

　　可以预警的自然灾害、事故灾难和公共卫生事件的预警级别，按照突发事件发生的紧急程度、发展势态和可能造成的危害程度分为一级、二级、三级和四级，分别用红色、橙色、黄色和蓝色标示，一级为最高级别。

　　预警级别的划分标准由国务院或者国务院确定的部门制定。

　　第四十三条　可以预警的自然灾害、事故灾难或者公共卫生事件即将发生或者发生的可能性增大时，县级以上地方各级人民政府应当根据有关法律、行政法规和国务院规定的权限和程序，发布相应级别的警报，决定并宣布有关地区进入预警期，同时向上一级人民政府报告，必要时可以越级上报，并向当地驻军和可能受到危害的毗邻或者相关地区的人民政府通报。

第四十四条 发布三级、四级警报，宣布进入预警期后，县级以上地方各级人民政府应当根据即将发生的突发事件的特点和可能造成的危害，采取下列措施：

（一）启动应急预案；

（二）责令有关部门、专业机构、监测网点和负有特定职责的人员及时收集、报告有关信息，向社会公布反映突发事件信息的渠道，加强对突发事件发生、发展情况的监测、预报和预警工作；

（三）组织有关部门和机构、专业技术人员、有关专家学者，随时对突发事件信息进行分析评估，预测发生突发事件可能性的大小、影响范围和强度以及可能发生的突发事件的级别；

（四）定时向社会发布与公众有关的突发事件预测信息和分析评估结果，并对相关信息的报道工作进行管理；

（五）及时按照有关规定向社会发布可能受到突发事件危害的警告，宣传避免、减轻危害的常识，公布咨询电话。

第四十五条 发布一级、二级警报，宣布进入预警期后，县级以上地方各级人民政府除采取本法第四十四条规定的措施外，还应当针对即将发生的突发事件的特点和可能造成的危害，采取下列一项或者多项措施：

（一）责令应急救援队伍、负有特定职责的人员进入待命状态，并动员后备人员做好参加应急救援和处置工作的准备；

（二）调集应急救援所需物资、设备、工具，准备应急设施和避难场所，并确保其处于良好状态、随时可以投入正常使用；

（三）加强对重点单位、重要部位和重要基础设施的安全保卫，维护社会治安秩序；

（四）采取必要措施，确保交通、通信、供水、排水、供电、供气、供热等公共设施的安全和正常运行；

（五）及时向社会发布有关采取特定措施避免或者减轻危害的建议、劝告；

（六）转移、疏散或者撤离易受突发事件危害的人员并予以妥善安置，转移重要财产；

（七）关闭或者限制使用易受突发事件危害的场所，控制或者限制容易导致危害扩大的公共场所的活动；

（八）法律、法规、规章规定的其他必要的防范性、保护性措施。

第四十六条　对即将发生或者已经发生的社会安全事件，县级以上地方各级人民政府及其有关主管部门应当按照规定向上一级人民政府及其有关主管部门报告，必要时可以越级上报。

第四十七条　发布突发事件警报的人民政府应当根据事态的发展，按照有关规定适时调整预警级别并重新发布。

有事实证明不可能发生突发事件或者危险已经解除的，发布警报的人民政府应当立即宣布解除警报，终止预警期，并解除已经采取的有关措施。

第四章　应急处置与救援

第四十八条　突发事件发生后，履行统一领导职责或者组织处置突发事件的人民政府应当针对其性质、特点和危害程度，立即组织有关部门，调动应急救援队伍和社会力量，依照本章的规定和有关法律、法规、规章的规定采取应急处置措施。

第四十九条　自然灾害、事故灾难或者公共卫生事件发生后，履行统一领导职责的人民政府可以采取下列一项或者多项应急处置措施：

（一）组织营救和救治受害人员，疏散、撤离并妥善安置受到威胁的人员以及采取其他救助措施；

（二）迅速控制危险源，标明危险区域，封锁危险场所，划定警戒区，实行交通管制以及其他控制措施；

（三）立即抢修被损坏的交通、通信、供水、排水、供电、供气、供热等公共设施，向受到危害的人员提供避难场所和生活必需品，实施医疗救护和卫生防疫以及其他保障措施；

（四）禁止或者限制使用有关设备、设施，关闭或者限制使用有关场所，中止人员密集的活动或者可能导致危害扩大的生产经营活动以及采取其他保护措施；

（五）启用本级人民政府设置的财政预备费和储备的应急救援物资，必要时调用其他急需物资、设备、设施、工具；

（六）组织公民参加应急救援和处置工作，要求具有特定专长的人员提供服务；

（七）保障食品、饮用水、燃料等基本生活必需品的供应；

（八）依法从严惩处囤积居奇、哄抬物价、制假售假等扰乱市场秩序的行为，稳定市场价格，维护市场秩序；

（九）依法从严惩处哄抢财物、干扰破坏应急处置工作等扰乱社会秩序的行为，维护社会治安；

（十）采取防止发生次生、衍生事件的必要措施。

第五十条 社会安全事件发生后，组织处置工作的人民政府应当立即组织有关部门并由公安机关针对事件的性质和特点，依照有关法律、行政法规和国家其他有关规定，采取下列一项或者多项应急处置措施：

（一）强制隔离使用器械相互对抗或者以暴力行为参与冲突的当事人，妥善解决现场纠纷和争端，控制事态发展；

（二）对特定区域内的建筑物、交通工具、设备、设施以及燃料、燃气、电力、水的供应进行控制；

（三）封锁有关场所、道路，查验现场人员的身份证件，限制有关公共场所内的活动；

（四）加强对易受冲击的核心机关和单位的警卫，在国家机关、军事机关、国家通讯社、广播电台、电视台、外国驻华使领馆等单位附近设置临时警戒线；

（五）法律、行政法规和国务院规定的其他必要措施。

严重危害社会治安秩序的事件发生时，公安机关应当立即依法出动警力，根据现场情况依法采取相应的强制性措施，尽快使社会秩序恢复正常。

第五十一条　发生突发事件，严重影响国民经济正常运行时，国务院或者国务院授权的有关主管部门可以采取保障、控制等必要的应急措施，保障人民群众的基本生活需要，最大限度地减轻突发事件的影响。

第五十二条　履行统一领导职责或者组织处置突发事件的人民政府，必要时可以向单位和个人征用应急救援所需设备、设施、场地、交通工具和其他物资，请求其他地方人民政府提供人力、物力、财力或者技术支援，要求生产、供应生活必需品和应急救援物资的企业组织生产、保证供给，要求提供医疗、交通等公共服务的组织提供相应的服务。

履行统一领导职责或者组织处置突发事件的人民政府，应当组织协调运输经营单位，优先运送处置突发事件所需物资、设备、工具、应急救援人员和受到突发事件危害的人员。

第五十三条　履行统一领导职责或者组织处置突发事件的人民政府，应当按照有关规定统一、准确、及时发布有关突发事件事态发展和应急处置工作的信息。

第五十四条　任何单位和个人不得编造、传播有关突发事件事态发展或者应急处置工作的虚假信息。

第五十五条　突发事件发生地的居民委员会、村民委员会和其他组织应当按照当地人民政府的决定、命令，进行宣传动员，组织群众开展自救和互救，协助维护社会秩序。

第五十六条 受到自然灾害危害或者发生事故灾难、公共卫生事件的单位，应当立即组织本单位应急救援队伍和工作人员营救受害人员，疏散、撤离、安置受到威胁的人员，控制危险源，标明危险区域，封锁危险场所，并采取其他防止危害扩大的必要措施，同时向所在地县级人民政府报告；对因本单位的问题引发的或者主体是本单位人员的社会安全事件，有关单位应当按照规定上报情况，并迅速派出负责人赶赴现场开展劝解、疏导工作。

突发事件发生地的其他单位应当服从人民政府发布的决定、命令，配合人民政府采取的应急处置措施，做好本单位的应急救援工作，并积极组织人员参加所在地的应急救援和处置工作。

第五十七条 突发事件发生地的公民应当服从人民政府、居民委员会、村民委员会或者所属单位的指挥和安排，配合人民政府采取的应急处置措施，积极参加应急救援工作，协助维护社会秩序。

第五章 事后恢复与重建

第五十八条 突发事件的威胁和危害得到控制或者消除后，履行统一领导职责或者组织处置突发事件的人民政府应当停止执行依照本法规定采取的应急处置措施，同时采取或者继续实施必要措施，防止发生自然灾害、事故灾难、公共卫生事件的次生、衍生事件或者重新引发社会安全事件。

第五十九条 突发事件应急处置工作结束后，履行统一领导职责的人民政府应当立即组织对突发事件造成的损失进行评估，组织受影响地区尽快恢复生产、生活、工作和社会秩序，制定恢复重建计划，并向上一级人民政府报告。

受突发事件影响地区的人民政府应当及时组织和协调公安、

交通、铁路、民航、邮电、建设等有关部门恢复社会治安秩序，尽快修复被损坏的交通、通信、供水、排水、供电、供气、供热等公共设施。

第六十条　受突发事件影响地区的人民政府开展恢复重建工作需要上一级人民政府支持的，可以向上一级人民政府提出请求。上一级人民政府应当根据受影响地区遭受的损失和实际情况，提供资金、物资支持和技术指导，组织其他地区提供资金、物资和人力支援。

第六十一条　国务院根据受突发事件影响地区遭受损失的情况，制定扶持该地区有关行业发展的优惠政策。

受突发事件影响地区的人民政府应当根据本地区遭受损失的情况，制定救助、补偿、抚慰、抚恤、安置等善后工作计划并组织实施，妥善解决因处置突发事件引发的矛盾和纠纷。

公民参加应急救援工作或者协助维护社会秩序期间，其在本单位的工资待遇和福利不变；表现突出、成绩显著的，由县级以上人民政府给予表彰或者奖励。

县级以上人民政府对在应急救援工作中伤亡的人员依法给予抚恤。

第六十二条　履行统一领导职责的人民政府应当及时查明突发事件的发生经过和原因，总结突发事件应急处置工作的经验教训，制定改进措施，并向上一级人民政府提出报告。

第六章　法律责任

第六十三条　地方各级人民政府和县级以上各级人民政府有关部门违反本法规定，不履行法定职责的，由其上级行政机关或者监察机关责令改正；有下列情形之一的，根据情节对直接负责的主管人员和其他直接责任人员依法给予处分：

（一）未按规定采取预防措施，导致发生突发事件，或者未采取必要的防范措施，导致发生次生、衍生事件的；

（二）迟报、谎报、瞒报、漏报有关突发事件的信息，或者通报、报送、公布虚假信息，造成后果的；

（三）未按规定及时发布突发事件警报、采取预警期的措施，导致损害发生的；

（四）未按规定及时采取措施处置突发事件或者处置不当，造成后果的；

（五）不服从上级人民政府对突发事件应急处置工作的统一领导、指挥和协调的；

（六）未及时组织开展生产自救、恢复重建等善后工作的；

（七）截留、挪用、私分或者变相私分应急救援资金、物资的；

（八）不及时归还征用的单位和个人的财产，或者对被征用财产的单位和个人不按规定给予补偿的。

第六十四条　有关单位有下列情形之一的，由所在地履行统一领导职责的人民政府责令停产停业，暂扣或者吊销许可证或者营业执照，并处五万元以上二十万元以下的罚款；构成违反治安管理行为的，由公安机关依法给予处罚：

（一）未按规定采取预防措施，导致发生严重突发事件的；

（二）未及时消除已发现的可能引发突发事件的隐患，导致发生严重突发事件的；

（三）未做好应急设备、设施日常维护、检测工作，导致发生严重突发事件或者突发事件危害扩大的；

（四）突发事件发生后，不及时组织开展应急救援工作，造成严重后果的。

前款规定的行为，其他法律、行政法规规定由人民政府有关部门依法决定处罚的，从其规定。

第六十五条　违反本法规定，编造并传播有关突发事件事态发展或者应急处置工作的虚假信息，或者明知是有关突发事件事态发展或者应急处置工作的虚假信息而进行传播的，责令改正，给予警告；造成严重后果的，依法暂停其业务活动或者吊销其执业许可证；负有直接责任的人员是国家工作人员的，还应当对其依法给予处分；构成违反治安管理行为的，由公安机关依法给予处罚。

第六十六条　单位或者个人违反本法规定，不服从所在地人民政府及其有关部门发布的决定、命令或者不配合其依法采取的措施，构成违反治安管理行为的，由公安机关依法给予处罚。

第六十七条　单位或者个人违反本法规定，导致突发事件发生或者危害扩大，给他人人身、财产造成损害的，应当依法承担民事责任。

第六十八条　违反本法规定，构成犯罪的，依法追究刑事责任。

第七章　附　则

第六十九条　发生特别重大突发事件，对人民生命财产安全、国家安全、公共安全、环境安全或者社会秩序构成重大威胁，采取本法和其他有关法律、法规、规章规定的应急处置措施不能消除或者有效控制、减轻其严重社会危害，需要进入紧急状态的，由全国人民代表大会常务委员会或者国务院依照宪法和其他有关法律规定的权限和程序决定。

紧急状态期间采取的非常措施，依照有关法律规定执行或者由全国人民代表大会常务委员会另行规定。

第七十条　本法自 2007 年 11 月 1 日起施行。

6. 国务院《关于特大安全事故行政责任追究的规定》

第一条 为了有效地防范特大安全事故的发生，严肃追究特大安全事故的行政责任，保障人民群众生命、财产安全，制定本规定。

第二条 地方人民政府主要领导人和政府有关部门正职负责人对下列特大安全事故的防范、发生，依照法律、行政法规和本规定的规定有失职、渎职情形或者负有领导责任的，依照本规定给予行政处分；构成玩忽职守罪或者其他罪的，依法追究刑事责任：

（一）特大火灾事故；

（二）特大交通安全事故；

（三）特大建筑质量安全事故；

（四）民用爆炸物品和化学危险品特大安全事故；

（五）煤矿和其他矿山特大安全事故；

（六）锅炉、压力容器、压力管道和特种设备特大安全事故；

（七）其他特大安全事故。

地方人民政府和政府有关部门对特大安全事故的防范、发生直接负责的主管人员和其他直接责任人员，比照本规定给予行政处分；构成玩忽职守罪或者其他罪的，依法追究刑事责任。

特大安全事故肇事单位和个人的刑事处罚、行政处罚和民事责任，依照有关法律、法规和规章的规定执行。

第三条 特大安全事故的具体标准，按照国家有关规定执行。

第四条　地方各级人民政府及政府有关部门应当依照有关法律、法规和规章的规定，采取行政措施，对本地区实施安全监督管理，保障本地区人民群众生命、财产安全，对本地区或者职责范围内防范特大安全事故的发生、特大安全事故发生后的迅速和妥善处理负责。

第五条　地方各级人民政府应当每个季度至少召开一次防范特大安全事故工作会议，由政府主要领导人或者政府主要领导人委托政府分管领导人召集有关部门正职负责人参加，分析、布置、督促、检查本地区防范特大安全事故的工作。会议应当作出决定并形成纪要，会议确定的各项防范措施必须严格实施。

第六条　市（地、州）、县（市、区）人民政府应当组织有关部门按照职责分工对本地区容易发生特大安全事故的单位、设施和场所安全事故的防范明确责任、采取措施，并组织有关部门对上述单位、设施和场所进行严格检查。

第七条　市（地、州）、县（市、区）人民政府必须制定本地区特大安全事故应急处理预案。本地区特大安全事故应急处理预案经政府主要领导人签署后，报上一级人民政府备案。

第八条　市（地、州）、县（市、区）人民政府应当组织有关部门对本规定第二条所列各类特大安全事故的隐患进行查处；发现特大安全事故隐患的，责令立即排除；特大安全事故隐患排除前或者排除过程中，无法保证安全的，责令暂时停产、停业或者停止使用。法律、行政法规对查处机关另有规定的，依照其规定。

第九条　市（地、州）、县（市、区）人民政府及其有关部门对本地区存在的特大安全事故隐患，超出其管辖或者职责范围的，应当立即向有管辖权或者负有职责的上级人民政府或者政府有关部门报告；情况紧急的，可以立即采取包括责令暂时停产、停业在内的紧急措施，同时报告；有关上级人民政府或者政府有关部门接到报告后，应当立即组织查处。

第十条　中小学校对学生进行劳动技能教育以及组织学生参加公益劳动等社会实践活动，必须确保学生安全。严禁以任何形式、名义组织学生从事接触易燃、易爆、有毒、有害等危险品的劳动或者其他危险性劳动。严禁将学校场地出租作为从事易燃、易爆、有毒、有害等危险品的生产、经营场所。

中小学校违反前款规定的，按照学校隶属关系，对县（市、区）、乡（镇）人民政府主要领导人和县（市、区）人民政府教育行政部门正职负责人，根据情节轻重，给予记过、降级直至撤职的行政处分；构成玩忽职守罪或者其他罪的，依法追究刑事责任。

中小学校违反本条第一款规定的，对校长给予撤职的行政处分，对直接组织者给予开除公职的行政处分；构成非法制造爆炸物罪或者其他罪的，依法追究刑事责任。

第十一条　依法对涉及安全生产事项负责行政审批（包括批准、核准、许可、注册、认证、颁发证照、竣工验收等，下同）的政府部门或者机构，必须严格依照法律、法规和规章规定的安全条件和程序进行审查；不符合法律、法规和规章规定的安全条件的，不得批准；不符合法律、法规和规章规定的安全条件，弄虚作假，骗取批准或者勾结串通行政审批工作人员取得批准的，负责行政审批的政府部门或者机构除必须立即撤销原批准外，应当对弄虚作假骗取批准或者勾结串通行政审批工作人员的当事人依法给予行政处罚；构成行贿罪或者其他罪的，依法追究刑事责任。

负责行政审批的政府部门或者机构违反前款规定，对不符合法律、法规和规章规定的安全条件予以批准的，对部门或者机构的正职负责人，根据情节轻重，给予降级、撤职直至开除公职的行政处分；与当事人勾结串通的，应当开除公职；构成受贿罪、玩忽职守罪或者其他罪的，依法追究刑事责任。

　　第十二条　对依照本规定第十一条第一款的规定取得批准的单位和个人，负责行政审批的政府部门或者机构必须对其实施严格监督检查；发现其不再具备安全条件的，必须立即撤销原批准。

　　负责行政审批的政府部门或者机构违反前款规定，不对取得批准的单位和个人实施严格监督检查，或者发现其不再具备安全条件而不立即撤销原批准的，对部门或者机构的正职负责人，根据情节轻重，给予降级或者撤职的行政处分；构成受贿罪、玩忽职守罪或者其他罪的，依法追究刑事责任。

　　第十三条　对未依法取得批准，擅自从事有关活动的，负责行政审批的政府部门或者机构发现或者接到举报后，应当立即予以查封、取缔，并依法给予行政处罚；属于经营单位的，由工商行政管理部门依法相应吊销营业执照。

　　负责行政审批的政府部门或者机构违反前款规定，对发现或者举报的未依法取得批准而擅自从事有关活动的，不予查封、取缔、不依法给予行政处罚，工商行政管理部门不予吊销营业执照的，对部门或者机构的正职负责人，根据情节轻重，给予降级或者撤职的行政处分；构成受贿罪、玩忽职守罪或者其他罪的，依法追究刑事责任。

　　第十四条　市（地、州）、县（市、区）人民政府依照本规定应当履行职责而未履行，或者未按照规定的职责和程序履行，本地区发生特大安全事故的，对政府主要领导人，根据情节轻重，给予降级或者撤职的行政处分；构成玩忽职守罪的，依法追究刑事责任。

　　负责行政审批的政府部门或者机构、负责安全监督管理的政府有关部门，未依照本规定履行职责，发生特大安全事故的，对部门或者机构的正职负责人，根据情节轻重，给予撤职或者开除公职的行政处分；构成玩忽职守罪或者其他罪的，依法追究刑事责任。

第十五条 发生特大安全事故，社会影响特别恶劣或者性质特别严重的，由国务院对负有领导责任的省长、自治区主席、直辖市市长和国务院有关部门正职负责人给予行政处分。

第十六条 特大安全事故发生后，有关县（市、区）、市（地、州）和省、自治区、直辖市人民政府及政府有关部门应当按照国家规定的程序和时限立即上报，不得隐瞒不报、谎报或者拖延报告，并应当配合、协助事故调查，不得以任何方式阻碍、干涉事故调查。

特大安全事故发生后，有关地方人民政府及政府有关部门违反前款规定的，对政府主要领导人和政府部门正职负责人给予降级的行政处分。

第十七条 特大安全事故发生后，有关地方人民政府应当迅速组织救助，有关部门应当服从指挥、调度，参加或者配合救助，将事故损失降到最低限度。

第十八条 特大安全事故发生后，省、自治区、直辖市人民政府应当按照国家有关规定迅速、如实发布事故消息。

第十九条 特大安全事故发生后，按照国家有关规定组织调查组对事故进行调查。事故调查工作应当自事故发生之日起 60 日内完成，并由调查组提出调查报告；遇有特殊情况的，经调查组提出并报国家安全生产监督管理机构批准后，可以适当延长时间。调查报告应当包括依照本规定对有关责任人员追究行政责任或者其他法律责任的意见。

省、自治区、直辖市人民政府应当自调查报告提交之日起 30 日内，对有关责任人员作出处理决定；必要时，国务院可以对特大安全事故的有关责任人员作出处理决定。

第二十条 地方人民政府或者政府部门阻挠、干涉对特大安全事故有关责任人员追究行政责任的，对该地方人民政府主要领导人或者政府部门正职负责人，根据情节轻重，给予降级或者撤职的行政处分。

第二十一条　任何单位和个人均有权向有关地方人民政府或者政府部门报告特大安全事故隐患，有权向上级人民政府或者政府部门举报地方人民政府或者政府部门不履行安全监督管理职责或者不按照规定履行职责的情况。接到报告或者举报的有关人民政府或者政府部门，应当立即组织对事故隐患进行查处，或者对举报的不履行、不按照规定履行安全监督管理职责的情况进行调查处理。

第二十二条　监察机关依照行政监察法的规定，对地方各级人民政府和政府部门及其工作人员履行安全监督管理职责实施监察。

第二十三条　对特大安全事故以外的其他安全事故的防范、发生追究行政责任的办法，由省、自治区、直辖市人民政府参照本规定制定。

第二十四条　本规定自公布之日起施行。

7. 建设工程安全生产管理条例

第一章 总 则

第一条 为了加强建设工程安全生产监督管理，保障人民群众生命和财产安全，根据《中华人民共和国建筑法》、《中华人民共和国安全生产法》，制定本条例。

第二条 在中华人民共和国境内从事建设工程的新建、扩建、改建和拆除等有关活动及实施对建设工程安全生产的监督管理，必须遵守本条例。

本条例所称建设工程，是指土木工程、建筑工程、线路管道和设备安装工程及装修工程。

第三条 建设工程安全生产管理，坚持安全第一、预防为主的方针。

第四条 建设单位、勘察单位、设计单位、施工单位、工程监理单位及其他与建设工程安全生产有关的单位，必须遵守安全生产法律、法规的规定，保证建设工程安全生产，依法承担建设工程安全生产责任。

第五条 国家鼓励建设工程安全生产的科学技术研究和先进技术的推广应用，推进建设工程安全生产的科学管理。

第二章 建设单位的安全责任

第六条 建设单位应当向施工单位提供施工现场及毗邻区域内供水、排水、供电、供气、供热、通信、广播电视等地下管线资料，气象和水文观测资料，相邻建筑物和构筑物、地下工程的有关资料，并保证资料的真实、准确、完整。

建设单位因建设工程需要，向有关部门或者单位查询前款规定的资料时，有关部门或者单位应当及时提供。

第七条　建设单位不得对勘察、设计、施工、工程监理等单位提出不符合建设工程安全生产法律、法规和强制性标准规定的要求，不得压缩合同约定的工期。

第八条　建设单位在编制工程概算时，应当确定建设工程安全作业环境及安全施工措施所需费用。

第九条　建设单位不得明示或者暗示施工单位购买、租赁、使用不符合安全施工要求的安全防护用具、机械设备、施工机具及配件、消防设施和器材。

第十条　建设单位在申请领取施工许可证时，应当提供建设工程有关安全施工措施的资料。

依法批准开工报告的建设工程，建设单位应当自开工报告批准之日起 15 日内，将保证安全施工的措施报送建设工程所在地的县级以上地方人民政府建设行政主管部门或者其他有关部门备案。

第十一条　建设单位应当将拆除工程发包给具有相应资质等级的施工单位。

建设单位应当在拆除工程施工 15 日前，将下列资料报送建设工程所在地的县级以上地方人民政府建设行政主管部门或者其他有关部门备案：

（一）施工单位资质等级证明；

（二）拟拆除建筑物、构筑物及可能危及毗邻建筑的说明；

（三）拆除施工组织方案；

（四）堆放、清除废弃物的措施。

实施爆破作业的，应当遵守国家有关民用爆炸物品管理的规定。

第三章　勘察、设计、工程监理及其他有关单位的安全责任

第十二条　勘察单位应当按照法律、法规和工程建设强制性标准进行勘察，提供的勘察文件应当真实、准确，满足建设工程安全生产的需要。

勘察单位在勘察作业时，应当严格执行操作规程，采取措施保证各类管线、设施和周边建筑物、构筑物的安全。

第十三条　设计单位应当按照法律、法规和工程建设强制性标准进行设计，防止因设计不合理导致生产安全事故的发生。

设计单位应当考虑施工安全操作和防护的需要，对涉及施工安全的重点部位和环节在设计文件中注明，并对防范生产安全事故提出指导意见。

采用新结构、新材料、新工艺的建设工程和特殊结构的建设工程，设计单位应当在设计中提出保障施工作业人员安全和预防生产安全事故的措施建议。

设计单位和注册建筑师等注册执业人员应当对其设计负责。

第十四条　工程监理单位应当审查施工组织设计中的安全技术措施或者专项施工方案是否符合工程建设强制性标准。

工程监理单位在实施监理过程中，发现存在安全事故隐患的，应当要求施工单位整改；情况严重的，应当要求施工单位暂时停止施工，并及时报告建设单位。施工单位拒不整改或者不停止施工的，工程监理单位应当及时向有关主管部门报告。

工程监理单位和监理工程师应当按照法律、法规和工程建设强制性标准实施监理，并对建设工程安全生产承担监理责任。

第十五条　为建设工程提供机械设备和配件的单位，应当按照安全施工的要求配备齐全有效的保险、限位等安全设施和装置。

第十六条　出租的机械设备和施工机具及配件，应当具有生

产（制造）许可证、产品合格证。

出租单位应当对出租的机械设备和施工机具及配件的安全性能进行检测，在签订租赁协议时，应当出具检测合格证明。

禁止出租检测不合格的机械设备和施工机具及配件。

第十七条 在施工现场安装、拆卸施工起重机械和整体提升脚手架、模板等自升式架设设施，必须由具有相应资质的单位承担。

安装、拆卸施工起重机械和整体提升脚手架、模板等自升式架设设施，应当编制拆装方案、制定安全施工措施，并由专业技术人员现场监督。

施工起重机械和整体提升脚手架、模板等自升式架设设施安装完毕后，安装单位应当自检，出具自检合格证明，并向施工单位进行安全使用说明，办理验收手续并签字。

第十八条 施工起重机械和整体提升脚手架、模板等自升式架设设施的使用达到国家规定的检验检测期限的，必须经具有专业资质的检验检测机构检测。经检测不合格的，不得继续使用。

第十九条 检验检测机构对检测合格的施工起重机械和整体提升脚手架、模板等自升式架设设施，应当出具安全合格证明文件，并对检测结果负责。

第四章 施工单位的安全责任

第二十条 施工单位从事建设工程的新建、扩建、改建和拆除等活动，应当具备国家规定的注册资本、专业技术人员、技术装备和安全生产等条件，依法取得相应等级的资质证书，并在其资质等级许可的范围内承揽工程。

第二十一条 施工单位主要负责人依法对本单位的安全生产工作全面负责。施工单位应当建立健全安全生产责任制度和安全生产教育培训制度，制定安全生产规章制度和操作规程，保证本单位安全生产条件所需资金的投入，对所承担的建设工程进行定期和专项安全检查，并做好安全检查记录。

施工单位的项目负责人应当由取得相应执业资格的人员担任，对建设工程项目的安全施工负责，落实安全生产责任制度、安全生产规章制度和操作规程，确保安全生产费用的有效使用，并根据工程的特点组织制定安全施工措施，消除安全事故隐患，及时、如实报告生产安全事故。

第二十二条 施工单位对列入建设工程概算的安全作业环境及安全施工措施所需费用，应当用于施工安全防护用具及设施的采购和更新、安全施工措施的落实、安全生产条件的改善，不得挪作他用。

第二十三条 施工单位应当设立安全生产管理机构，配备专职安全生产管理人员。

专职安全生产管理人员负责对安全生产进行现场监督检查。发现安全事故隐患，应当及时向项目负责人和安全生产管理机构报告；对违章指挥、违章操作的，应当立即制止。

专职安全生产管理人员的配备办法由国务院建设行政主管部门会同国务院其他有关部门制定。

第二十四条 建设工程实行施工总承包的，由总承包单位对施工现场的安全生产负总责。

总承包单位应当自行完成建设工程主体结构的施工。

总承包单位依法将建设工程分包给其他单位的，分包合同中应当明确各自的安全生产方面的权利、义务。总承包单位和分包单位对分包工程的安全生产承担连带责任。

分包单位应当服从总承包单位的安全生产管理，分包单位不服从管理导致生产安全事故的，由分包单位承担主要责任。

第二十五条 垂直运输机械作业人员、安装拆卸工、爆破作业人员、起重信号工、登高架设作业人员等特种作业人员，必须按照国家有关规定经过专门的安全作业培训，并取得特种作业操作资格证书后，方可上岗作业。

第二十六条　施工单位应当在施工组织设计中编制安全技术措施和施工现场临时用电方案，对下列达到一定规模的危险性较大的分部分项工程编制专项施工方案，并附具安全验算结果，经施工单位技术负责人、总监理工程师签字后实施，由专职安全生产管理人员进行现场监督：

（一）基坑支护与降水工程；

（二）土方开挖工程；

（三）模板工程；

（四）起重吊装工程；

（五）脚手架工程；

（六）拆除、爆破工程；

（七）国务院建设行政主管部门或者其他有关部门规定的其他危险性较大的工程。

对前款所列工程中涉及深基坑、地下暗挖工程、高大模板工程的专项施工方案，施工单位还应当组织专家进行论证、审查。

本条第一款规定的达到一定规模的危险性较大工程的标准，由国务院建设行政主管部门会同国务院其他有关部门制定。

第二十七条　建设工程施工前，施工单位负责项目管理的技术人员应当对有关安全施工的技术要求向施工作业班组、作业人员作出详细说明，并由双方签字确认。

第二十八条　施工单位应当在施工现场入口处、施工起重机械、临时用电设施、脚手架、出入通道口、楼梯口、电梯井口、孔洞口、桥梁口、隧道口、基坑边沿、爆破物及有害危险气体和液体存放处等危险部位，设置明显的安全警示标志。安全警示标志必须符合国家标准。

施工单位应当根据不同施工阶段和周围环境及季节、气候的变化，在施工现场采取相应的安全施工措施。施工现场暂时停止施工的，施工单位应当做好现场防护，所需费用由责任方承担，或者按照合同约定执行。

第二十九条 施工单位应当将施工现场的办公、生活区与作业区分开设置，并保持安全距离；办公、生活区的选址应当符合安全性要求。职工的膳食、饮水、休息场所等应当符合卫生标准。施工单位不得在尚未竣工的建筑物内设置员工集体宿舍。

施工现场临时搭建的建筑物应当符合安全使用要求。施工现场使用的装配式活动房屋应当具有产品合格证。

第三十条 施工单位对因建设工程施工可能造成损害的毗邻建筑物、构筑物和地下管线等，应当采取专项防护措施。

施工单位应当遵守有关环境保护法律、法规的规定，在施工现场采取措施，防止或者减少粉尘、废气、废水、固体废物、噪声、振动和施工照明对人和环境的危害和污染。

在城市市区内的建设工程，施工单位应当对施工现场实行封闭围挡。

第三十一条 施工单位应当在施工现场建立消防安全责任制度，确定消防安全责任人，制定用火、用电、使用易燃易爆材料等各项消防安全管理制度和操作规程，设置消防通道、消防水源，配备消防设施和灭火器材，并在施工现场入口处设置明显标志。

第三十二条 施工单位应当向作业人员提供安全防护用具和安全防护服装，并书面告知危险岗位的操作规程和违章操作的危害。

作业人员有权对施工现场的作业条件、作业程序和作业方式中存在的安全问题提出批评、检举和控告，有权拒绝违章指挥和强令冒险作业。

在施工中发生危及人身安全的紧急情况时，作业人员有权立即停止作业或者在采取必要的应急措施后撤离危险区域。

第三十三条　作业人员应当遵守安全施工的强制性标准、规章制度和操作规程，正确使用安全防护用具、机械设备等。

第三十四条　施工单位采购、租赁的安全防护用具、机械设备、施工机具及配件，应当具有生产（制造）许可证、产品合格证，并在进入施工现场前进行查验。

施工现场的安全防护用具、机械设备、施工机具及配件必须由专人管理，定期进行检查、维修和保养，建立相应的资料档案，并按照国家有关规定及时报废。

第三十五条　施工单位在使用施工起重机械和整体提升脚手架、模板等自升式架设设施前，应当组织有关单位进行验收，也可以委托具有相应资质的检验检测机构进行验收；使用承租的机械设备和施工机具及配件的，由施工总承包单位、分包单位、出租单位和安装单位共同进行验收。验收合格的方可使用。

《特种设备安全监察条例》规定的施工起重机械，在验收前应当经有相应资质的检验检测机构监督检验合格。

施工单位应当自施工起重机械和整体提升脚手架、模板等自升式架设设施验收合格之日起 30 日内，向建设行政主管部门或者其他有关部门登记。登记标志应当置于或者附着于该设备的显著位置。

第三十六条　施工单位的主要负责人、项目负责人、专职安全生产管理人员应当经建设行政主管部门或者其他有关部门考核合格后方可任职。

施工单位应当对管理人员和作业人员每年至少进行一次安全生产教育培训，其教育培训情况记入个人工作档案。安全生产教育培训考核不合格的人员，不得上岗。

第三十七条　作业人员进入新的岗位或者新的施工现场前，应当接受安全生产教育培训。未经教育培训或者教育培训考核不合格的人员，不得上岗作业。

施工单位在采用新技术、新工艺、新设备、新材料时，应当对作业人员进行相应的安全生产教育培训。

第三十八条 施工单位应当为施工现场从事危险作业的人员办理意外伤害保险。

意外伤害保险费由施工单位支付。实行施工总承包的，由总承包单位支付意外伤害保险费。意外伤害保险期限自建设工程开工之日起至竣工验收合格止。

第五章 监督管理

第三十九条 国务院负责安全生产监督管理的部门依照《中华人民共和国安全生产法》的规定，对全国建设工程安全生产工作实施综合监督管理。

县级以上地方人民政府负责安全生产监督管理的部门依照《中华人民共和国安全生产法》的规定，对本行政区域内建设工程安全生产工作实施综合监督管理。

第四十条 国务院建设行政主管部门对全国的建设工程安全生产实施监督管理。国务院铁路、交通、水利等有关部门按照国务院规定的职责分工，负责有关专业建设工程安全生产的监督管理。

县级以上地方人民政府建设行政主管部门对本行政区域内的建设工程安全生产实施监督管理。县级以上地方人民政府交通、水利等有关部门在各自的职责范围内，负责本行政区域内的专业建设工程安全生产的监督管理。

第四十一条 建设行政主管部门和其他有关部门应当将本条例第十条、第十一条规定的有关资料的主要内容抄送同级负责安全生产监督管理的部门。

第四十二条　建设行政主管部门在审核发放施工许可证时，应当对建设工程是否有安全施工措施进行审查，对没有安全施工措施的，不得颁发施工许可证。

建设行政主管部门或者其他有关部门对建设工程是否有安全施工措施进行审查时，不得收取费用。

第四十三条　县级以上人民政府负有建设工程安全生产监督管理职责的部门在各自的职责范围内履行安全监督检查职责时，有权采取下列措施：

（一）要求被检查单位提供有关建设工程安全生产的文件和资料；

（二）进入被检查单位施工现场进行检查；

（三）纠正施工中违反安全生产要求的行为；

（四）对检查中发现的安全事故隐患，责令立即排除；重大安全事故隐患排除前或者排除过程中无法保证安全的，责令从危险区域内撤出作业人员或者暂时停止施工。

第四十四条　建设行政主管部门或者其他有关部门可以将施工现场的监督检查委托给建设工程安全监督机构具体实施。

第四十五条　国家对严重危及施工安全的工艺、设备、材料实行淘汰制度。具体目录由国务院建设行政主管部门会同国务院其他有关部门制定并公布。

第四十六条　县级以上人民政府建设行政主管部门和其他有关部门应当及时受理对建设工程生产安全事故及安全事故隐患的检举、控告和投诉。

第六章　生产安全事故的应急救援和调查处理

第四十七条　县级以上地方人民政府建设行政主管部门应当根据本级人民政府的要求，制定本行政区域内建设工程特大生产安全事故应急救援预案。

第四十八条 施工单位应当制定本单位生产安全事故应急救援预案，建立应急救援组织或者配备应急救援人员，配备必要的应急救援器材、设备，并定期组织演练。

第四十九条 施工单位应当根据建设工程施工的特点、范围，对施工现场易发生重大事故的部位、环节进行监控，制定施工现场生产安全事故应急救援预案。实行施工总承包的，由总承包单位统一组织编制建设工程生产安全事故应急救援预案，工程总承包单位和分包单位按照应急救援预案，各自建立应急救援组织或者配备应急救援人员，配备救援器材、设备，并定期组织演练。

第五十条 施工单位发生生产安全事故，应当按照国家有关伤亡事故报告和调查处理的规定，及时、如实地向负责安全生产监督管理的部门、建设行政主管部门或者其他有关部门报告；特种设备发生事故的，还应当同时向特种设备安全监督管理部门报告。接到报告的部门应当按照国家有关规定，如实上报。

实行施工总承包的建设工程，由总承包单位负责上报事故。

第五十一条 发生生产安全事故后，施工单位应当采取措施防止事故扩大，保护事故现场。需要移动现场物品时，应当做出标记和书面记录，妥善保管有关证物。

第五十二条 建设工程生产安全事故的调查、对事故责任单位和责任人的处罚与处理，按照有关法律、法规的规定执行。

第七章 法律责任

第五十三条 违反本条例的规定，县级以上人民政府建设行政主管部门或者其他有关行政管理部门的工作人员，有下列行为之一的，给予降级或者撤职的行政处分；构成犯罪的，依照刑法有关规定追究刑事责任：

（一）对不具备安全生产条件的施工单位颁发资质证书的；

（二）对没有安全施工措施的建设工程颁发施工许可证的；

（三）发现违法行为不予查处的；

（四）不依法履行监督管理职责的其他行为。

第五十四条 违反本条例的规定，建设单位未提供建设工程安全生产作业环境及安全施工措施所需费用的，责令限期改正；逾期未改正的，责令该建设工程停止施工。

建设单位未将保证安全施工的措施或者拆除工程的有关资料报送有关部门备案的，责令限期改正，给予警告。

第五十五条 违反本条例的规定，建设单位有下列行为之一的，责令限期改正，处20万元以上50万元以下的罚款；造成重大安全事故，构成犯罪的，对直接责任人员，依照刑法有关规定追究刑事责任；造成损失的，依法承担赔偿责任：

（一）对勘察、设计、施工、工程监理等单位提出不符合安全生产法律、法规和强制性标准规定的要求的；

（二）要求施工单位压缩合同约定的工期的；

（三）将拆除工程发包给不具有相应资质等级的施工单位的。

第五十六条 违反本条例的规定，勘察单位、设计单位有下列行为之一的，责令限期改正，处10万元以上30万元以下的罚款；情节严重的，责令停业整顿，降低资质等级，直至吊销资质证书；造成重大安全事故，构成犯罪的，对直接责任人员，依照刑法有关规定追究刑事责任；造成损失的，依法承担赔偿责任：

（一）未按照法律、法规和工程建设强制性标准进行勘察、设计的；

（二）采用新结构、新材料、新工艺的建设工程和特殊结构的建设工程，设计单位未在设计中提出保障施工作业人员安全和预防生产安全事故的措施建议的。

第五十七条 违反本条例的规定，工程监理单位有下列行为之一的，责令限期改正；逾期未改正的，责令停业整顿，并处 10 万元以上 30 万元以下的罚款；情节严重的，降低资质等级，直至吊销资质证书；造成重大安全事故，构成犯罪的，对直接责任人员，依照刑法有关规定追究刑事责任；造成损失的，依法承担赔偿责任：

（一）未对施工组织设计中的安全技术措施或者专项施工方案进行审查的；

（二）发现安全事故隐患未及时要求施工单位整改或者暂时停止施工的；

（三）施工单位拒不整改或者不停止施工，未及时向有关主管部门报告的；

（四）未依照法律、法规和工程建设强制性标准实施监理的。

第五十八条　注册执业人员未执行法律、法规和工程建设强制性标准的，责令停止执业 3 个月以上 1 年以下；情节严重的，吊销执业资格证书，5 年内不予注册；造成重大安全事故的，终身不予注册；构成犯罪的，依照刑法有关规定追究刑事责任。

第五十九条　违反本条例的规定，为建设工程提供机械设备和配件的单位，未按照安全施工的要求配备齐全有效的保险、限位等安全设施和装置的，责令限期改正，处合同价款 1 倍以上 3 倍以下的罚款；造成损失的，依法承担赔偿责任。

第六十条　违反本条例的规定，出租单位出租未经安全性能检测或者经检测不合格的机械设备和施工机具及配件的，责令停业整顿，并处 5 万元以上 10 万元以下的罚款；造成损失的，依法承担赔偿责任。

第六十一条　违反本条例的规定，施工起重机械和整体提升脚手架、模板等自升式架设设施安装、拆卸单位有下列行为之一的，责令限期改正，处 5 万元以上 10 万元以下的罚款；情节严重的，责令停业整顿，降低资质等级，直至吊销资质证书；造成损失的，依法承担赔偿责任：

（一）未编制拆装方案、制定安全施工措施的；

（二）未由专业技术人员现场监督的；

（三）未出具自检合格证明或者出具虚假证明的；

（四）未向施工单位进行安全使用说明，办理移交手续的。

施工起重机械和整体提升脚手架、模板等自升式架设设施安装、拆卸单位有前款规定的第（一）项、第（三）项行为，经有关部门或者单位职工提出后，对事故隐患仍不采取措施，因而发生重大伤亡事故或者造成其他严重后果，构成犯罪的，对直接责任人员，依照刑法有关规定追究刑事责任。

第六十二条　违反本条例的规定，施工单位有下列行为之一的，责令限期改正；逾期未改正的，责令停业整顿，依照《中华人民共和国安全生产法》的有关规定处以罚款；造成重大安全事故，构成犯罪的，对直接责任人员，依照刑法有关规定追究刑事责任：

（一）未设立安全生产管理机构、配备专职安全生产管理人员或者分部分项工程施工时无专职安全生产管理人员现场监督的；

（二）施工单位的主要负责人、项目负责人、专职安全生产管理人员、作业人员或者特种作业人员，未经安全教育培训或者经考核不合格即从事相关工作的；

（三）未在施工现场的危险部位设置明显的安全警示标志，或者未按照国家有关规定在施工现场设置消防通道、消防水源、配备消防设施和灭火器材的；

（四）未向作业人员提供安全防护用具和安全防护服装的；

（五）未按照规定在施工起重机械和整体提升脚手架、模板等自升式架设设施验收合格后登记的；

（六）使用国家明令淘汰、禁止使用的危及施工安全的工艺、设备、材料的。

第六十三条 违反本条例的规定，施工单位挪用列入建设工程概算的安全生产作业环境及安全施工措施所需费用的，责令限期改正，处挪用费用20%以上50%以下的罚款；造成损失的，依法承担赔偿责任。

第六十四条 违反本条例的规定，施工单位有下列行为之一的，责令限期改正；逾期未改正的，责令停业整顿，并处5万元以上10万元以下的罚款；造成重大安全事故，构成犯罪的，对直接责任人员，依照刑法有关规定追究刑事责任：

（一）施工前未对有关安全施工的技术要求作出详细说明的；

（二）未根据不同施工阶段和周围环境及季节、气候的变化，在施工现场采取相应的安全施工措施，或者在城市市区内的建设工程的施工现场未实行封闭围挡的；

（三）在尚未竣工的建筑物内设置员工集体宿舍的；

（四）施工现场临时搭建的建筑物不符合安全使用要求的；

（五）未对因建设工程施工可能造成损害的毗邻建筑物、构筑物和地下管线等采取专项防护措施的。

施工单位有前款规定第（四）项、第（五）项行为，造成损失的，依法承担赔偿责任。

第六十五条 违反本条例的规定，施工单位有下列行为之一的，责令限期改正；逾期未改正的，责令停业整顿，并处10万元以上30万元以下的罚款；情节严重的，降低资质等级，直至吊销资质证书；造成重大安全事故，构成犯罪的，对直接责任人员，依照刑法有关规定追究刑事责任；造成损失的，依法承担赔偿责任：

（一）安全防护用具、机械设备、施工机具及配件在进入施工现场前未经查验或者查验不合格即投入使用的；

（二）使用未经验收或者验收不合格的施工起重机械和整体提升脚手架、模板等自升式架设设施的；

（三）委托不具有相应资质的单位承担施工现场安装、拆卸施工起重机械和整体提升脚手架、模板等自升式架设设施的；

（四）在施工组织设计中未编制安全技术措施、施工现场临时用电方案或者专项施工方案的。

第六十六条　违反本条例的规定，施工单位的主要负责人、项目负责人未履行安全生产管理职责的，责令限期改正；逾期未改正的，责令施工单位停业整顿；造成重大安全事故、重大伤亡事故或者其他严重后果，构成犯罪的，依照刑法有关规定追究刑事责任。

作业人员不服管理、违反规章制度和操作规程冒险作业造成重大伤亡事故或者其他严重后果，构成犯罪的，依照刑法有关规定追究刑事责任。

施工单位的主要负责人、项目负责人有前款违法行为，尚不够刑事处罚的，处 2 万元以上 20 万元以下的罚款或者按照管理权限给予撤职处分；自刑罚执行完毕或者受处分之日起，5 年内不得担任任何施工单位的主要负责人、项目负责人。

第六十七条　施工单位取得资质证书后，降低安全生产条件的，责令限期改正；经整改仍未达到与其资质等级相适应的安全生产条件的，责令停业整顿，降低其资质等级直至吊销资质证书。

第六十八条　本条例规定的行政处罚，由建设行政主管部门或者其他有关部门依照法定职权决定。

违反消防安全管理规定的行为，由公安消防机构依法处罚。

有关法律、行政法规对建设工程安全生产违法行为的行政处罚决定机关另有规定的，从其规定。

第八章　附　则

第六十九条　抢险救灾和农民自建低层住宅的安全生产管理，

不适用本条例。

第七十条 军事建设工程的安全生产管理，按照中央军事委员会的有关规定执行。

第七十一条 本条例自 2004 年 2 月 1 日起施行。

8. 生产安全事故报告和调查处理条例

第一章　总　　则

第一条　为了规范生产安全事故的报告和调查处理，落实生产安全事故责任追究制度，防止和减少生产安全事故，根据《中华人民共和国安全生产法》和有关法律，制定本条例。

第二条　生产经营活动中发生的造成人身伤亡或者直接经济损失的生产安全事故的报告和调查处理，适用本条例；环境污染事故、核设施事故、国防科研生产事故的报告和调查处理不适用本条例。

第三条　根据生产安全事故（以下简称事故）造成的人员伤亡或者直接经济损失，事故一般分为以下等级：

（一）特别重大事故，是指造成 30 人以上死亡，或者 100 人以上重伤（包括急性工业中毒，下同），或者 1 亿元以上直接经济损失的事故；

（二）重大事故，是指造成 10 人以上 30 人以下死亡，或者 50 人以上 100 人以下重伤，或者 5000 万元以上 1 亿元以下直接经济损失的事故；

（三）较大事故，是指造成 3 人以上 10 人以下死亡，或者 10 人以上 50 人以下重伤，或者 1000 万元以上 5000 万元以下直接经济损失的事故；

（四）一般事故，是指造成 3 人以下死亡，或者 10 人以下重伤，或者 1000 万元以下直接经济损失的事故。

国务院安全生产监督管理部门可以会同国务院有关部门，制定事故等级划分的补充性规定。

本条第一款所称的"以上"包括本数，所称的"以下"不包括本数。

第四条 事故报告应当及时、准确、完整，任何单位和个人对事故不得迟报、漏报、谎报或者瞒报。

事故调查处理应当坚持实事求是、尊重科学的原则，及时、准确地查清事故经过、事故原因和事故损失，查明事故性质，认定事故责任，总结事故教训，提出整改措施，并对事故责任者依法追究责任。

第五条 县级以上人民政府应当依照本条例的规定，严格履行职责，及时、准确地完成事故调查处理工作。

事故发生地有关地方人民政府应当支持、配合上级人民政府或者有关部门的事故调查处理工作，并提供必要的便利条件。

参加事故调查处理的部门和单位应当互相配合，提高事故调查处理工作的效率。

第六条 工会依法参加事故调查处理，有权向有关部门提出处理意见。

第七条 任何单位和个人不得阻挠和干涉对事故的报告和依法调查处理。

第八条 对事故报告和调查处理中的违法行为，任何单位和个人有权向安全生产监督管理部门、监察机关或者其他有关部门举报，接到举报的部门应当依法及时处理。

第二章 事故报告

第九条 事故发生后，事故现场有关人员应当立即向本单位负责人报告；单位负责人接到报告后，应当于1小时内向事故发生地县级以上人民政府安全生产监督管理部门和负有安全生产监督管理职责的有关部门报告。

情况紧急时，事故现场有关人员可以直接向事故发生地县级以上人民政府安全生产监督管理部门和负有安全生产监督管理职责的有关部门报告。

第十条　安全生产监督管理部门和负有安全生产监督管理职责的有关部门接到事故报告后，应当依照下列规定上报事故情况，并通知公安机关、劳动保障行政部门、工会和人民检察院：

（一）特别重大事故、重大事故逐级上报至国务院安全生产监督管理部门和负有安全生产监督管理职责的有关部门；

（二）较大事故逐级上报至省、自治区、直辖市人民政府安全生产监督管理部门和负有安全生产监督管理职责的有关部门；

（三）一般事故上报至设区的市级人民政府安全生产监督管理部门和负有安全生产监督管理职责的有关部门。

安全生产监督管理部门和负有安全生产监督管理职责的有关部门依照前款规定上报事故情况，应当同时报告本级人民政府。国务院安全生产监督管理部门和负有安全生产监督管理职责的有关部门以及省级人民政府接到发生特别重大事故、重大事故的报告后，应当立即报告国务院。

必要时，安全生产监督管理部门和负有安全生产监督管理职责的有关部门可以越级上报事故情况。

第十一条　安全生产监督管理部门和负有安全生产监督管理职责的有关部门逐级上报事故情况，每级上报的时间不得超过2小时。

第十二条　报告事故应当包括下列内容：

（一）事故发生单位概况；

（二）事故发生的时间、地点以及事故现场情况；

（三）事故的简要经过；

（四）事故已经造成或者可能造成的伤亡人数（包括下落不明的人数）和初步估计的直接经济损失；

（五）已经采取的措施；

（六）其他应当报告的情况。

第十三条 事故报告后出现新情况的，应当及时补报。

自事故发生之日起30日内，事故造成的伤亡人数发生变化的，应当及时补报。道路交通事故、火灾事故自发生之日起7日内，事故造成的伤亡人数发生变化的，应当及时补报。

第十四条 事故发生单位负责人接到事故报告后，应当立即启动事故相应应急预案，或者采取有效措施，组织抢救，防止事故扩大，减少人员伤亡和财产损失。

第十五条 事故发生地有关地方人民政府、安全生产监督管理部门和负有安全生产监督管理职责的有关部门接到事故报告后，其负责人应当立即赶赴事故现场，组织事故救援。

第十六条 事故发生后，有关单位和人员应当妥善保护事故现场以及相关证据，任何单位和个人不得破坏事故现场、毁灭相关证据。

因抢救人员、防止事故扩大以及疏通交通等原因，需要移动事故现场物件的，应当做出标志，绘制现场简图并做出书面记录，妥善保存现场重要痕迹、物证。

第十七条 事故发生地公安机关根据事故的情况，对涉嫌犯罪的，应当依法立案侦查，采取强制措施和侦查措施。犯罪嫌疑人逃匿的，公安机关应当迅速追捕归案。

第十八条 安全生产监督管理部门和负有安全生产监督管理职责的有关部门应当建立值班制度，并向社会公布值班电话，受理事故报告和举报。

第三章　事故调查

第十九条　特别重大事故由国务院或者国务院授权有关部门组织事故调查组进行调查。

重大事故、较大事故、一般事故分别由事故发生地省级人民政府、设区的市级人民政府、县级人民政府负责调查。省级人民政府、设区的市级人民政府、县级人民政府可以直接组织事故调查组进行调查，也可以授权或者委托有关部门组织事故调查组进行调查。

未造成人员伤亡的一般事故，县级人民政府也可以委托事故发生单位组织事故调查组进行调查。

第二十条　上级人民政府认为必要时，可以调查由下级人民政府负责调查的事故。

自事故发生之日起 30 日内（道路交通事故、火灾事故自发生之日起 7 日内），因事故伤亡人数变化导致事故等级发生变化，依照本条例规定应当由上级人民政府负责调查的，上级人民政府可以另行组织事故调查组进行调查。

第二十一条　特别重大事故以下等级事故，事故发生地与事故发生单位不在同一个县级以上行政区域的，由事故发生地人民政府负责调查，事故发生单位所在地人民政府应当派人参加。

第二十二条　事故调查组的组成应当遵循精简、效能的原则。

根据事故的具体情况，事故调查组由有关人民政府、安全生产监督管理部门、负有安全生产监督管理职责的有关部门、监察机关、公安机关以及工会派人组成，并应当邀请人民检察院派人参加。

事故调查组可以聘请有关专家参与调查。

第二十三条　事故调查组成员应当具有事故调查所需要的知

识和专长，并与所调查的事故没有直接利害关系。

第二十四条 事故调查组组长由负责事故调查的人民政府指定。事故调查组组长主持事故调查组的工作。

第二十五条 事故调查组履行下列职责：

（一）查明事故发生的经过、原因、人员伤亡情况及直接经济损失；

（二）认定事故的性质和事故责任；

（三）提出对事故责任者的处理建议；

（四）总结事故教训，提出防范和整改措施；

（五）提交事故调查报告。

第二十六条 事故调查组有权向有关单位和个人了解与事故有关的情况，并要求其提供相关文件、资料，有关单位和个人不得拒绝。

事故发生单位的负责人和有关人员在事故调查期间不得擅离职守，并应当随时接受事故调查组的询问，如实提供有关情况。

事故调查中发现涉嫌犯罪的，事故调查组应当及时将有关材料或者其复印件移交司法机关处理。

第二十七条 事故调查中需要进行技术鉴定的，事故调查组应当委托具有国家规定资质的单位进行技术鉴定。必要时，事故调查组可以直接组织专家进行技术鉴定。技术鉴定所需时间不计入事故调查期限。

第二十八条 事故调查组成员在事故调查工作中应当诚信公正、恪尽职守，遵守事故调查组的纪律，保守事故调查的秘密。

未经事故调查组组长允许，事故调查组成员不得擅自发布有关事故的信息。

第二十九条 事故调查组应当自事故发生之日起60日内提交事故调查报告；特殊情况下，经负责事故调查的人民政府批准，提交事故调查报告的期限可以适当延长，但延长的期限最长不超过 60 日。

第三十条　事故调查报告应当包括下列内容：

（一）事故发生单位概况；

（二）事故发生经过和事故救援情况；

（三）事故造成的人员伤亡和直接经济损失；

（四）事故发生的原因和事故性质；

（五）事故责任的认定以及对事故责任者的处理建议；

（六）事故防范和整改措施。

事故调查报告应当附具有关证据材料。事故调查组成员应当在事故调查报告上签名。

第三十一条　事故调查报告报送负责事故调查的人民政府后，事故调查工作即告结束。事故调查的有关资料应当归档保存。

第四章　事故处理

第三十二条　重大事故、较大事故、一般事故，负责事故调查的人民政府应当自收到事故调查报告之日起 15 日内做出批复；特别重大事故，30 日内做出批复，特殊情况下，批复时间可以适当延长，但延长的时间最长不超过 30 日。

有关机关应当按照人民政府的批复，依照法律、行政法规规定的权限和程序，对事故发生单位和有关人员进行行政处罚，对负有事故责任的国家工作人员进行处分。

事故发生单位应当按照负责事故调查的人民政府的批复，对本单位负有事故责任的人员进行处理。

负有事故责任的人员涉嫌犯罪的，依法追究刑事责任。

第三十三条　事故发生单位应当认真吸取事故教训，落实防范和整改措施，防止事故再次发生。防范和整改措施的落实情况应当接受工会和职工的监督。

安全生产监督管理部门和负有安全生产监督管理职责的有关部门应当对事故发生单位落实防范和整改措施的情况进行监督检查。

第三十四条 事故处理的情况由负责事故调查的人民政府或者其授权的有关部门、机构向社会公布，依法应当保密的除外。

第五章　法律责任

第三十五条 事故发生单位主要负责人有下列行为之一的，处上一年年收入 40% 至 80% 的罚款；属于国家工作人员的，并依法给予处分；构成犯罪的，依法追究刑事责任：

（一）不立即组织事故抢救的；

（二）迟报或者漏报事故的；

（三）在事故调查处理期间擅离职守的。

第三十六条 事故发生单位及其有关人员有下列行为之一的，对事故发生单位处 100 万元以上 500 万元以下的罚款；对主要负责人、直接负责的主管人员和其他直接责任人员处上一年年收入 60% 至 100% 的罚款；属于国家工作人员的，并依法给予处分；构成违反治安管理行为的，由公安机关依法给予治安管理处罚；构成犯罪的，依法追究刑事责任：

（一）谎报或者瞒报事故的；

（二）伪造或者故意破坏事故现场的；

（三）转移、隐匿资金、财产，或者销毁有关证据、资料的；

（四）拒绝接受调查或者拒绝提供有关情况和资料的；

（五）在事故调查中作伪证或者指使他人作伪证的；

（六）事故发生后逃匿的。

第三十七条 事故发生单位对事故发生负有责任的，依照下列规定处以罚款：

（一）发生一般事故的，处 10 万元以上 20 万元以下的罚款；

（二）发生较大事故的，处 20 万元以上 50 万元以下的罚款；

（三）发生重大事故的，处 50 万元以上 200 万元以下的罚款；

（四）发生特别重大事故的，处 200 万元以上 500 万元以下的罚款。

第三十八条　事故发生单位主要负责人未依法履行安全生产管理职责，导致事故发生的，依照下列规定处以罚款；属于国家工作人员的，并依法给予处分；构成犯罪的，依法追究刑事责任：

（一）发生一般事故的，处上一年年收入 30% 的罚款；

（二）发生较大事故的，处上一年年收入 40% 的罚款；

（三）发生重大事故的，处上一年年收入 60% 的罚款；

（四）发生特别重大事故的，处上一年年收入 80% 的罚款。

第三十九条　有关地方人民政府、安全生产监督管理部门和负有安全生产监督管理职责的有关部门有下列行为之一的，对直接负责的主管人员和其他直接责任人员依法给予处分；构成犯罪的，依法追究刑事责任：

（一）不立即组织事故抢救的；

（二）迟报、漏报、谎报或者瞒报事故的；

（三）阻碍、干涉事故调查工作的；

（四）在事故调查中作伪证或者指使他人作伪证的。

第四十条　事故发生单位对事故发生负有责任的，由有关部门依法暂扣或者吊销其有关证照；对事故发生单位负有事故责任的有关人员，依法暂停或者撤销其与安全生产有关的执业资格、岗位证书；事故发生单位主要负责人受到刑事处罚或者撤职处分的，自刑罚执行完毕或者受处分之日起，5 年内不得担任任何生产经营单位的主要负责人。

为发生事故的单位提供虚假证明的中介机构，由有关部门依法暂扣或者吊销其有关证照及其相关人员的执业资格；构成犯罪的，依法追究刑事责任。

第四十一条　参与事故调查的人员在事故调查中有下列行为之一的，依法给予处分；构成犯罪的，依法追究刑事责任：

（一）对事故调查工作不负责任，致使事故调查工作有重大疏漏的；

（二）包庇、袒护负有事故责任的人员或者借机打击报复的。

第四十二条　违反本条例规定，有关地方人民政府或者有关部门故意拖延或者拒绝落实经批复的对事故责任人的处理意见的，由监察机关对有关责任人员依法给予处分。

第四十三条　本条例规定的罚款的行政处罚，由安全生产监督管理部门决定。

法律、行政法规对行政处罚的种类、幅度和决定机关另有规定的，依照其规定。

第六章　附　则

第四十四条　没有造成人员伤亡，但是社会影响恶劣的事故，国务院或者有关地方人民政府认为需要调查处理的，依照本条例的有关规定执行。

国家机关、事业单位、人民团体发生的事故的报告和调查处理，参照本条例的规定执行。

第四十五条　特别重大事故以下等级事故的报告和调查处理，有关法律、行政法规或者国务院另有规定的，依照其规定。

第四十六条　本条例自 2007 年 6 月 1 日起施行。国务院 1989 年 3 月 29 日公布的《特别重大事故调查程序暂行规定》和 1991 年 2 月 22 日公布的《企业职工伤亡事故报告和处理规定》同时废止。

9. 特种设备安全监察条例

第一章 总 则

第一条 为了加强特种设备的安全监察，防止和减少事故，保障人民群众生命和财产安全，促进经济发展，制定本条例。

第二条 本条例所称特种设备是指涉及生命安全、危险性较大的锅炉、压力容器（含气瓶，下同）、压力管道、电梯、起重机械、客运索道、大型游乐设施和场（厂）内专用机动车辆。

前款特种设备的目录由国务院负责特种设备安全监督管理的部门（以下简称国务院特种设备安全监督管理部门）制订，报国务院批准后执行。

第三条 特种设备的生产（含设计、制造、安装、改造、维修，下同）、使用、检验检测及其监督检查，应当遵守本条例，但本条例另有规定的除外。

军事装备、核设施、航空航天器、铁路机车、海上设施和船舶以及矿山井下使用的特种设备、民用机场专用设备的安全监察不适用本条例。

房屋建筑工地和市政工程工地用起重机械、场（厂）内专用机动车辆的安装、使用的监督管理，由建设行政主管部门依照有关法律、法规的规定执行。

第四条 国务院特种设备安全监督管理部门负责全国特种设备的安全监察工作，县以上地方负责特种设备安全监督管理的部门对本行政区域内特种设备实施安全监察（以下统称特种设备安全监督管理部门）。

第五条 特种设备生产、使用单位应当建立健全特种设备安全、节能管理制度和岗位安全、节能责任制度。

特种设备生产、使用单位的主要负责人应当对本单位特种设备的安全和节能全面负责。

特种设备生产、使用单位和特种设备检验检测机构，应当接受特种设备安全监督管理部门依法进行的特种设备安全监察。

第六条 特种设备检验检测机构，应当依照本条例规定，进行检验检测工作，对其检验检测结果、鉴定结论承担法律责任。

第七条 县级以上地方人民政府应当督促、支持特种设备安全监督管理部门依法履行安全监察职责，对特种设备安全监察中存在的重大问题及时予以协调、解决。

第八条 国家鼓励推行科学的管理方法，采用先进技术，提高特种设备安全性能和管理水平，增强特种设备生产、使用单位防范事故的能力，对取得显著成绩的单位和个人，给予奖励。

国家鼓励特种设备节能技术的研究、开发、示范和推广，促进特种设备节能技术创新和应用。

特种设备生产、使用单位和特种设备检验检测机构，应当保证必要的安全和节能投入。

国家鼓励实行特种设备责任保险制度，提高事故赔付能力。

第九条 任何单位和个人对违反本条例规定的行为，有权向特种设备安全监督管理部门和行政监察等有关部门举报。

特种设备安全监督管理部门应当建立特种设备安全监察举报制度，公布举报电话、信箱或者电子邮件地址，受理对特种设备生产、使用和检验检测违法行为的举报，并及时予以处理。

特种设备安全监督管理部门和行政监察等有关部门应当为举报人保密，并按照国家有关规定给予奖励。

第二章 特种设备的生产

第十条 特种设备生产单位，应当依照本条例规定以及国务院特种设备安全监督管理部门制订并公布的安全技术规范（以下简称安全技术规范）的要求，进行生产活动。

特种设备生产单位对其生产的特种设备的安全性能和能效指标负责，不得生产不符合安全性能要求和能效指标的特种设备，不得生产国家产业政策明令淘汰的特种设备。

第十一条 压力容器的设计单位应当经国务院特种设备安全监督管理部门许可，方可从事压力容器的设计活动。

压力容器的设计单位应当具备下列条件：

（一）有与压力容器设计相适应的设计人员、设计审核人员；

（二）有与压力容器设计相适应的场所和设备；

（三）有与压力容器设计相适应的健全的管理制度和责任制度。

第十二条 锅炉、压力容器中的气瓶（以下简称气瓶）、氧舱和客运索道、大型游乐设施以及高耗能特种设备的设计文件，应当经国务院特种设备安全监督管理部门核准的检验检测机构鉴定，方可用于制造。

第十三条 按照安全技术规范的要求，应当进行型式试验的特种设备产品、部件或者试制特种设备新产品、新部件、新材料，必须进行型式试验和能效测试。

第十四条 锅炉、压力容器、电梯、起重机械、客运索道、大型游乐设施及其安全附件、安全保护装置的制造、安装、改造单位，以及压力管道用管子、管件、阀门、法兰、补偿器、安全保护装置等（以下简称压力管道元件）的制造单位和场（厂）内专用机动车辆的制造、改造单位，应当经国务院特种设备安全监督管理部门许可，方可从事相应的活动。

前款特种设备的制造、安装、改造单位应当具备下列条件：

（一）有与特种设备制造、安装、改造相适应的专业技术人员和技术工人；

（二）有与特种设备制造、安装、改造相适应的生产条件和检测手段；

（三）有健全的质量管理制度和责任制度。

第十五条 特种设备出厂时，应当附有安全技术规范要求的设计文件、产品质量合格证明、安装及使用维修说明、监督检验证明等文件。

第十六条 锅炉、压力容器、电梯、起重机械、客运索道、大型游乐设施、场（厂）内专用机动车辆的维修单位，应当有与特种设备维修相适应的专业技术人员和技术工人以及必要的检测手段，并经省、自治区、直辖市特种设备安全监督管理部门许可，方可从事相应的维修活动。

第十七条 锅炉、压力容器、起重机械、客运索道、大型游乐设施的安装、改造、维修以及场（厂）内专用机动车辆的改造、维修，必须由依照本条例取得许可的单位进行。

电梯的安装、改造、维修，必须由电梯制造单位或者其通过合同委托、同意的依照本条例取得许可的单位进行。电梯制造单位对电梯质量以及安全运行涉及的质量问题负责。

特种设备安装、改造、维修的施工单位应当在施工前将拟进行的特种设备安装、改造、维修情况书面告知直辖市或者设区的市的特种设备安全监督管理部门，告知后即可施工。

第十八条 电梯井道的土建工程必须符合建筑工程质量要求。电梯安装施工过程中，电梯安装单位应当遵守施工现场的安全生产要求，落实现场安全防护措施。电梯安装施工过程中，施工现场的安全生产监督，由有关部门依照有关法律、行政法规的规定执行。

电梯安装施工过程中，电梯安装单位应当服从建筑施工总承包单位对施工现场的安全生产管理，并订立合同，明确各自的安全责任。

第十九条　电梯的制造、安装、改造和维修活动，必须严格遵守安全技术规范的要求。电梯制造单位委托或者同意其他单位进行电梯安装、改造、维修活动的，应当对其安装、改造、维修活动进行安全指导和监控。电梯的安装、改造、维修活动结束后，电梯制造单位应当按照安全技术规范的要求对电梯进行校验和调试，并对校验和调试的结果负责。

第二十条　锅炉、压力容器、电梯、起重机械、客运索道、大型游乐设施的安装、改造、维修以及场（厂）内专用机动车辆的改造、维修竣工后，安装、改造、维修的施工单位应当在验收后 30 日内将有关技术资料移交使用单位，高耗能特种设备还应当按照安全技术规范的要求提交能效测试报告。使用单位应当将其存入该特种设备的安全技术档案。

第二十一条　锅炉、压力容器、压力管道元件、起重机械、大型游乐设施的制造过程和锅炉、压力容器、电梯、起重机械、客运索道、大型游乐设施的安装、改造、重大维修过程，必须经国务院特种设备安全监督管理部门核准的检验检测机构按照安全技术规范的要求进行监督检验；未经监督检验合格的不得出厂或者交付使用。

第二十二条　移动式压力容器、气瓶充装单位应当经省、自治区、直辖市的特种设备安全监督管理部门许可，方可从事充装活动。

充装单位应当具备下列条件：

（一）有与充装和管理相适应的管理人员和技术人员；

（二）有与充装和管理相适应的充装设备、检测手段、场地厂房、器具、安全设施；

（三）有健全的充装管理制度、责任制度、紧急处理措施。

气瓶充装单位应当向气体使用者提供符合安全技术规范要求的气瓶，对使用者进行气瓶安全使用指导，并按照安全技术规范的要求办理气瓶使用登记，提出气瓶的定期检验要求。

第三章　特种设备的使用

第二十三条　特种设备使用单位，应当严格执行本条例和有关安全生产的法律、行政法规的规定，保证特种设备的安全使用。

第二十四条　特种设备使用单位应当使用符合安全技术规范要求的特种设备。特种设备投入使用前，使用单位应当核对其是否附有本条例第十五条规定的相关文件。

第二十五条　特种设备在投入使用前或者投入使用后 30 日内，特种设备使用单位应当向直辖市或者设区的市的特种设备安全监督管理部门登记。登记标志应当置于或者附着于该特种设备的显著位置。

第二十六条　特种设备使用单位应当建立特种设备安全技术档案。安全技术档案应当包括以下内容：

（一）特种设备的设计文件、制造单位、产品质量合格证明、使用维护说明等文件以及安装技术文件和资料；

（二）特种设备的定期检验和定期自行检查的记录；

（三）特种设备的日常使用状况记录；

（四）特种设备及其安全附件、安全保护装置、测量调控装置及有关附属仪器仪表的日常维护保养记录；

（五）特种设备运行故障和事故记录；

（六）高耗能特种设备的能效测试报告、能耗状况记录以及节能改造技术资料。

第二十七条　特种设备使用单位应当对在用特种设备进行经常性日常维护保养，并定期自行检查。

特种设备使用单位对在用特种设备应当至少每月进行一次自行检查，并作出记录。特种设备使用单位在对在用特种设备进行自行检查和日常维护保养时发现异常情况的，应当及时处理。

特种设备使用单位应当对在用特种设备的安全附件、安全保护装置、测量调控装置及有关附属仪器仪表进行定期校验、检修，并作出记录。

锅炉使用单位应当按照安全技术规范的要求进行锅炉水（介）质处理，并接受特种设备检验检测机构实施的水（介）质处理定期检验。

从事锅炉清洗的单位，应当按照安全技术规范的要求进行锅炉清洗，并接受特种设备检验检测机构实施的锅炉清洗过程监督检验。

第二十八条　特种设备使用单位应当按照安全技术规范的定期检验要求，在安全检验合格有效期届满前1个月向特种设备检验检测机构提出定期检验要求。

检验检测机构接到定期检验要求后，应当按照安全技术规范的要求及时进行安全性能检验和能效测试。

未经定期检验或者检验不合格的特种设备，不得继续使用。

第二十九条　特种设备出现故障或者发生异常情况，使用单位应当对其进行全面检查，消除事故隐患后，方可重新投入使用。

特种设备不符合能效指标的，特种设备使用单位应当采取相应措施进行整改。

第三十条　特种设备存在严重事故隐患，无改造、维修价值，或者超过安全技术规范规定使用年限，特种设备使用单位应当及时予以报废，并应当向原登记的特种设备安全监督管理部门办理注销。

第三十一条 电梯的日常维护保养必须由依照本条例取得许可的安装、改造、维修单位或者电梯制造单位进行。

电梯应当至少每 15 日进行一次清洁、润滑、调整和检查。

第三十二条 电梯的日常维护保养单位应当在维护保养中严格执行国家安全技术规范的要求，保证其维护保养的电梯的安全技术性能，并负责落实现场安全防护措施，保证施工安全。

电梯的日常维护保养单位，应当对其维护保养的电梯的安全性能负责。接到故障通知后，应当立即赶赴现场，并采取必要的应急救援措施。

第三十三条 电梯、客运索道、大型游乐设施等为公众提供服务的特种设备运营使用单位，应当设置特种设备安全管理机构或者配备专职的安全管理人员；其他特种设备使用单位，应当根据情况设置特种设备安全管理机构或者配备专职、兼职的安全管理人员。

特种设备的安全管理人员应当对特种设备使用状况进行经常性检查，发现问题的应当立即处理；情况紧急时，可以决定停止使用特种设备并及时报告本单位有关负责人。

第三十四条 客运索道、大型游乐设施的运营使用单位在客运索道、大型游乐设施每日投入使用前，应当进行试运行和例行安全检查，并对安全装置进行检查确认。

电梯、客运索道、大型游乐设施的运营使用单位应当将电梯、客运索道、大型游乐设施的安全注意事项和警示标志置于易于为乘客注意的显著位置。

第三十五条 客运索道、大型游乐设施的运营使用单位的主要负责人应当熟悉客运索道、大型游乐设施的相关安全知识，并全面负责客运索道、大型游乐设施的安全使用。

客运索道、大型游乐设施的运营使用单位的主要负责人至少应当每月召开一次会议，督促、检查客运索道、大型游乐设施的安全使用工作。

客运索道、大型游乐设施的运营使用单位，应当结合本单位的实际情况，配备相应数量的营救装备和急救物品。

第三十六条　电梯、客运索道、大型游乐设施的乘客应当遵守使用安全注意事项的要求，服从有关工作人员的指挥。

第三十七条　电梯投入使用后，电梯制造单位应当对其制造的电梯的安全运行情况进行跟踪调查和了解，对电梯的日常维护保养单位或者电梯的使用单位在安全运行方面存在的问题，提出改进建议，并提供必要的技术帮助。发现电梯存在严重事故隐患的，应当及时向特种设备安全监督管理部门报告。电梯制造单位对调查和了解的情况，应当作出记录。

第三十八条　锅炉、压力容器、电梯、起重机械、客运索道、大型游乐设施、场（厂）内专用机动车辆的作业人员及其相关管理人员（以下统称特种设备作业人员），应当按照国家有关规定经特种设备安全监督管理部门考核合格，取得国家统一格式的特种作业人员证书，方可从事相应的作业或者管理工作。

第三十九条　特种设备使用单位应当对特种设备作业人员进行特种设备安全、节能教育和培训，保证特种设备作业人员具备必要的特种设备安全、节能知识。

特种设备作业人员在作业中应当严格执行特种设备的操作规程和有关的安全规章制度。

第四十条　特种设备作业人员在作业过程中发现事故隐患或者其他不安全因素，应当立即向现场安全管理人员和单位有关负责人报告。

第四章　检验检测

第四十一条　从事本条例规定的监督检验、定期检验、型号试验以及专门为特种设备生产、使用、检验检测提供无损检测服务的特种设备检验检测机构，应当经国务院特种设备安全监督管理部门核准。

特种设备使用单位设立的特种设备检验检测机构，经国务院特种设备安全监督管理部门核准，负责本单位核准范围内的特种设备定期检验工作。

第四十二条 特种设备检验检测机构，应当具备下列条件：

（一）有与所从事的检验检测工作相适应的检验检测人员；

（二）有与所从事的检验检测工作相适应的检验检测仪器和设备；

（三）有健全的检验检测管理制度、检验检测责任制度。

第四十三条 特种设备的监督检验、定期检验、型式试验和无损检测应当由依照本条例经核准的特种设备检验检测机构进行。

特种设备检验检测工作应当符合安全技术规范的要求。

第四十四条 从事本条例规定的监督检验、定期检验、型式试验和无损检测的特种设备检验检测人员应当经国务院特种设备安全监督管理部门组织考核合格，取得检验检测人员证书，方可从事检验检测工作。

检验检测人员从事检验检测工作，必须在特种设备检验检测机构执业，但不得同时在两个以上检验检测机构中执业。

第四十五条 特种设备检验检测机构和检验检测人员进行特种设备检验检测，应当遵循诚信原则和方便企业的原则，为特种设备生产、使用单位提供可靠、便捷的检验检测服务。

特种设备检验检测机构和检验检测人员对涉及的被检验检测单位的商业秘密，负有保密义务。

第四十六条 特种设备检验检测机构和检验检测人员应当客观、公正、及时地出具检验检测结果、鉴定结论。检验检测结果、鉴定结论经检验检测人员签字后，由检验检测机构负责人签署。

特种设备检验检测机构和检验检测人员对检验检测结果、鉴定结论负责。

国务院特种设备安全监督管理部门应当组织对特种设备检验检测机构的检验检测结果、鉴定结论进行监督抽查。县以上地方负责特种设备安全监督管理的部门在本行政区域内也可以组织监督抽查，但是要防止重复抽查。监督抽查结果应当向社会公布。

第四十七条　特种设备检验检测机构和检验检测人员不得从事特种设备的生产、销售，不得以其名义推荐或者监制、监销特种设备。

第四十八条　特种设备检验检测机构进行特种设备检验检测，发现严重事故隐患或者能耗严重超标的，应当及时告知特种设备使用单位，并立即向特种设备安全监督管理部门报告。

第四十九条　特种设备检验检测机构和检验检测人员利用检验检测工作故意刁难特种设备生产、使用单位，特种设备生产、使用单位有权向特种设备安全监督管理部门投诉，接到投诉的特种设备安全监督管理部门应当及时进行调查处理。

第五章　监督检查

第五十条　特种设备安全监督管理部门依照本条例规定，对特种设备生产、使用单位和检验检测机构实施安全监察。

对学校、幼儿园以及车站、客运码头、商场、体育场馆、展览馆、公园等公众聚集场所的特种设备，特种设备安全监督管理部门应当实施重点安全监察。

第五十一条　特种设备安全监督管理部门根据举报或者取得的涉嫌违法证据，对涉嫌违反本条例规定的行为进行查处时，可以行使下列职权：

（一）向特种设备生产、使用单位和检验检测机构的法定代表人、主要负责人和其他有关人员调查、了解与涉嫌从事违反本条例的生产、使用、检验检测有关的情况；

（二）查阅、复制特种设备生产、使用单位和检验检测机构的有关合同、发票、账簿以及其他有关资料；

（三）对有证据表明不符合安全技术规范要求的或者有其他严重事故隐患、能耗严重超标的特种设备，予以查封或者扣押。

第五十二条 依照本条例规定实施许可、核准、登记的特种设备安全监督管理部门，应当严格依照本条例规定条件和安全技术规范要求对有关事项进行审查；不符合本条例规定条件和安全技术规范要求的，不得许可、核准、登记；在申请办理许可、核准期间，特种设备安全监督管理部门发现申请人未经许可从事特种设备相应活动或者伪造许可、核准证书的，不予受理或者不予许可、核准，并在 1 年内不再受理其新的许可、核准申请。

未依法取得许可、核准、登记的单位擅自从事特种设备的生产、使用或者检验检测活动的，特种设备安全监督管理部门应当依法予以处理。

违反本条例规定，被依法撤销许可的，自撤销许可之日起 3 年内，特种设备安全监督管理部门不予受理其新的许可申请。

第五十三条 特种设备安全监督管理部门在办理本条例规定的有关行政审批事项时，其受理、审查、许可、核准的程序必须公开，并应当自受理申请之日起 30 日内，作出许可、核准或者不予许可、核准的决定；不予许可、核准的，应当书面向申请人说明理由。

第五十四条 地方各级特种设备安全监督管理部门不得以任何形式进行地方保护和地区封锁，不得对已经依照本条例规定在其他地方取得许可的特种设备生产单位重复进行许可，也不得要求对依照本条例规定在其他地方检验检测合格的特种设备，重复进行检验检测。

第五十五条 特种设备安全监督管理部门的安全监察人员（以下简称特种设备安全监察人员）应当熟悉相关法律、法规、规章和安全技术规范，具有相应的专业知识和工作经验，并经国务院特种设备安全监督管理部门考核，取得特种设备安全监察人员证书。

特种设备安全监察人员应当忠于职守、坚持原则、秉公执法。

第五十六条 特种设备安全监督管理部门对特种设备生产、使用单位和检验检测机构实施安全监察时，应当有两名以上特种设备安全监察人员参加，并出示有效的特种设备安全监察人员证件。

第五十七条 特种设备安全监督管理部门对特种设备生产、使用单位和检验检测机构实施安全监察，应当对每次安全监察的内容、发现的问题及处理情况，作出记录，并由参加安全监察的特种设备安全监察人员和被检查单位的有关负责人签字后归档。被检查单位的有关负责人拒绝签字的，特种设备安全监察人员应当将情况记录在案。

第五十八条 特种设备安全监督管理部门对特种设备生产、使用单位和检验检测机构进行安全监察时，发现有违反本条例规定和安全技术规范要求的行为或者在用的特种设备存在事故隐患、不符合能效指标的，应当以书面形式发出特种设备安全监察指令，责令有关单位及时采取措施，予以改正或者消除事故隐患。紧急情况下需要采取紧急处置措施的，应当随后补发书面通知。

第五十九条 特种设备安全监督管理部门对特种设备生产、使用单位和检验检测机构进行安全监察，发现重大违法行为或者严重事故隐患时，应当在采取必要措施的同时，及时向上级特种设备安全监督管理部门报告。接到报告的特种设备安全监督管理部门应当采取必要措施，及时予以处理。

对违法行为、严重事故隐患或者不符合能效指标的处理需要当地人民政府和有关部门的支持、配合时，特种设备安全监督管理部门应当报告当地人民政府，并通知其他有关部门。当地人民政府和其他有关部门应当采取必要措施，及时予以处理。

第六十条 国务院特种设备安全监督管理部门和省、自治区、直辖市特种设备安全监督管理部门应当定期向社会公布特种设备安全以及能效状况。

公布特种设备安全以及能效状况，应当包括下列内容：

（一）特种设备质量安全状况；

（二）特种设备事故的情况、特点、原因分析、防范对策；

（三）特种设备能效状况；

（四）其他需要公布的情况。

第六章 事故预防和调查处理

第六十一条 有下列情形之一的，为特别重大事故：

（一）特种设备事故造成 30 人以上死亡，或者 100 人以上重伤（包括急性工业中毒，下同），或者 1 亿元以上直接经济损失的；

（二）600 兆瓦以上锅炉爆炸的；

（三）压力容器、压力管道有毒介质泄漏，造成 15 万人以上转移的；

（四）客运索道、大型游乐设施高空滞留 100 人以上并且时间在 48 小时以上的。

第六十二条 有下列情形之一的，为重大事故：

（一）特种设备事故造成 10 人以上 30 人以下死亡，或者 50 人以上 100 人以下重伤，或者 5000 万元以上 1 亿元以下直接经济损失的；

（二）600 兆瓦以上锅炉因安全故障中断运行 240 小时以上的；

（三）压力容器、压力管道有毒介质泄漏，造成 5 万人以上 15 万人以下转移的；

（四）客运索道、大型游乐设施高空滞留 100 人以上并且时间在 24 小时以上 48 小时以下的。

第六十三条　有下列情形之一的，为较大事故：

（一）特种设备事故造成 3 人以上 10 人以下死亡，或者 10 人以上 50 人以下重伤，或者 1000 万元以上 5000 万元以下直接经济损失的；

（二）锅炉、压力容器、压力管道爆炸的；

（三）压力容器、压力管道有毒介质泄漏，造成 1 万人以上 5 万人以下转移的；

（四）起重机械整体倾覆的；

（五）客运索道、大型游乐设施高空滞留人员 12 小时以上的。

第六十四条　有下列情形之一的，为一般事故：

（一）特种设备事故造成 3 人以下死亡，或者 10 人以下重伤，或者 1 万元以上 1000 万元以下直接经济损失的；

（二）压力容器、压力管道有毒介质泄漏，造成 500 人以上 1 万人以下转移的；

（三）电梯轿厢滞留人员 2 小时以上的；

（四）起重机械主要受力结构件折断或者起升机构坠落的；

（五）客运索道高空滞留人员 3.5 小时以上 12 小时以下的；

（六）大型游乐设施高空滞留人员 1 小时以上 12 小时以下的。

除前款规定外，国务院特种设备安全监督管理部门可以对一般事故的其他情形做出补充规定。

第六十五条　特种设备安全监督管理部门应当制定特种设备应急预案。特种设备使用单位应当制定事故应急专项预案，并定期进行事故应急演练。

压力容器、压力管道发生爆炸或者泄漏，在抢险救援时应当区分介质特性，严格按照相关预案规定程序处理，防止二次爆炸。

第六十六条 特种设备事故发生后，事故发生单位应当立即启动事故应急预案，组织抢救，防止事故扩大，减少人员伤亡和财产损失，并及时向事故发生地县以上特种设备安全监督管理部门和有关部门报告。

县以上特种设备安全监督管理部门接到事故报告，应当尽快核实有关情况，立即向所在地人民政府报告，并逐级上报事故情况。必要时，特种设备安全监督管理部门可以越级上报事故情况。对特别重大事故、重大事故，国务院特种设备安全监督管理部门应当立即报告国务院并通报国务院安全生产监督管理部门等有关部门。

第六十七条 特别重大事故由国务院或者国务院授权有关部门组织事故调查组进行调查。

重大事故由国务院特种设备安全监督管理部门会同有关部门组织事故调查组进行调查。

较大事故由省、自治区、直辖市特种设备安全监督管理部门会同有关部门组织事故调查组进行调查。

一般事故由设区的市的特种设备安全监督管理部门会同有关部门组织事故调查组进行调查。

第六十八条 事故调查报告应当由负责组织事故调查的特种设备安全监督管理部门的所在地人民政府批复，并报上一级特种设备安全监督管理部门备案。

有关机关应当按照批复，依照法律、行政法规规定的权限和程序，对事故责任单位和有关人员进行行政处罚，对负有事故责任的国家工作人员进行处分。

第六十九条 特种设备安全监督管理部门应当在有关地方人民政府的领导下，组织开展特种设备事故调查处理工作。

有关地方人民政府应当支持、配合上级人民政府或者特种设备安全监督管理部门的事故调查处理工作，并提供必要的便利条件。

第七十条　特种设备安全监督管理部门应当对发生事故的原因进行分析，并根据特种设备的管理和技术特点、事故情况对相关安全技术规范进行评估；需要制定或者修订相关安全技术规范的，应当及时制定或者修订。

第七十一条　本章所称的"以上"包括本数，所称的"以下"不包括本数。

第七章　法律责任

第七十二条　未经许可，擅自从事压力容器设计活动的，由特种设备安全监督管理部门予以取缔，处 5 万元以上 20 万元以下罚款；有违法所得的，没收违法所得；触犯刑律的，对负有责任的主管人员和其他直接责任人员依照刑法关于非法经营罪或者其他罪的规定，依法追究刑事责任。

第七十三条　锅炉、气瓶、氧舱和客运索道、大型游乐设施以及高耗能特种设备的设计文件，未经国务院特种设备安全监督管理部门核准的检验检测机构鉴定，擅自用于制造的，由特种设备安全监督管理部门责令改正，没收非法制造的产品，处 5 万元以上 20 万元以下罚款；触犯刑律的，对负有责任的主管人员和其他直接责任人员依照刑法关于生产、销售伪劣产品罪、非法经营罪或者其他罪的规定，依法追究刑事责任。

第七十四条　按照安全技术规范的要求应当进行型式试验的特种设备产品、部件或者试制特种设备新产品、新部件，未进行整机或者部件型式试验的，由特种设备安全监督管理部门责令限期改正；逾期未改正的，处 2 万元以上 10 万元以下罚款。

第七十五条　未经许可，擅自从事锅炉、压力容器、电梯、起重机械、客运索道、大型游乐设施、场（厂）内专用机动车辆及其安全附件、安全保护装置的制造、安装、改造以及压力管道元件的制造活动的，由特种设备安全监督管理部门予以取缔，没收非法制造的产品，已经实施安装、改造的，责令恢复原状或者责令限期由取得许可的单位重新安装、改造，处 10 万元以上 50 万元以下罚款；触犯刑律的，对负有责任的主管人员和其他直接责任人员依照刑法关于生产、销售伪劣产品罪、非法经营罪、重大责任事故罪或者其他罪的规定，依法追究刑事责任。

第七十六条 特种设备出厂时，未按照安全技术规范的要求附有设计文件、产品质量合格证明、安装及使用维修说明、监督检验证明等文件的，由特种设备安全监督管理部门责令改正；情节严重的，责令停止生产、销售，处违法生产、销售货值金额 30% 以下罚款；有违法所得的，没收违法所得。

第七十七条 未经许可，擅自从事锅炉、压力容器、电梯、起重机械、客运索道、大型游乐设施、场（厂）内专用机动车辆的维修或者日常维护保养的，由特种设备安全监督管理部门予以取缔，处 1 万元以上 5 万元以下罚款；有违法所得的，没收违法所得；触犯刑律的，对负有责任的主管人员和其他直接责任人员依照刑法关于非法经营罪、重大责任事故罪或者其他罪的规定，依法追究刑事责任。

第七十八条 锅炉、压力容器、电梯、起重机械、客运索道、大型游乐设施的安装、改造、维修的施工单位以及场（厂）内专用机动车辆的改造、维修单位，在施工前未将拟进行的特种设备安装、改造、维修情况书面告知直辖市或者设区的市的特种设备安全监督管理部门即行施工的，或者在验收后 30 日内未将有关技术资料移交锅炉、压力容器、电梯、起重机械、客运索道、大型游乐设施的使用单位的，由特种设备安全监督管理部门责令限期改正；逾期未改正的，处 2000 元以上 1 万元以下罚款。

第七十九条　锅炉、压力容器、压力管道元件、起重机械、大型游乐设施的制造过程和锅炉、压力容器、电梯、起重机械、客运索道、大型游乐设施的安装、改造、重大维修过程，以及锅炉清洗过程，未经国务院特种设备安全监督管理部门核准的检验检测机构按照安全技术规范的要求进行监督检验的，由特种设备安全监督管理部门责令改正，已经出厂的，没收违法生产、销售的产品，已经实施安装、改造、重大维修或者清洗的，责令限期进行监督检验，处 5 万元以上 20 万元以下罚款；有违法所得的，没收违法所得；情节严重的，撤销制造、安装、改造或者维修单位已经取得的许可，并由工商行政管理部门吊销其营业执照；触犯刑律的，对负有责任的主管人员和其他直接责任人员依照刑法关于生产、销售伪劣产品罪或者其他罪的规定，依法追究刑事责任。

第八十条　未经许可，擅自从事移动式压力容器或者气瓶充装活动的，由特种设备安全监督管理部门予以取缔，没收违法充装的气瓶，处 10 万元以上 50 万元以下罚款；有违法所得的，没收违法所得；触犯刑律的，对负有责任的主管人员和其他直接责任人员依照刑法关于非法经营罪或者其他罪的规定，依法追究刑事责任。

移动式压力容器、气瓶充装单位未按照安全技术规范的要求进行充装活动的，由特种设备安全监督管理部门责令改正，处 2 万元以上 10 万元以下罚款；情节严重的，撤销其充装资格。

第八十一条　电梯制造单位有下列情形之一的，由特种设备安全监督管理部门责令限期改正；逾期未改正的，予以通报批评：

（一）未依照本条例第十九条的规定对电梯进行校验、调试的；

（二）对电梯的安全运行情况进行跟踪调查和了解时，发现存在严重事故隐患，未及时向特种设备安全监督管理部门报告的。

第八十二条 已经取得许可、核准的特种设备生产单位、检验检测机构有下列行为之一的，由特种设备安全监督管理部门责令改正，处 2 万元以上 10 万元以下罚款；情节严重的，撤销其相应资格：

（一）未按照安全技术规范的要求办理许可证变更手续的；

（二）不再符合本条例规定或者安全技术规范要求的条件，继续从事特种设备生产、检验检测的；

（三）未依照本条例规定或者安全技术规范要求进行特种设备生产、检验检测的；

（四）伪造、变造、出租、出借、转让许可证书或者监督检验报告的。

第八十三条 特种设备使用单位有下列情形之一的，由特种设备安全监督管理部门责令限期改正；逾期未改正的，处 2000 元以上 2 万元以下罚款；情节严重的，责令停止使用或者停产停业整顿：

（一）特种设备投入使用前或者投入使用后 30 日内，未向特种设备安全监督管理部门登记，擅自将其投入使用的；

（二）未依照本条例第二十六条的规定，建立特种设备安全技术档案的；

（三）未依照本条例第二十七条的规定，对在用特种设备进行经常性日常维护保养和定期自行检查的，或者对在用特种设备的安全附件、安全保护装置、测量调控装置及有关附属仪器仪表进行定期校验、检修，并作出记录的；

（四）未按照安全技术规范的定期检验要求，在安全检验合格有效期届满前 1 个月向特种设备检验检测机构提出定期检验要求的；

（五）使用未经定期检验或者检验不合格的特种设备的；

（六）特种设备出现故障或者发生异常情况，未对其进行全面检查、消除事故隐患，继续投入使用的；

（七）未制定特种设备事故应急专项预案的；

（八）未依照本条例第三十一条第二款的规定，对电梯进行清洁、润滑、调整和检查的；

（九）未按照安全技术规范要求进行锅炉水（介）质处理的；

（十）特种设备不符合能效指标，未及时采取相应措施进行整改的。

特种设备使用单位使用未取得生产许可的单位生产的特种设备或者将非承压锅炉、非压力容器作为承压锅炉、压力容器使用的，由特种设备安全监督管理部门责令停止使用，予以没收，处 2 万元以上 10 万元以下罚款。

第八十四条　特种设备存在严重事故隐患，无改造、维修价值，或者超过安全技术规范规定的使用年限，特种设备使用单位未予以报废，并向原登记的特种设备安全监督管理部门办理注销的，由特种设备安全监督管理部门责令限期改正；逾期未改正的，处 5 万元以上 20 万元以下罚款。

第八十五条　电梯、客运索道、大型游乐设施的运营使用单位有下列情形之一的，由特种设备安全监督管理部门责令限期改正；逾期未改正的，责令停止使用或者停产停业整顿，处 1 万元以上 5 万元以下罚款：

（一）客运索道、大型游乐设施每日投入使用前，未进行试运行和例行安全检查，并对安全装置进行检查确认的；

（二）未将电梯、客运索道、大型游乐设施的安全注意事项和警示标志置于易于为乘客注意的显著位置的。

第八十六条　特种设备使用单位有下列情形之一的，由特种设备安全监督管理部门责令限期改正；逾期未改正的，责令停止使用或者停产停业整顿，处 2000 元以上 2 万元以下罚款：

（一）未依照本条例规定设置特种设备安全管理机构或者配备

专职、兼职的安全管理人员的；

（二）从事特种设备作业的人员，未取得相应特种作业人员证书，上岗作业的；

（三）未对特种设备作业人员进行特种设备安全教育和培训的。

第八十七条 发生特种设备事故，有下列情形之一的，对单位，由特种设备安全监督管理部门处 5 万元以上 20 万元以下罚款；对主要负责人，由特种设备安全监督管理部门处 4000 元以上 2 万元以下罚款；属于国家工作人员的，依法给予处分；触犯刑律的，依照刑法关于重大责任事故罪或者其他罪的规定，依法追究刑事责任：

（一）特种设备使用单位的主要负责人在本单位发生特种设备事故时，不立即组织抢救或者在事故调查处理期间擅离职守或者逃匿的；

（二）特种设备使用单位的主要负责人对特种设备事故隐瞒不报、谎报或者拖延不报的。

第八十八条 对事故发生负有责任的单位，由特种设备安全监督管理部门依照下列规定处以罚款：

（一）发生一般事故的，处 10 万元以上 20 万元以下罚款；

（二）发生较大事故的，处 20 万元以上 50 万元以下罚款；

（三）发生重大事故的，处 50 万元以上 200 万元以下罚款。

第八十九条 对事故发生负有责任的单位的主要负责人未依法履行职责，导致事故发生的，由特种设备安全监督管理部门依照下列规定处以罚款；属于国家工作人员的，并依法给予处分；触犯刑律的，依照刑法关于重大责任事故罪或者其他罪的规定，依法追究刑事责任：

（一）发生一般事故的，处上一年年收入 30% 的罚款；

（二）发生较大事故的，处上一年年收入 40% 的罚款；

（三）发生重大事故的，处上一年年收入 60% 的罚款。

第九十条　特种设备作业人员违反特种设备的操作规程和有关的安全规章制度操作，或者在作业过程中发现事故隐患或者其他不安全因素，未立即向现场安全管理人员和单位有关负责人报告的，由特种设备使用单位给予批评教育、处分；情节严重的，撤销特种设备作业人员资格；触犯刑律的，依照刑法关于重大责任事故罪或者其他罪的规定，依法追究刑事责任。

第九十一条　未经核准，擅自从事本条例所规定的监督检验、定期检验、型式试验以及无损检测等检验检测活动的，由特种设备安全监督管理部门予以取缔，处 5 万元以上 20 万元以下罚款；有违法所得的，没收违法所得；触犯刑律的，对负有责任的主管人员和其他直接责任人员依照刑法关于非法经营罪或者其他罪的规定，依法追究刑事责任。

第九十二条　特种设备检验检测机构，有下列情形之一的，由特种设备安全监督管理部门处 2 万元以上 10 万元以下罚款；情节严重的，撤销其检验检测资格：

（一）聘用未经特种设备安全监督管理部门组织考核合格并取得检验检测人员证书的人员，从事相关检验检测工作的；

（二）在进行特种设备检验检测中，发现严重事故隐患或者能耗严重超标，未及时告知特种设备使用单位，并立即向特种设备安全监督管理部门报告的。

第九十三条　特种设备检验检测机构和检验检测人员，出具虚假的检验检测结果、鉴定结论或者检验检测结果、鉴定结论严重失实的，由特种设备安全监督管理部门对检验检测机构没收违法所得，处 5 万元以上 20 万元以下罚款，情节严重的，撤销其检验检测资格；对检验检测人员处 5000 元以上 5 万元以下罚款，情节严重的，撤销其检验检测资格，触犯刑律的，依照刑法关于中介组织人员提供虚假证明文件罪、中介组织人员出具证明文件重大失实罪或者其他罪的规定，依法追究刑事责任。

特种设备检验检测机构和检验检测人员，出具虚假的检验检测结果、鉴定结论或者检验检测结果、鉴定结论严重失实，造成损害的，应当承担赔偿责任。

第九十四条 特种设备检验检测机构或者检验检测人员从事特种设备的生产、销售，或者以其名义推荐或者监制、监销特种设备的，由特种设备安全监督管理部门撤销特种设备检验检测机构和检验检测人员的资格，处 5 万元以上 20 万元以下罚款；有违法所得的，没收违法所得。

第九十五条 特种设备检验检测机构和检验检测人员利用检验检测工作故意刁难特种设备生产、使用单位，由特种设备安全监督管理部门责令改正；拒不改正的，撤销其检验检测资格。

第九十六条 检验检测人员，从事检验检测工作，不在特种设备检验检测机构执业或者同时在两个以上检验检测机构中执业的，由特种设备安全监督管理部门责令改正，情节严重的，给予停止执业 6 个月以上 2 年以下的处罚；有违法所得的，没收违法所得。

第九十七条 特种设备安全监督管理部门及其特种设备安全监察人员，有下列违法行为之一的，对直接负责的主管人员和其他直接责任人员，依法给予降级或者撤职的处分；触犯刑律的，依照刑法关于受贿罪、滥用职权罪、玩忽职守罪或者其他罪的规定，依法追究刑事责任：

（一）不按照本条例规定的条件和安全技术规范要求，实施许可、核准、登记的；

（二）发现未经许可、核准、登记擅自从事特种设备的生产、使用或者检验检测活动不予取缔或者不依法予以处理的；

（三）发现特种设备生产、使用单位不再具备本条例规定的条件而不撤销其原许可，或者发现特种设备生产、使用违法行为不予查处的；

（四）发现特种设备检验检测机构不再具备本条例规定的条件而不撤销其原核准，或者对其出具虚假的检验检测结果、鉴定结论或者检验检测结果、鉴定结论严重失实的行为不予查处的；

（五）对依照本条例规定在其他地方取得许可的特种设备生产单位重复进行许可，或者对依照本条例规定在其他地方检验检测合格的特种设备，重复进行检验检测的；

（六）发现有违反本条例和安全技术规范的行为或者在用的特种设备存在严重事故隐患，不立即处理的；

（七）发现重大的违法行为或者严重事故隐患，未及时向上级特种设备安全监督管理部门报告，或者接到报告的特种设备安全监督管理部门不立即处理的；

（八）迟报、漏报、瞒报或者谎报事故的；

（九）妨碍事故救援或者事故调查处理的。

第九十八条　特种设备的生产、使用单位或者检验检测机构，拒不接受特种设备安全监督管理部门依法实施的安全监察的，由特种设备安全监督管理部门责令限期改正；逾期未改正的，责令停产停业整顿，处 2 万元以上 10 万元以下罚款；触犯刑律的，依照刑法关于妨害公务罪或者其他罪的规定，依法追究刑事责任。

特种设备生产、使用单位擅自动用、调换、转移、损毁被查封、扣押的特种设备或者其主要部件的，由特种设备安全监督管理部门责令改正，处 5 万元以上 20 万元以下罚款；情节严重的，撤销其相应资格。

第八章　附　则

第九十九条　本条例下列用语的含义是：

（一）锅炉，是指利用各种燃料、电或者其他能源，将所盛装的液体加热到一定的参数，并对外输出热能的设备，其范围规定为容积大于或者等于 30L 的承压蒸汽锅炉；出口水压大于或者等于 0.1MPa（表压），且额定功率大于或者等于 0.1MW 的承压热水锅炉；有机热载体锅炉。

（二）压力容器，是指盛装气体或者液体，承载一定压力的密闭设备，其范围规定为最高工作压力大于或者等于 0.1MPa（表压），且压力与容积的乘积大于或者等于 2.5MPa·L 的气体、液化气体和最高工作温度高于或者等于标准沸点的液体的固定式容器和移动式容器；盛装公称工作压力大于或者等于 0.2MPa（表压），且压力与容积的乘积大于或者等于 1.0MPa·L 的气体、液化气体和标准沸点等于或者低于 60℃ 液体的气瓶；氧舱等。

（三）压力管道，是指利用一定的压力，用于输送气体或者液体的管状设备，其范围规定为最高工作压力大于或者等于 0.1MPa（表压）的气体、液化气体、蒸汽介质或者可燃、易爆、有毒、有腐蚀性、最高工作温度高于或者等于标准沸点的液体介质，且公称直径大于 25mm 的管道。

（四）电梯，是指动力驱动，利用沿刚性导轨运行的箱体或者沿固定线路运行的梯级（踏步），进行升降或者平行运送人、货物的机电设备，包括载人（货）电梯、自动扶梯、自动人行道等。

（五）起重机械，是指用于垂直升降或者垂直升降并水平移动重物的机电设备，其范围规定为额定起重量大于或者等于 0.5t 的升降机；额定起重量大于或者等于 1t，且提升高度大于或者等于 2m 的起重机和承重形式固定的电动葫芦等。

（六）客运索道，是指动力驱动，利用柔性绳索牵引箱体等运载工具运送人员的机电设备，包括客运架空索道、客运缆车、客运拖牵索道等。

（七）大型游乐设施，是指用于经营目的，承载乘客游乐的设施，其范围规定为设计最大运行线速度大于或者等于 2m/s，或者运行高度距地面高于或者等于 2m 的载人大型游乐设施。

（八）场（厂）内专用机动车辆，是指除道路交通、农用车辆以外仅在工厂厂区、旅游景区、游乐场所等特定区域使用的专用机动车辆。

特种设备包括其所用的材料、附属的安全附件、安全保护装置和与安全保护装置相关的设施。

第一百条 压力管道设计、安装、使用的安全监督管理办法由国务院另行制定。

第一百零一条 国务院特种设备安全监督管理部门可以授权省、自治区、直辖市特种设备安全监督管理部门负责本条例规定的特种设备行政许可工作，具体办法由国务院特种设备安全监督管理部门制定。

第一百零二条 特种设备行政许可、检验检测，应当按照国家有关规定收取费用。

第一百零三条 本条例自 2003 年 6 月 1 日起施行。1982 年 2 月 6 日国务院发布的《锅炉压力容器安全监察暂行条例》同时废止。

10. 最高人民法院《关于进一步加强危害生产安全刑事案件审判工作的意见》

为依法惩治危害生产安全犯罪，促进全国安全生产形势持续稳定好转，保护人民群众生命财产安全，现就进一步加强危害生产安全刑事案件审判工作，制定如下意见。

一、高度重视危害生产安全刑事案件审判工作

1. 充分发挥刑事审判职能作用，依法惩治危害生产安全犯罪，是人民法院为大局服务、为人民司法的必然要求。安全生产关系到人民群众生命财产安全，事关改革、发展和稳定的大局。当前，全国安全生产状况呈现总体稳定、持续好转的发展态势，但形势依然严峻，企业安全生产基础依然薄弱；非法、违法生产，忽视生产安全的现象仍然十分突出；重特大生产安全责任事故时有发生，个别地方和行业重特大责任事故上升。一些重特大生产安全责任事故举国关注，相关案件处理不好，不仅起不到应有的警示作用，不利于生产安全责任事故的防范，也损害党和国家形象，影响社会和谐稳定。各级人民法院要从政治和全局的高度，充分认识审理好危害生产安全刑事案件的重要意义，切实增强工作责任感，严格依法、积极稳妥地审理相关案件，进一步发挥刑事审判工作在创造良好安全生产环境、促进经济平稳较快发展方面的积极作用。

2. 采取有力措施解决存在的问题，切实加强危害生产安全刑事案件审判工作。近年来，各级人民法院依法审理危害生产安全刑事案件，一批严重危害生产安全的犯罪分子及相关职务犯罪分子受到法律制裁，对全国安全生产形势持续稳定好转发挥了积极促进作用。2010 年，监察部、国家安全生产监督管理总局会同最高人民法院等部门对部分省市重特大生产安全事故责任追究落实情况开展了专项检查。从检查的情况来看，审判工作总体情况是好的，但仍有个别案件在法律适用或者宽严相济刑事政策具体把握上存在问题，需要切实加强指导。各级人民法院要高度重视，确保相关案件审判工作取得良好的法律效果和社会效果。

二、危害生产安全刑事案件审判工作的原则

3. 严格依法，从严惩处。对严重危害生产安全犯罪，尤其是相关职务犯罪，必须始终坚持严格依法、从严惩处。对于人民群众广泛关注、社会反映强烈的案件要及时审结，回应人民群众关切，维护社会和谐稳定。

4. 区分责任，均衡量刑。危害生产安全犯罪，往往涉案人员较多，犯罪主体复杂，既包括直接从事生产、作业的人员，也包括对生产、作业负有组织、指挥或者管理职责的负责人、管理人员、实际控制人、投资人等，有的还涉及国家机关工作人员渎职犯罪。对相关责任人的处理，要根据事故原因、危害后果、主体职责、过错大小等因素，综合考虑全案，正确划分责任，做到罪责刑相适应。

5. 主体平等，确保公正。审理危害生产安全刑事案件，对于所有责任主体，都必须严格落实法律面前人人平等的刑法原则，确保刑罚适用公正，确保裁判效果良好。

三、正确确定责任

6. 审理危害生产安全刑事案件，政府或相关职能部门依法对事故原因、损失大小、责任划分作出的调查认定，经庭审质证后，结合其他证据，可作为责任认定的依据。

7. 认定相关人员是否违反有关安全管理规定，应当根据相关法律、行政法规，参照地方性法规、规章及国家标准、行业标准，必要时可参考公认的惯例和生产经营单位制定的安全生产规章制度、操作规程。

8. 多个原因行为导致生产安全事故发生的，在区分直接原因与间接原因的同时，应当根据原因行为在引发事故中所具作用的大小，分清主要原因与次要原因，确认主要责任和次要责任，合理确定罪责。

一般情况下，对生产、作业负有组织、指挥或者管理职责的负责人、管理人员、实际控制人、投资人，违反有关安全生产管理规定，对重大生产安全事故的发生起决定性、关键性作用的，应当承担主要责任。

对于直接从事生产、作业的人员违反安全管理规定，发生重大生产安全事故的，要综合考虑行为人的从业资格、从业时间、接受安全生产教育培训情况、现场条件、是否受到他人强令作业、生产经营单位执行安全生产规章制度的情况等因素认定责任，不能将直接责任简单等同于主要责任。

对于负有安全生产管理、监督职责的工作人员，应根据其岗位职责、履职依据、履职时间等，综合考察工作职责、监管条件、履职能力、履职情况等，合理确定罪责。

四、准确适用法律

9. 严格把握危害生产安全犯罪与以其他危险方法危害公共安全罪的界限，不应将生产经营中违章违规的故意不加区别地视为对危害后果发生的故意。

10. 以行贿方式逃避安全生产监督管理，或者非法、违法生产、作业，导致发生重大生产安全事故，构成数罪的，依照数罪并罚的规定处罚。

违反安全生产管理规定，非法采矿、破坏性采矿或排放、倾倒、处置有害物质严重污染环境，造成重大伤亡事故或者其他严重后果，同时构成危害生产安全犯罪和破坏环境资源保护犯罪的，依照数罪并罚的规定处罚。

11. 安全事故发生后，负有报告职责的国家工作人员不报或者谎报事故情况，贻误事故抢救，情节严重，构成不报、谎报安全事故罪，同时构成职务犯罪或其他危害生产安全犯罪的，依照数罪并罚的规定处罚。

12. 非矿山生产安全事故中，认定"直接负责的主管人员和其他直接责任人员"、"负有报告职责的人员"的主体资格，认定构成"重大伤亡事故或者其他严重后果"、"情节特别恶劣"，不报、谎报事故情况，贻误事故抢救，"情节严重"、"情节特别严重"等，可参照最高人民法院、最高人民检察院《关于办理危害矿山生产安全刑事案件具体应用法律若干问题的解释》的相关规定。

五、准确把握宽严相济刑事政策

13. 审理危害生产安全刑事案件，应综合考虑生产安全事故所造成的伤亡人数、经济损失、环境污染、社会影响、事故原因与被告人职责的关联程度、被告人主观过错大小、事故发生后被告人的施救表现、履行赔偿责任情况等，正确适用刑罚，确保裁判法律效果和社会效果相统一。

14. 造成《关于办理危害矿山生产安全刑事案件具体应用法律若干问题的解释》第四条规定的"重大伤亡事故或者其他严重后果"，同时具有下列情形之一的，也可以认定为刑法第一百三十四条、第一百三十五条规定的"情节特别恶劣"：

（一）非法、违法生产的；

（二）无基本劳动安全设施或未向生产、作业人员提供必要的劳动防护用品，生产、作业人员劳动安全无保障的；

（三）曾因安全生产设施或者安全生产条件不符合国家规定，被监督管理部门处罚或责令改正，一年内再次违规生产致使发生重大生产安全事故的；

（四）关闭、故意破坏必要安全警示设备的；

（五）已发现事故隐患，未采取有效措施，导致发生重大事故的；

（六）事故发生后不积极抢救人员，或者毁灭、伪造、隐藏影响事故调查的证据，或者转移财产逃避责任的；

（七）其他特别恶劣的情节。

15. 相关犯罪中，具有以下情形之一的，依法从重处罚：

（一）国家工作人员违反规定投资入股生产经营企业，构成危害生产安全犯罪的；

（二）贪污贿赂行为与事故发生存在关联性的；

（三）国家工作人员的职务犯罪与事故存在直接因果关系的；

（四）以行贿方式逃避安全生产监督管理，或者非法、违法生产、作业的；

（五）生产安全事故发生后，负有报告职责的国家工作人员不报或者谎报事故情况，贻误事故抢救，尚未构成不报、谎报安全事故罪的；

（六）事故发生后，采取转移、藏匿、毁灭遇难人员尸体，或者毁灭、伪造、隐藏影响事故调查的证据，或者转移财产，逃避责任的；

（七）曾因安全生产设施或者安全生产条件不符合国家规定，被监督管理部门处罚或责令改正，一年内再次违规生产致使发生重大生产安全事故的。

16. 对于事故发生后，积极施救，努力挽回事故损失，有效避免损失扩大；积极配合调查，赔偿受害人损失的，可依法从宽处罚。

六、依法正确适用缓刑和减刑、假释

17. 对于危害后果较轻，在责任事故中不负主要责任，符合法律有关缓刑适用条件的，可以依法适用缓刑，但应注意根据案件具体情况，区别对待，严格控制，避免适用不当造成的负面影响。

18. 对于具有下列情形的被告人，原则上不适用缓刑：

（一）具有本意见第 14 条、第 15 条所规定的情形的；

（二）数罪并罚的。

19. 宣告缓刑，可以根据犯罪情况，同时禁止犯罪分子在缓刑考验期限内从事与安全生产有关的特定活动。

20. 办理与危害生产安全犯罪相关的减刑、假释案件，要严格执行刑法、刑事诉讼法和有关司法解释规定。是否决定减刑、假释，既要看罪犯服刑期间的悔改表现，还要充分考虑原判认定的犯罪事实、性质、情节、社会危害程度等情况。

七、加强组织领导，注意协调配合

21. 对于重大、敏感案件，合议庭成员要充分做好庭审前期准备工作，全面、客观掌握案情，确保案件开庭审理稳妥顺利、依法公正。

22. 审理危害生产安全刑事案件，涉及专业技术问题的，应有相关权威部门出具的咨询意见或者司法鉴定意见；可以依法邀请具有相关专业知识的人民陪审员参加合议庭。

23. 对于审判工作中发现的安全生产事故背后的渎职、贪污贿赂等违法犯罪线索，应当依法移送有关部门处理。对于情节轻微，免予刑事处罚的被告人，人民法院可建议有关部门依法给予行政处罚或纪律处分。

24. 被告人具有国家工作人员身份的，案件审结后，人民法院应当及时将生效的裁判文书送达行政监察机关和其他相关部门。

25. 对于造成重大伤亡后果的案件，要充分运用财产保全等法

定措施，切实维护被害人依法获得赔偿的权利。对于被告人没有赔偿能力的案件，应当依靠地方党委和政府做好善后安抚工作。

26. 积极参与安全生产综合治理工作。对于审判中发现的安全生产管理方面的突出问题，应当发出司法建议，促使有关部门强化安全生产意识和制度建设，完善事故预防机制，杜绝同类事故发生。

27. 重视做好宣传工作。对于社会关注的典型案件，要重视做好审判情况的宣传报道，规范裁判信息发布，及时回应社会的关切，充分发挥重大、典型案件的教育警示作用。

28. 各级人民法院要在依法履行审判职责的同时，及时总结审判经验，深入开展调查研究，推动审判工作水平不断提高。上级法院要以辖区内发生的重大生产安全责任事故案件为重点，加强对下级法院危害生产安全刑事案件审判工作的监督和指导，适时检查此类案件的审判情况，提出有针对性的指导意见。

11. 建设项目安全设施"三同时"监督管理暂行办法

第一章　总　则

第一条　为加强建设项目安全管理，预防和减少生产安全事故，保障从业人员生命和财产安全，根据《中华人民共和国安全生产法》和《国务院关于进一步加强企业安全生产工作的通知》等法律、行政法规和规定，制定本办法。

第二条　经县级以上人民政府及其有关主管部门依法审批、核准或者备案的生产经营单位新建、改建、扩建工程项目（以下统称建设项目）安全设施的建设及其监督管理，适用本办法。

法律、行政法规及国务院对建设项目安全设施建设及其监督管理另有规定的，依照其规定。

第三条　本办法所称的建设项目安全设施，是指生产经营单位在生产经营活动中用于预防生产安全事故的设备、设施、装置、构（建）筑物和其他技术措施的总称。

第四条　生产经营单位是建设项目安全设施建设的责任主体。建设项目安全设施必须与主体工程同时设计、同时施工、同时投入生产和使用（以下简称"三同时"）。安全设施投资应当纳入建设项目概算。

第五条　国家安全生产监督管理总局对全国建设项目安全设施"三同时"实施综合监督管理，并在国务院规定的职责范围内承担国务院及其有关主管部门审批、核准或者备案的建设项目安全设施"三同时"的监督管理。

县级以上地方各级安全生产监督管理部门对本行政区域内的建设项目安全设施"三同时"实施综合监督管理，并在本级人民政府规定的职责范围内承担本级人民政府及其有关主管部门审批、核准或者备案的建设项目安全设施"三同时"的监督管理。

跨两个及两个以上行政区域的建设项目安全设施"三同时"由其共同的上一级人民政府安全生产监督管理部门实施监督管理。

上一级人民政府安全生产监督管理部门根据工作需要，可以将其负责监督管理的建设项目安全设施"三同时"工作委托下一级人民政府安全生产监督管理部门实施监督管理。

第六条 安全生产监督管理部门应当加强建设项目安全设施建设的日常安全监管，落实有关行政许可及其监管责任，督促生产经营单位落实安全设施建设责任。

第二章 建设项目安全条件论证与安全预评价

第七条 下列建设项目在进行可行性研究时，生产经营单位应当分别对其安全生产条件进行论证和安全预评价：

（一）非煤矿矿山建设项目；

（二）生产、储存危险化学品（包括使用长输管道输送危险化学品，下同）的建设项目；

（三）生产、储存烟花爆竹的建设项目；

（四）化工、冶金、有色、建材、机械、轻工、纺织、烟草、商贸、军工、公路、水运、轨道交通、电力等行业的国家和省级重点建设项目；

（五）法律、行政法规和国务院规定的其他建设项目。

第八条 生产经营单位对本办法第七条规定的建设项目进行安全条件论证时，应当编制安全条件论证报告。安全条件论证报告应当包括下列内容：

（一）建设项目内在的危险和有害因素及对安全生产的影响；

（二）建设项目与周边设施（单位）生产、经营活动和居民生活在安全方面的相互影响；

（三）当地自然条件对建设项目安全生产的影响；

（四）其他需要论证的内容。

第九条　生产经营单位应当委托具有相应资质的安全评价机构，对其建设项目进行安全预评价，并编制安全预评价报告。

建设项目安全预评价报告应当符合国家标准或者行业标准的规定。

生产、储存危险化学品的建设项目安全预评价报告除符合本条第二款的规定外，还应当符合有关危险化学品建设项目的规定。

第十条　本办法第七条规定以外的其他建设项目，生产经营单位应当对其安全生产条件和设施进行综合分析，形成书面报告，并按照本办法第五条的规定报安全生产监督管理部门备案。

第三章　建设项目安全设施设计审查

第十一条　生产经营单位在建设项目初步设计时，应当委托有相应资质的设计单位对建设项目安全设施进行设计，编制安全专篇。

安全设施设计必须符合有关法律、法规、规章和国家标准或者行业标准、技术规范的规定，并尽可能采用先进适用的工艺、技术和可靠的设备、设施。本办法第七条规定的建设项目安全设施设计还应当充分考虑建设项目安全预评价报告提出的安全对策措施。

安全设施设计单位、设计人应当对其编制的设计文件负责。

第十二条　建设项目安全专篇应当包括下列内容：

（一）设计依据；

（二）建设项目概述；

（三）建设项目涉及的危险、有害因素和危险、有害程度及周边环境安全分析；

（四）建筑及场地布置；

（五）重大危险源分析及检测监控；

（六）安全设施设计采取的防范措施；

（七）安全生产管理机构设置或者安全生产管理人员配备情况；

（八）从业人员教育培训情况；

（九）工艺、技术和设备、设施的先进性和可靠性分析；

（十）安全设施专项投资概算；

（十一）安全预评价报告中的安全对策及建议采纳情况；

（十二）预期效果以及存在的问题与建议；

（十三）可能出现的事故预防及应急救援措施；

（十四）法律、法规、规章、标准规定需要说明的其他事项。

第十三条　本办法第七条第（一）项、第（二）项、第（三）项规定的建设项目安全设施设计完成后，生产经营单位应当按照本办法第五条的规定向安全生产监督管理部门提出审查申请，并提交下列文件资料：

（一）建设项目审批、核准或者备案的文件；

（二）建设项目安全设施设计审查申请；

（三）设计单位的设计资质证明文件；

（四）建设项目初步设计报告及安全专篇；

（五）建设项目安全预评价报告及相关文件资料；

（六）法律、行政法规、规章规定的其他文件资料。

安全生产监督管理部门收到申请后，对属于本部门职责范围内的，应当及时进行审查，并在收到申请后5个工作日内作出受理或者不予受理的决定，书面告知申请人；对不属于本部门职责范围内的，应当将有关文件资料转送有审查权的安全生产监督管理部门，并书面告知申请人。

本办法第七条第（四）项规定的建设项目安全设施设计完成后，生产经营单位应当按照本办法第五条的规定向安全生产监督管理部门备案，并提交下列文件资料：

（一）建设项目审批、核准或者备案的文件；

（二）建设项目初步设计报告及安全专篇；

（三）建设项目安全预评价报告及相关文件资料。

第十四条　对已经受理的建设项目安全设施设计审查申请，安全生产监督管理部门应当自受理之日起 20 个工作日内作出是否批准的决定，并书面告知申请人。20 个工作日内不能作出决定的，经本部门负责人批准，可以延长 10 个工作日，并应当将延长期限的理由书面告知申请人。

第十五条　建设项目安全设施设计有下列情形之一的，不予批准，并不得开工建设：

（一）无建设项目审批、核准或者备案文件的；

（二）未委托具有相应资质的设计单位进行设计的；

（三）安全预评价报告由未取得相应资质的安全评价机构编制的；

（四）未按照有关安全生产的法律、法规、规章和国家标准或者行业标准、技术规范的规定进行设计的；

（五）未采纳安全预评价报告中的安全对策和建议，且未作充分论证说明的；

（六）不符合法律、行政法规规定的其他条件的。

建设项目安全设施设计审查未予批准的，生产经营单位经过整改后可以向原审查部门申请再审。

第十六条　已经批准的建设项目及其安全设施设计有下列情形之一的，生产经营单位应当报原批准部门审查同意；未经审查同意的，不得开工建设：

（一）建设项目的规模、生产工艺、原料、设备发生重大变更的；

（二）改变安全设施设计且可能降低安全性能的；

（三）在施工期间重新设计的。

第十七条　本办法第七条规定以外的建设项目安全设施设计，由生产经营单位组织审查，形成书面报告，并按照本办法第五条的规定报安全生产监督管理部门备案。

第四章　建设项目安全设施施工和竣工验收

第十八条　建设项目安全设施的施工应当由取得相应资质的施工单位进行，并与建设项目主体工程同时施工。

施工单位应当在施工组织设计中编制安全技术措施和施工现场临时用电方案，同时对危险性较大的分部分项工程依法编制专项施工方案，并附具安全验算结果，经施工单位技术负责人、总监理工程师签字后实施。

施工单位应当严格按照安全设施设计和相关施工技术标准、规范施工，并对安全设施的工程质量负责。

第十九条　施工单位发现安全设施设计文件有错漏的，应当及时向生产经营单位、设计单位提出。生产经营单位、设计单位应当及时处理。

施工单位发现安全设施存在重大事故隐患时，应当立即停止施工并报告生产经营单位进行整改。整改合格后，方可恢复施工。

第二十条　工程监理单位应当审查施工组织设计中的安全技术措施或者专项施工方案是否符合工程建设强制性标准。

工程监理单位在实施监理过程中，发现存在事故隐患的，应当要求施工单位整改；情况严重的，应当要求施工单位暂时停止施工，并及时报告生产经营单位。施工单位拒不整改或者不停止施工的，工程监理单位应当及时向有关主管部门报告。

工程监理单位、监理人员应当按照法律、法规和工程建设强制性标准实施监理，并对安全设施工程的工程质量承担监理责任。

第二十一条　建设项目安全设施建成后，生产经营单位应当对安全设施进行检查，对发现的问题及时整改。

第二十二条　本办法第七条规定的建设项目竣工后，根据规定建设项目需要试运行（包括生产、使用，下同）的，应当在正式投入生产或者使用前进行试运行。

试运行时间应当不少于 30 天，最长不得超过 180 天，国家有关部门有规定或者特殊要求的行业除外。

生产、储存危险化学品的建设项目，应当在建设项目试运行前将试运行方案报负责建设项目安全许可的安全生产监督管理部门备案。

第二十三条　建设项目安全设施竣工或者试运行完成后，生产经营单位应当委托具有相应资质的安全评价机构对安全设施进行验收评价，并编制建设项目安全验收评价报告。

建设项目安全验收评价报告应当符合国家标准或者行业标准的规定。

生产、储存危险化学品的建设项目安全验收评价报告除符合本条第二款的规定外，还应当符合有关危险化学品建设项目的规定。

第二十四条　本办法第七条第（一）项、第（二）项、第（三）项规定的建设项目竣工投入生产或者使用前，生产经营单位应当按照本办法第五条的规定向安全生产监督管理部门申请安全设施竣工验收，并提交下列文件资料：

（一）安全设施竣工验收申请；

（二）安全设施设计审查意见书（复印件）；

（三）施工单位的资质证明文件（复印件）；

（四）建设项目安全验收评价报告及其存在问题的整改确认

材料；

（五）安全生产管理机构设置或者安全生产管理人员配备情况；

（六）从业人员安全培训教育及资格情况；

（七）法律、行政法规、规章规定的其他文件资料。

安全设施需要试运行（生产、使用）的，还应当提供自查报告。

安全生产监督管理部门收到申请后，对属于本部门职责范围内的，应当及时审查，并在收到申请后 5 个工作日内作出受理或者不予受理的决定，并书面告知申请人；对不属于本部门职责范围内的，应当将有关文件资料转送有审查权的安全生产监督管理部门，并书面告知申请人。

本办法第七条第（四）项规定的建设项目竣工投入生产或者使用前，生产经营单位应当按照本办法第五条的规定向安全生产监督管理部门备案，并提交下列文件资料：

（一）安全设施设计备案意见书（复印件）；

（二）施工单位的施工资质证明文件（复印件）；

（三）建设项目安全验收评价报告及其存在问题的整改确认材料；

（四）安全生产管理机构设置或者安全生产管理人员配备情况；

（五）从业人员安全教育培训及资格情况。

安全设施需要试运行（生产、使用）的，还应当提供自查报告。

第二十五条 对已经受理的建设项目安全设施竣工验收申请，安全生产监督管理部门应当自受理之日起 20 个工作日内作出是否合格的决定，并书面告知申请人。20 个工作日内不能作出决定的，经本部门负责人批准，可以延长 10 个工作日，并应当将延长期限的理由书面告知申请人。

第二十六条　建设项目的安全设施有下列情形之一的，竣工验收不合格，并不得投入生产或者使用：

（一）未选择具有相应资质的施工单位施工的；

（二）未按照建设项目安全设施设计文件施工或者施工质量未达到建设项目安全设施设计文件要求的；

（三）建设项目安全设施的施工不符合国家有关施工技术标准的；

（四）未选择具有相应资质的安全评价机构进行安全验收评价或者安全验收评价不合格的；

（五）安全设施和安全生产条件不符合有关安全生产法律、法规、规章和国家标准或者行业标准、技术规范规定的；

（六）发现建设项目试运行期间存在事故隐患未整改的；

（七）未依法设置安全生产管理机构或者配备安全生产管理人员的；

（八）从业人员未经过安全教育培训或者不具备相应资格的；

（九）不符合法律、行政法规规定的其他条件的。

建设项目安全设施竣工验收未通过的，生产经营单位经过整改后可以向原验收部门再次申请验收。

第二十七条　本办法第七条规定以外的建设项目安全设施竣工验收，由生产经营单位组织实施，形成书面报告，并按照本办法第五条的规定报安全生产监督管理部门备案。

第二十八条　生产经营单位应当按照档案管理的规定，建立建设项目安全设施"三同时"文件资料档案，并妥善保存。

第二十九条　建设项目安全设施未与主体工程同时设计、同时施工或者同时投入使用的，安全生产监督管理部门对与此有关的行政许可一律不予审批，同时责令生产经营单位立即停止施工、限期改正违法行为，对有关生产经营单位和人员依法给予行政处罚。

第五章　法律责任

第三十条　建设项目安全设施"三同时"违反本办法的规定，安全生产监督管理部门及其工作人员给予审批通过或者颁发有关许可证的，依法给予行政处分。

第三十一条　生产经营单位违反本办法的规定，对本办法第七条规定的建设项目未进行安全生产条件论证和安全预评价的，给予警告，可以并处1万元以上3万元以下的罚款。

生产经营单位违反本办法的规定，对本办法第七条规定以外的建设项目未进行安全生产条件和设施综合分析，形成书面报告，并报安全生产监督管理部门备案的，给予警告，可以并处5000元以上2万元以下的罚款。

第三十二条　本办法第七条第（一）项、第（二）项、第（三）项规定的建设项目有下列情形之一的，责令限期改正；逾期未改正的，责令停止建设或者停产停业整顿，可以并处5万元以下的罚款：

（一）没有安全设施设计或者安全设施设计未按照规定报经安全生产监督管理部门审查同意，擅自开工的；

（二）施工单位未按照批准的安全设施设计施工的；

（三）投入生产或者使用前，安全设施未经验收合格的。

第三十三条　本办法第七条第（四）项规定的建设项目有下列情形之一的，给予警告，并处1万元以上3万元以下的罚款：

（一）没有安全设施设计或者安全设施设计未按照规定向安全生产监督管理部门备案的；

（二）施工单位未按照安全设施设计施工的；

（三）投入生产或者使用前，安全设施竣工验收情况未按照规定向安全生产监督管理部门备案的。

第三十四条　已经批准的建设项目安全设施设计发生重大变更，生产经营单位未报原批准部门审查同意擅自开工建设的，责令限期改正，可以并处 1 万元以上 3 万元以下的罚款。

第三十五条　本办法第七条规定以外的建设项目有下列情形之一的，对生产经营单位责令限期改正，可以并处 5000 元以上 3 万元以下的罚款：

（一）没有安全设施设计的；

（二）安全设施设计未组织审查，形成书面审查报告，并报安全生产监督管理部门备案的；

（三）施工单位未按照安全设施设计施工的；

（四）未组织安全设施竣工验收，形成书面报告，并报安全生产监督管理部门备案的。

第三十六条　承担建设项目安全评价的机构弄虚作假、出具虚假报告，尚未构成犯罪的，没收违法所得，违法所得在 5000 元以上的，并处违法所得二倍以上五倍以下的罚款；没有违法所得或者违法所得不足 5000 元的，单处或者并处 5000 元以上 2 万元以下的罚款，对其直接负责的主管人员和其他直接责任人员处 5000 元以上 5 万元以下的罚款；给他人造成损害的，与生产经营单位承担连带赔偿责任。

对有前款违法行为的机构，撤销其相应资格。

第三十七条　本办法规定的行政处罚由安全生产监督管理部门决定。法律、行政法规对行政处罚的种类、幅度和决定机关另有规定的，依照其规定。

安全生产监督管理部门对应当由其他有关部门进行处理的"三同时"问题，应当及时移送有关部门并形成记录备查。

第六章　附　　则

第三十八条　本办法自 2011 年 2 月 1 日起施行。

12. 危险化学品安全管理条例

第一章 总 则

第一条 为了加强危险化学品的安全管理，预防和减少危险化学品事故，保障人民群众生命财产安全，保护环境，制定本条例。

第二条 危险化学品生产、储存、使用、经营和运输的安全管理，适用本条例。

废弃危险化学品的处置，依照有关环境保护的法律、行政法规和国家有关规定执行。

第三条 本条例所称危险化学品，是指具有毒害、腐蚀、爆炸、燃烧、助燃等性质，对人体、设施、环境具有危害的剧毒化学品和其他化学品。

危险化学品目录，由国务院安全生产监督管理部门会同国务院工业和信息化、公安、环境保护、卫生、质量监督检验检疫、交通运输、铁路、民用航空、农业主管部门，根据化学品危险特性的鉴别和分类标准确定、公布，并适时调整。

第四条 危险化学品安全管理，应当坚持安全第一、预防为主、综合治理的方针，强化和落实企业的主体责任。

生产、储存、使用、经营、运输危险化学品的单位（以下统称危险化学品单位）的主要负责人对本单位的危险化学品安全管理工作全面负责。

危险化学品单位应当具备法律、行政法规规定和国家标准、行业标准要求的安全条件，建立、健全安全管理规章制度和岗位安全责任制度，对从业人员进行安全教育、法制教育和岗位技术培训。从业人员应当接受教育和培训，考核合格后上岗作业；对有资格要求的岗位，应当配备依法取得相应资格的人员。

第五条　任何单位和个人不得生产、经营、使用国家禁止生产、经营、使用的危险化学品。

国家对危险化学品的使用有限制性规定的，任何单位和个人不得违反限制性规定使用危险化学品。

第六条　对危险化学品的生产、储存、使用、经营、运输实施安全监督管理的有关部门（以下统称负有危险化学品安全监督管理职责的部门），依照下列规定履行职责：

（一）安全生产监督管理部门负责危险化学品安全监督管理综合工作，组织确定、公布、调整危险化学品目录，对新建、改建、扩建生产、储存危险化学品（包括使用长输管道输送危险化学品，下同）的建设项目进行安全条件审查，核发危险化学品安全生产许可证、危险化学品安全使用许可证和危险化学品经营许可证，并负责危险化学品登记工作。

（二）公安机关负责危险化学品的公共安全管理，核发剧毒化学品购买许可证、剧毒化学品道路运输通行证，并负责危险化学品运输车辆的道路交通安全管理。

（三）质量监督检验检疫部门负责核发危险化学品及其包装物、容器（不包括储存危险化学品的固定式大型储罐，下同）生产企业的工业产品生产许可证，并依法对其产品质量实施监督，负责对进出口危险化学品及其包装实施检验。

（四）环境保护主管部门负责废弃危险化学品处置的监督管理，组织危险化学品的环境危害性鉴定和环境风险程度评估，确定实施重点环境管理的危险化学品，负责危险化学品环境管理登记和新化学物质环境管理登记；依照职责分工调查相关危险化学品环境污染事故和生态破坏事件，负责危险化学品事故现场的应急环境监测。

（五）交通运输主管部门负责危险化学品道路运输、水路运输的许可以及运输工具的安全管理，对危险化学品水路运输安全实施监督，负责危险化学品道路运输企业、水路运输企业驾驶人员、船员、装卸管理人员、押运人员、申报人员、集装箱装箱现场检查员的资格认定。铁路监管部门负责危险化学品铁路运输及其运输工具的安全管理。民用航空主管部门负责危险化学品航空运输以及航空运输企业及其运输工具的安全管理。

（六）卫生主管部门负责危险化学品毒性鉴定的管理，负责组织、协调危险化学品事故受伤人员的医疗卫生救援工作。

（七）工商行政管理部门依据有关部门的许可证件，核发危险化学品生产、储存、经营、运输企业营业执照，查处危险化学品经营企业违法采购危险化学品的行为。

（八）邮政管理部门负责依法查处寄递危险化学品的行为。

第七条 负有危险化学品安全监督管理职责的部门依法进行监督检查，可以采取下列措施：

（一）进入危险化学品作业场所实施现场检查，向有关单位和人员了解情况，查阅、复制有关文件、资料；

（二）发现危险化学品事故隐患，责令立即消除或者限期消除；

（三）对不符合法律、行政法规、规章规定或者国家标准、行业标准要求的设施、设备、装置、器材、运输工具，责令立即停止使用；

（四）经本部门主要负责人批准，查封违法生产、储存、使用、经营危险化学品的场所，扣押违法生产、储存、使用、经营、运输的危险化学品以及用于违法生产、使用、运输危险化学品的原材料、设备、运输工具；

（五）发现影响危险化学品安全的违法行为，当场予以纠正或者责令限期改正。

负有危险化学品安全监督管理职责的部门依法进行监督检查，监督检查人员不得少于 2 人，并应当出示执法证件；有关单位和个人对依法进行的监督检查应当予以配合，不得拒绝、阻碍。

第八条 县级以上人民政府应当建立危险化学品安全监督管理工作协调机制，支持、督促负有危险化学品安全监督管理职责的部门依法履行职责，协调、解决危险化学品安全监督管理工作中的重大问题。

负有危险化学品安全监督管理职责的部门应当相互配合、密切协作，依法加强对危险化学品的安全监督管理。

第九条 任何单位和个人对违反本条例规定的行为，有权向负有危险化学品安全监督管理职责的部门举报。负有危险化学品安全监督管理职责的部门接到举报，应当及时依法处理；对不属于本部门职责的，应当及时移送有关部门处理。

第十条 国家鼓励危险化学品生产企业和使用危险化学品从事生产的企业采用有利于提高安全保障水平的先进技术、工艺、设备以及自动控制系统，鼓励对危险化学品实行专门储存、统一配送、集中销售。

第二章　生产、储存安全

第十一条 国家对危险化学品的生产、储存实行统筹规划、合理布局。

国务院工业和信息化主管部门以及国务院其他有关部门依据各自职责，负责危险化学品生产、储存的行业规划和布局。

地方人民政府组织编制城乡规划，应当根据本地区的实际情况，按照确保安全的原则，规划适当区域专门用于危险化学品的生产、储存。

第十二条 新建、改建、扩建生产、储存危险化学品的建设项目（以下简称建设项目），应当由安全生产监督管理部门进行安全条件审查。

建设单位应当对建设项目进行安全条件论证，委托具备国家规定的资质条件的机构对建设项目进行安全评价，并将安全条件论证和安全评价的情况报告报建设项目所在地设区的市级以上人民政府安全生产监督管理部门；安全生产监督管理部门应当自收到报告之日起 45 日内作出审查决定，并书面通知建设单位。具体办法由国务院安全生产监督管理部门制定。

新建、改建、扩建储存、装卸危险化学品的港口建设项目，由港口行政管理部门按照国务院交通运输主管部门的规定进行安全条件审查。

第十三条 生产、储存危险化学品的单位，应当对其铺设的危险化学品管道设置明显标志，并对危险化学品管道定期检查、检测。

进行可能危及危险化学品管道安全的施工作业，施工单位应当在开工的 7 日前书面通知管道所属单位，并与管道所属单位共同制定应急预案，采取相应的安全防护措施。管道所属单位应当指派专门人员到现场进行管道安全保护指导。

第十四条 危险化学品生产企业进行生产前，应当依照《安全生产许可证条例》的规定，取得危险化学品安全生产许可证。

生产列入国家实行生产许可证制度的工业产品目录的危险化学品的企业，应当依照《中华人民共和国工业产品生产许可证管理条例》的规定，取得工业产品生产许可证。

负责颁发危险化学品安全生产许可证、工业产品生产许可证的部门，应当将其颁发许可证的情况及时向同级工业和信息化主管部门、环境保护主管部门和公安机关通报。

第十五条　危险化学品生产企业应当提供与其生产的危险化学品相符的化学品安全技术说明书，并在危险化学品包装（包括外包装件）上粘贴或者拴挂与包装内危险化学品相符的化学品安全标签。化学品安全技术说明书和化学品安全标签所载明的内容应当符合国家标准的要求。

危险化学品生产企业发现其生产的危险化学品有新的危险特性的，应当立即公告，并及时修订其化学品安全技术说明书和化学品安全标签。

第十六条　生产实施重点环境管理的危险化学品的企业，应当按照国务院环境保护主管部门的规定，将该危险化学品向环境中释放等相关信息向环境保护主管部门报告。环境保护主管部门可以根据情况采取相应的环境风险控制措施。

第十七条　危险化学品的包装应当符合法律、行政法规、规章的规定以及国家标准、行业标准的要求。

危险化学品包装物、容器的材质以及危险化学品包装的型式、规格、方法和单件质量（重量），应当与所包装的危险化学品的性质和用途相适应。

第十八条　生产列入国家实行生产许可证制度的工业产品目录的危险化学品包装物、容器的企业，应当依照《中华人民共和国工业产品生产许可证管理条例》的规定，取得工业产品生产许可证；其生产的危险化学品包装物、容器经国务院质量监督检验检疫部门认定的检验机构检验合格，方可出厂销售。

运输危险化学品的船舶及其配载的容器，应当按照国家船舶检验规范进行生产，并经海事管理机构认定的船舶检验机构检验合格，方可投入使用。

对重复使用的危险化学品包装物、容器，使用单位在重复使用前应当进行检查；发现存在安全隐患的，应当维修或者更换。使用单位应当对检查情况作出记录，记录的保存期限不得少于

2 年。

第十九条　危险化学品生产装置或者储存数量构成重大危险源的危险化学品储存设施（运输工具加油站、加气站除外），与下列场所、设施、区域的距离应当符合国家有关规定：

（一）居住区以及商业中心、公园等人员密集场所；

（二）学校、医院、影剧院、体育场（馆）等公共设施；

（三）饮用水源、水厂以及水源保护区；

（四）车站、码头（依法经许可从事危险化学品装卸作业的除外）、机场以及通信干线、通信枢纽、铁路线路、道路交通干线、水路交通干线、地铁风亭以及地铁站出入口；

（五）基本农田保护区、基本草原、畜禽遗传资源保护区、畜禽规模化养殖场（养殖小区）、渔业水域以及种子、种畜禽、水产苗种生产基地；

（六）河流、湖泊、风景名胜区、自然保护区；

（七）军事禁区、军事管理区；

（八）法律、行政法规规定的其他场所、设施、区域。

已建的危险化学品生产装置或者储存数量构成重大危险源的危险化学品储存设施不符合前款规定的，由所在地设区的市级人民政府安全生产监督管理部门会同有关部门监督其所属单位在规定期限内进行整改；需要转产、停产、搬迁、关闭的，由本级人民政府决定并组织实施。

储存数量构成重大危险源的危险化学品储存设施的选址，应当避开地震活动断层和容易发生洪灾、地质灾害的区域。

本条例所称重大危险源，是指生产、储存、使用或者搬运危险化学品，且危险化学品的数量等于或者超过临界量的单元（包括场所和设施）。

第二十条　生产、储存危险化学品的单位，应当根据其生产、储存的危险化学品的种类和危险特性，在作业场所设置相应的监测、监控、通风、防晒、调温、防火、灭火、防爆、泄压、防毒、中和、防潮、防雷、防静电、防腐、防泄漏以及防护围堤或者隔离操作等安全设施、设备，并按照国家标准、行业标准或者国家有关规定对安全设施、设备进行经常性维护、保养，保证安全设施、设备的正常使用。

生产、储存危险化学品的单位，应当在其作业场所和安全设施、设备上设置明显的安全警示标志。

第二十一条　生产、储存危险化学品的单位，应当在其作业场所设置通信、报警装置，并保证处于适用状态。

第二十二条　生产、储存危险化学品的企业，应当委托具备国家规定的资质条件的机构，对本企业的安全生产条件每 3 年进行一次安全评价，提出安全评价报告。安全评价报告的内容应当包括对安全生产条件存在的问题进行整改的方案。

生产、储存危险化学品的企业，应当将安全评价报告以及整改方案的落实情况报所在地县级人民政府安全生产监督管理部门备案。在港区内储存危险化学品的企业，应当将安全评价报告以及整改方案的落实情况报港口行政管理部门备案。

第二十三条　生产、储存剧毒化学品或者国务院公安部门规定的可用于制造爆炸物品的危险化学品（以下简称易制爆危险化学品）的单位，应当如实记录其生产、储存的剧毒化学品、易制爆危险化学品的数量、流向，并采取必要的安全防范措施，防止剧毒化学品、易制爆危险化学品丢失或者被盗；发现剧毒化学品、易制爆危险化学品丢失或者被盗的，应当立即向当地公安机关报告。

生产、储存剧毒化学品、易制爆危险化学品的单位，应当设置治安保卫机构，配备专职治安保卫人员。

第二十四条　危险化学品应当储存在专用仓库、专用场地或者专用储存室（以下统称专用仓库）内，并由专人负责管理；剧毒化学品以及储存数量构成重大危险源的其他危险化学品，应当在专用仓库内单独存放，并实行双人收发、双人保管制度。

危险化学品的储存方式、方法以及储存数量应当符合国家标准或者国家有关规定。

第二十五条 储存危险化学品的单位应当建立危险化学品出入库核查、登记制度。

对剧毒化学品以及储存数量构成重大危险源的其他危险化学品，储存单位应当将其储存数量、储存地点以及管理人员的情况，报所在地县级人民政府安全生产监督管理部门（在港区内储存的，报港口行政管理部门）和公安机关备案。

第二十六条 危险化学品专用仓库应当符合国家标准、行业标准的要求，并设置明显的标志。储存剧毒化学品、易制爆危险化学品的专用仓库，应当按照国家有关规定设置相应的技术防范设施。

储存危险化学品的单位应当对其危险化学品专用仓库的安全设施、设备定期进行检测、检验。

第二十七条 生产、储存危险化学品的单位转产、停产、停业或者解散的，应当采取有效措施，及时、妥善处置其危险化学品生产装置、储存设施以及库存的危险化学品，不得丢弃危险化学品；处置方案应当报所在地县级人民政府安全生产监督管理部门、工业和信息化主管部门、环境保护主管部门和公安机关备案。安全生产监督管理部门应当会同环境保护主管部门和公安机关对处置情况进行监督检查，发现未依照规定处置的，应当责令其立即处置。

第三章　使用安全

第二十八条 使用危险化学品的单位，其使用条件（包括工艺）应当符合法律、行政法规的规定和国家标准、行业标准的要求，并根据所使用的危险化学品的种类、危险特性以及使用量和使用方式，建立、健全使用危险化学品的安全管理规章制度和安全操作规程，保证危险化学品的安全使用。

第二十九条 使用危险化学品从事生产并且使用量达到规定数量的化工企业（属于危险化学品生产企业的除外，下同），应当依照本条例的规定取得危险化学品安全使用许可证。

前款规定的危险化学品使用量的数量标准，由国务院安全生产监督管理部门会同国务院公安部门、农业主管部门确定并公布。

第三十条 申请危险化学品安全使用许可证的化工企业，除应当符合本条例第二十八条的规定外，还应当具备下列条件：

（一）有与所使用的危险化学品相适应的专业技术人员；

（二）有安全管理机构和专职安全管理人员；

（三）有符合国家规定的危险化学品事故应急预案和必要的应急救援器材、设备；

（四）依法进行了安全评价。

第三十一条 申请危险化学品安全使用许可证的化工企业，应当向所在地设区的市级人民政府安全生产监督管理部门提出申请，并提交其符合本条例第三十条规定条件的证明材料。设区的市级人民政府安全生产监督管理部门应当依法进行审查，自收到证明材料之日起45日内作出批准或者不予批准的决定。予以批准的，颁发危险化学品安全使用许可证；不予批准的，书面通知申请人并说明理由。

安全生产监督管理部门应当将其颁发危险化学品安全使用许可证的情况及时向同级环境保护主管部门和公安机关通报。

第三十二条 本条例第十六条关于生产实施重点环境管理的危险化学品的企业的规定，适用于使用实施重点环境管理的危险化学品从事生产的企业；第二十条、第二十一条、第二十三条第一款、第二十七条关于生产、储存危险化学品的单位的规定，适用于使用危险化学品的单位；第二十二条关于生产、储存危险化学品的企业的规定，适用于使用危险化学品从事生产的企业。

第四章　经营安全

第三十三条　国家对危险化学品经营（包括仓储经营，下同）实行许可制度。未经许可，任何单位和个人不得经营危险化学品。

依法设立的危险化学品生产企业在其厂区范围内销售本企业生产的危险化学品，不需要取得危险化学品经营许可。

依照《中华人民共和国港口法》的规定取得港口经营许可证的港口经营人，在港区内从事危险化学品仓储经营，不需要取得危险化学品经营许可。

第三十四条　从事危险化学品经营的企业应当具备下列条件：

（一）有符合国家标准、行业标准的经营场所，储存危险化学品的，还应当有符合国家标准、行业标准的储存设施；

（二）从业人员经过专业技术培训并经考核合格；

（三）有健全的安全管理规章制度；

（四）有专职安全管理人员；

（五）有符合国家规定的危险化学品事故应急预案和必要的应急救援器材、设备；

（六）法律、法规规定的其他条件。

第三十五条　从事剧毒化学品、易制爆危险化学品经营的企业，应当向所在地设区的市级人民政府安全生产监督管理部门提出申请，从事其他危险化学品经营的企业，应当向所在地县级人民政府安全生产监督管理部门提出申请（有储存设施的，应当向所在地设区的市级人民政府安全生产监督管理部门提出申请）。申请人应当提交其符合本条例第三十四条规定条件的证明材料。设区的市级人民政府安全生产监督管理部门或者县级人民政府安全生产监督管理部门应当依法进行审查，并对申请人的经营场所、储存设施进行现场核查，自收到证明材料之日起 30 日内作出批准或者不予批准的决定。予以批准的，颁发危险化学品经营许可证；不予批准的，书面通知申请人并说明理由。

设区的市级人民政府安全生产监督管理部门和县级人民政府安全生产监督管理部门应当将其颁发危险化学品经营许可证的情况及时向同级环境保护主管部门和公安机关通报。

申请人持危险化学品经营许可证向工商行政管理部门办理登记手续后，方可从事危险化学品经营活动。法律、行政法规或者国务院规定经营危险化学品还需要经其他有关部门许可的，申请人向工商行政管理部门办理登记手续时还应当持相应的许可证件。

第三十六条　危险化学品经营企业储存危险化学品的，应当遵守本条例第二章关于储存危险化学品的规定。危险化学品商店内只能存放民用小包装的危险化学品。

第三十七条　危险化学品经营企业不得向未经许可从事危险化学品生产、经营活动的企业采购危险化学品，不得经营没有化学品安全技术说明书或者化学品安全标签的危险化学品。

第三十八条　依法取得危险化学品安全生产许可证、危险化学品安全使用许可证、危险化学品经营许可证的企业，凭相应的许可证件购买剧毒化学品、易制爆危险化学品。民用爆炸物品生产企业凭民用爆炸物品生产许可证购买易制爆危险化学品。

前款规定以外的单位购买剧毒化学品的，应当向所在地县级人民政府公安机关申请取得剧毒化学品购买许可证；购买易制爆危险化学品的，应当持本单位出具的合法用途说明。

个人不得购买剧毒化学品（属于剧毒化学品的农药除外）和易制爆危险化学品。

第三十九条　申请取得剧毒化学品购买许可证，申请人应当向所在地县级人民政府公安机关提交下列材料：

（一）营业执照或者法人证书（登记证书）的复印件；

（二）拟购买的剧毒化学品品种、数量的说明；

（三）购买剧毒化学品用途的说明；

（四）经办人的身份证明。

县级人民政府公安机关应当自收到前款规定的材料之日起 3 日内，作出批准或者不予批准的决定。予以批准的，颁发剧毒化学品购买许可证；不予批准的，书面通知申请人并说明理由。

剧毒化学品购买许可证管理办法由国务院公安部门制定。

第四十条 危险化学品生产企业、经营企业销售剧毒化学品、易制爆危险化学品，应当查验本条例第三十八条第一款、第二款规定的相关许可证件或者证明文件，不得向不具有相关许可证件或者证明文件的单位销售剧毒化学品、易制爆危险化学品。对持剧毒化学品购买许可证购买剧毒化学品的，应当按照许可证载明的品种、数量销售。

禁止向个人销售剧毒化学品（属于剧毒化学品的农药除外）和易制爆危险化学品。

第四十一条 危险化学品生产企业、经营企业销售剧毒化学品、易制爆危险化学品，应当如实记录购买单位的名称、地址、经办人的姓名、身份证号码以及所购买的剧毒化学品、易制爆危险化学品的品种、数量、用途。销售记录以及经办人的身份证明复印件、相关许可证件复印件或者证明文件的保存期限不得少于 1 年。

剧毒化学品、易制爆危险化学品的销售企业、购买单位应当在销售、购买后 5 日内，将所销售、购买的剧毒化学品、易制爆危险化学品的品种、数量以及流向信息报所在地县级人民政府公安机关备案，并输入计算机系统。

第四十二条 使用剧毒化学品、易制爆危险化学品的单位不得出借、转让其购买的剧毒化学品、易制爆危险化学品；因转产、停产、搬迁、关闭等确需转让的，应当向具有本条例第三十八条第一款、第二款规定的相关许可证件或者证明文件的单位转让，并在转让后将有关情况及时向所在地县级人民政府公安机关报告。

第五章　运输安全

第四十三条　从事危险化学品道路运输、水路运输的，应当分别依照有关道路运输、水路运输的法律、行政法规的规定，取得危险货物道路运输许可、危险货物水路运输许可，并向工商行政管理部门办理登记手续。

危险化学品道路运输企业、水路运输企业应当配备专职安全管理人员。

第四十四条　危险化学品道路运输企业、水路运输企业的驾驶人员、船员、装卸管理人员、押运人员、申报人员、集装箱装箱现场检查员应当经交通运输主管部门考核合格，取得从业资格。具体办法由国务院交通运输主管部门制定。

危险化学品的装卸作业应当遵守安全作业标准、规程和制度，并在装卸管理人员的现场指挥或者监控下进行。水路运输危险化学品的集装箱装箱作业应当在集装箱装箱现场检查员的指挥或者监控下进行，并符合积载、隔离的规范和要求；装箱作业完毕后，集装箱装箱现场检查员应当签署装箱证明书。

第四十五条　运输危险化学品，应当根据危险化学品的危险特性采取相应的安全防护措施，并配备必要的防护用品和应急救援器材。

用于运输危险化学品的槽罐以及其他容器应当封口严密，能够防止危险化学品在运输过程中因温度、湿度或者压力的变化发生渗漏、洒漏；槽罐以及其他容器的溢流和泄压装置应当设置准确、起闭灵活。

运输危险化学品的驾驶人员、船员、装卸管理人员、押运人员、申报人员、集装箱装箱现场检查员，应当了解所运输的危险化学品的危险特性及其包装物、容器的使用要求和出现危险情况时的应急处置方法。

第四十六条 通过道路运输危险化学品的，托运人应当委托依法取得危险货物道路运输许可的企业承运。

第四十七条 通过道路运输危险化学品的，应当按照运输车辆的核定载质量装载危险化学品，不得超载。

危险化学品运输车辆应当符合国家标准要求的安全技术条件，并按照国家有关规定定期进行安全技术检验。

危险化学品运输车辆应当悬挂或者喷涂符合国家标准要求的警示标志。

第四十八条 通过道路运输危险化学品的，应当配备押运人员，并保证所运输的危险化学品处于押运人员的监控之下。

运输危险化学品途中因住宿或者发生影响正常运输的情况，需要较长时间停车的，驾驶人员、押运人员应当采取相应的安全防范措施；运输剧毒化学品或者易制爆危险化学品的，还应当向当地公安机关报告。

第四十九条 未经公安机关批准，运输危险化学品的车辆不得进入危险化学品运输车辆限制通行的区域。危险化学品运输车辆限制通行的区域由县级人民政府公安机关划定，并设置明显的标志。

第五十条 通过道路运输剧毒化学品的，托运人应当向运输始发地或者目的地县级人民政府公安机关申请剧毒化学品道路运输通行证。

申请剧毒化学品道路运输通行证，托运人应当向县级人民政府公安机关提交下列材料：

（一）拟运输的剧毒化学品品种、数量的说明；

（二）运输始发地、目的地、运输时间和运输路线的说明；

（三）承运人取得危险货物道路运输许可、运输车辆取得营运证以及驾驶人员、押运人员取得上岗资格的证明文件；

（四）本条例第三十八条第一款、第二款规定的购买剧毒化学品的相关许可证件，或者海关出具的进出口证明文件。

县级人民政府公安机关应当自收到前款规定的材料之日起7日内，作出批准或者不予批准的决定。予以批准的，颁发剧毒化学品道路运输通行证；不予批准的，书面通知申请人并说明理由。

剧毒化学品道路运输通行证管理办法由国务院公安部门制定。

第五十一条　剧毒化学品、易制爆危险化学品在道路运输途中丢失、被盗、被抢或者出现流散、泄漏等情况的，驾驶人员、押运人员应当立即采取相应的警示措施和安全措施，并向当地公安机关报告。公安机关接到报告后，应当根据实际情况立即向安全生产监督管理部门、环境保护主管部门、卫生主管部门通报。有关部门应当采取必要的应急处置措施。

第五十二条　通过水路运输危险化学品的，应当遵守法律、行政法规以及国务院交通运输主管部门关于危险货物水路运输安全的规定。

第五十三条　海事管理机构应当根据危险化学品的种类和危险特性，确定船舶运输危险化学品的相关安全运输条件。

拟交付船舶运输的化学品的相关安全运输条件不明确的，货物所有人或者代理人应当委托相关技术机构进行评估，明确相关安全运输条件并经海事管理机构确认后，方可交付船舶运输。

第五十四条　禁止通过内河封闭水域运输剧毒化学品以及国家规定禁止通过内河运输的其他危险化学品。

前款规定以外的内河水域，禁止运输国家规定禁止通过内河运输的剧毒化学品以及其他危险化学品。

禁止通过内河运输的剧毒化学品以及其他危险化学品的范围，由国务院交通运输主管部门会同国务院环境保护主管部门、工业和信息化主管部门、安全生产监督管理部门，根据危险化学品的危险特性、危险化学品对人体和水环境的危害程度以及消除危害后果的难易程度等因素规定并公布。

第五十五条 国务院交通运输主管部门应当根据危险化学品的危险特性，对通过内河运输本条例第五十四条规定以外的危险化学品（以下简称通过内河运输危险化学品）实行分类管理，对各类危险化学品的运输方式、包装规范和安全防护措施等分别作出规定并监督实施。

第五十六条 通过内河运输危险化学品，应当由依法取得危险货物水路运输许可的水路运输企业承运，其他单位和个人不得承运。托运人应当委托依法取得危险货物水路运输许可的水路运输企业承运，不得委托其他单位和个人承运。

第五十七条 通过内河运输危险化学品，应当使用依法取得危险货物适装证书的运输船舶。水路运输企业应当针对所运输的危险化学品的危险特性，制定运输船舶危险化学品事故应急救援预案，并为运输船舶配备充足、有效的应急救援器材和设备。

通过内河运输危险化学品的船舶，其所有人或者经营人应当取得船舶污染损害责任保险证书或者财务担保证明。船舶污染损害责任保险证书或者财务担保证明的副本应当随船携带。

第五十八条 通过内河运输危险化学品，危险化学品包装物的材质、型号、强度以及包装方法应当符合水路运输危险化学品包装规范的要求。国务院交通运输主管部门对单船运输的危险化学品数量有限制性规定的，承运人应当按照规定安排运输数量。

第五十九条 用于危险化学品运输作业的内河码头、泊位应当符合国家有关安全规范，与饮用水取水口保持国家规定的距离。有关管理单位应当制定码头、泊位危险化学品事故应急预案，并为码头、泊位配备充足、有效的应急救援器材和设备。

用于危险化学品运输作业的内河码头、泊位，经交通运输主管部门按照国家有关规定验收合格后方可投入使用。

第六十条　船舶载运危险化学品进出内河港口，应当将危险化学品的名称、危险特性、包装以及进出港时间等事项，事先报告海事管理机构。海事管理机构接到报告后，应当在国务院交通运输主管部门规定的时间内作出是否同意的决定，通知报告人，同时通报港口行政管理部门。定船舶、定航线、定货种的船舶可以定期报告。

在内河港口内进行危险化学品的装卸、过驳作业，应当将危险化学品的名称、危险特性、包装和作业的时间、地点等事项报告港口行政管理部门。港口行政管理部门接到报告后，应当在国务院交通运输主管部门规定的时间内作出是否同意的决定，通知报告人，同时通报海事管理机构。

载运危险化学品的船舶在内河航行，通过过船建筑物的，应当提前向交通运输主管部门申报，并接受交通运输主管部门的管理。

第六十一条　载运危险化学品的船舶在内河航行、装卸或者停泊，应当悬挂专用的警示标志，按照规定显示专用信号。

载运危险化学品的船舶在内河航行，按照国务院交通运输主管部门的规定需要引航的，应当申请引航。

第六十二条　载运危险化学品的船舶在内河航行，应当遵守法律、行政法规和国家其他有关饮用水水源保护的规定。内河航道发展规划应当与依法经批准的饮用水水源保护区划定方案相协调。

第六十三条　托运危险化学品的，托运人应当向承运人说明所托运的危险化学品的种类、数量、危险特性以及发生危险情况的应急处置措施，并按照国家有关规定对所托运的危险化学品妥善包装，在外包装上设置相应的标志。

运输危险化学品需要添加抑制剂或者稳定剂的，托运人应当添加，并将有关情况告知承运人。

第六十四条 托运人不得在托运的普通货物中夹带危险化学品，不得将危险化学品匿报或者谎报为普通货物托运。

任何单位和个人不得交寄危险化学品或者在邮件、快件内夹带危险化学品，不得将危险化学品匿报或者谎报为普通物品交寄。邮政企业、快递企业不得收寄危险化学品。

对涉嫌违反本条第一款、第二款规定的，交通运输主管部门、邮政管理部门可以依法开拆查验。

第六十五条 通过铁路、航空运输危险化学品的安全管理，依照有关铁路、航空运输的法律、行政法规、规章的规定执行。

第六章　危险化学品登记与事故应急救援

第六十六条 国家实行危险化学品登记制度，为危险化学品安全管理以及危险化学品事故预防和应急救援提供技术、信息支持。

第六十七条 危险化学品生产企业、进口企业，应当向国务院安全生产监督管理部门负责危险化学品登记的机构（以下简称危险化学品登记机构）办理危险化学品登记。

危险化学品登记包括下列内容：

（一）分类和标签信息；

（二）物理、化学性质；

（三）主要用途；

（四）危险特性；

（五）储存、使用、运输的安全要求；

（六）出现危险情况的应急处置措施。

对同一企业生产、进口的同一品种的危险化学品，不进行重复登记。危险化学品生产企业、进口企业发现其生产、进口的危险化学品有新的危险特性的，应当及时向危险化学品登记机构办理登记内容变更手续。

危险化学品登记的具体办法由国务院安全生产监督管理部门制定。

第六十八条　危险化学品登记机构应当定期向工业和信息化、环境保护、公安、卫生、交通运输、铁路、质量监督检验检疫等部门提供危险化学品登记的有关信息和资料。

第六十九条　县级以上地方人民政府安全生产监督管理部门应当会同工业和信息化、环境保护、公安、卫生、交通运输、铁路、质量监督检验检疫等部门，根据本地区实际情况，制定危险化学品事故应急预案，报本级人民政府批准。

第七十条　危险化学品单位应当制定本单位危险化学品事故应急预案，配备应急救援人员和必要的应急救援器材、设备，并定期组织应急救援演练。

危险化学品单位应当将其危险化学品事故应急预案报所在地设区的市级人民政府安全生产监督管理部门备案。

第七十一条　发生危险化学品事故，事故单位主要负责人应当立即按照本单位危险化学品应急预案组织救援，并向当地安全生产监督管理部门和环境保护、公安、卫生主管部门报告；道路运输、水路运输过程中发生危险化学品事故的，驾驶人员、船员或者押运人员还应当向事故发生地交通运输主管部门报告。

第七十二条　发生危险化学品事故，有关地方人民政府应当立即组织安全生产监督管理、环境保护、公安、卫生、交通运输等有关部门，按照本地区危险化学品事故应急预案组织实施救援，不得拖延、推诿。

有关地方人民政府及其有关部门应当按照下列规定，采取必要的应急处置措施，减少事故损失，防止事故蔓延、扩大：

（一）立即组织营救和救治受害人员，疏散、撤离或者采取其他措施保护危害区域内的其他人员；

（二）迅速控制危害源，测定危险化学品的性质、事故的危害区域及危害程度；

（三）针对事故对人体、动植物、土壤、水源、大气造成的现实危害和可能产生的危害，迅速采取封闭、隔离、洗消等措施；

（四）对危险化学品事故造成的环境污染和生态破坏状况进行监测、评估，并采取相应的环境污染治理和生态修复措施。

第七十三条 有关危险化学品单位应当为危险化学品事故应急救援提供技术指导和必要的协助。

第七十四条 危险化学品事故造成环境污染的，由设区的市级以上人民政府环境保护主管部门统一发布有关信息。

第七章 法律责任

第七十五条 生产、经营、使用国家禁止生产、经营、使用的危险化学品的，由安全生产监督管理部门责令停止生产、经营、使用活动，处 20 万元以上 50 万元以下的罚款，有违法所得的，没收违法所得；构成犯罪的，依法追究刑事责任。

有前款规定行为的，安全生产监督管理部门还应当责令其对所生产、经营、使用的危险化学品进行无害化处理。

违反国家关于危险化学品使用的限制性规定使用危险化学品的，依照本条第一款的规定处理。

第七十六条 未经安全条件审查，新建、改建、扩建生产、储存危险化学品的建设项目的，由安全生产监督管理部门责令停止建设，限期改正；逾期不改正的，处 50 万元以上 100 万元以下的罚款；构成犯罪的，依法追究刑事责任。

未经安全条件审查，新建、改建、扩建储存、装卸危险化学品的港口建设项目的，由港口行政管理部门依照前款规定予以处罚。

第七十七条 未依法取得危险化学品安全生产许可证从事危险化学品生产，或者未依法取得工业产品生产许可证从事危险化学品及其包装物、容器生产的，分别依照《安全生产许可证条例》、《中华人民共和国工业产品生产许可证管理条例》的规定处罚。

违反本条例规定，化工企业未取得危险化学品安全使用许可证，使用危险化学品从事生产的，由安全生产监督管理部门责令限期改正，处 10 万元以上 20 万元以下的罚款；逾期不改正的，责令停产整顿。

违反本条例规定，未取得危险化学品经营许可证从事危险化学品经营的，由安全生产监督管理部门责令停止经营活动，没收违法经营的危险化学品以及违法所得，并处 10 万元以上 20 万元以下的罚款；构成犯罪的，依法追究刑事责任。

第七十八条 有下列情形之一的，由安全生产监督管理部门责令改正，可以处 5 万元以下的罚款；拒不改正的，处 5 万元以上 10 万元以下的罚款；情节严重的，责令停产停业整顿：

（一）生产、储存危险化学品的单位未对其铺设的危险化学品管道设置明显的标志，或者未对危险化学品管道定期检查、检测的；

（二）进行可能危及危险化学品管道安全的施工作业，施工单位未按照规定书面通知管道所属单位，或者未与管道所属单位共同制定应急预案、采取相应的安全防护措施，或者管道所属单位未指派专门人员到现场进行管道安全保护指导的；

（三）危险化学品生产企业未提供化学品安全技术说明书，或者未在包装（包括外包装件）上粘贴、拴挂化学品安全标签的；

（四）危险化学品生产企业提供的化学品安全技术说明书与其生产的危险化学品不相符，或者在包装（包括外包装件）粘贴、拴挂的化学品安全标签与包装内危险化学品不相符，或者化学品安全技术说明书、化学品安全标签所载明的内容不符合国家标准要求的；

（五）危险化学品生产企业发现其生产的危险化学品有新的危险特性不立即公告，或者不及时修订其化学品安全技术说明书和化学品安全标签的；

（六）危险化学品经营企业经营没有化学品安全技术说明书和化学品安全标签的危险化学品的；

（七）危险化学品包装物、容器的材质以及包装的型式、规格、方法和单件质量（重量）与所包装的危险化学品的性质和用途不相适应的；

（八）生产、储存危险化学品的单位未在作业场所和安全设施、设备上设置明显的安全警示标志，或者未在作业场所设置通信、报警装置的；

（九）危险化学品专用仓库未设专人负责管理，或者对储存的剧毒化学品以及储存数量构成重大危险源的其他危险化学品未实行双人收发、双人保管制度的；

（十）储存危险化学品的单位未建立危险化学品出入库核查、登记制度的；

（十一）危险化学品专用仓库未设置明显标志的；

（十二）危险化学品生产企业、进口企业不办理危险化学品登记，或者发现其生产、进口的危险化学品有新的危险特性不办理危险化学品登记内容变更手续的。

从事危险化学品仓储经营的港口经营人有前款规定情形的，由港口行政管理部门依照前款规定予以处罚。储存剧毒化学品、易制爆危险化学品的专用仓库未按照国家有关规定设置相应的技术防范设施的，由公安机关依照前款规定予以处罚。

生产、储存剧毒化学品、易制爆危险化学品的单位未设置治安保卫机构、配备专职治安保卫人员的，依照《企业事业单位内部治安保卫条例》的规定处罚。

第七十九条　危险化学品包装物、容器生产企业销售未经检验或者经检验不合格的危险化学品包装物、容器的，由质量监督检验检疫部门责令改正，处10万元以上20万元以下的罚款，有违法所得的，没收违法所得；拒不改正的，责令停产停业整顿；构成犯罪的，依法追究刑事责任。

将未经检验合格的运输危险化学品的船舶及其配载的容器投入使用的，由海事管理机构依照前款规定予以处罚。

第八十条　生产、储存、使用危险化学品的单位有下列情形之一的，由安全生产监督管理部门责令改正，处5万元以上10万元以下的罚款；拒不改正的，责令停产停业整顿直至由原发证机关吊销其相关许可证件，并由工商行政管理部门责令其办理经营范围变更登记或者吊销其营业执照；有关责任人员构成犯罪的，依法追究刑事责任：

（一）对重复使用的危险化学品包装物、容器，在重复使用前不进行检查的；

（二）未根据其生产、储存的危险化学品的种类和危险特性，在作业场所设置相关安全设施、设备，或者未按照国家标准、行业标准或者国家有关规定对安全设施、设备进行经常性维护、保养的；

（三）未依照本条例规定对其安全生产条件定期进行安全评价的；

（四）未将危险化学品储存在专用仓库内，或者未将剧毒化学品以及储存数量构成重大危险源的其他危险化学品在专用仓库内单独存放的；

（五）危险化学品的储存方式、方法或者储存数量不符合国家标准或者国家有关规定的；

（六）危险化学品专用仓库不符合国家标准、行业标准的要求的；

（七）未对危险化学品专用仓库的安全设施、设备定期进行检测、检验的。

从事危险化学品仓储经营的港口经营人有前款规定情形的，由港口行政管理部门依照前款规定予以处罚。

第八十一条　有下列情形之一的，由公安机关责令改正，可以处 1 万元以下的罚款；拒不改正的，处 1 万元以上 5 万元以下的罚款：

（一）生产、储存、使用剧毒化学品、易制爆危险化学品的单位不如实记录生产、储存、使用的剧毒化学品、易制爆危险化学品的数量、流向的；

（二）生产、储存、使用剧毒化学品、易制爆危险化学品的单位发现剧毒化学品、易制爆危险化学品丢失或者被盗，不立即向公安机关报告的；

（三）储存剧毒化学品的单位未将剧毒化学品的储存数量、储存地点以及管理人员的情况报所在地县级人民政府公安机关备案的；

（四）危险化学品生产企业、经营企业不如实记录剧毒化学品、易制爆危险化学品购买单位的名称、地址、经办人的姓名、身份证号码以及所购买的剧毒化学品、易制爆危险化学品的品种、数量、用途，或者保存销售记录和相关材料的时间少于 1 年的；

（五）剧毒化学品、易制爆危险化学品的销售企业、购买单位未在规定的时限内将所销售、购买的剧毒化学品、易制爆危险化学品的品种、数量以及流向信息报所在地县级人民政府公安机关备案的；

（六）使用剧毒化学品、易制爆危险化学品的单位依照本条例规定转让其购买的剧毒化学品、易制爆危险化学品，未将有关情况向所在地县级人民政府公安机关报告的。

生产、储存危险化学品的企业或者使用危险化学品从事生产的企业未按照本条例规定将安全评价报告以及整改方案的落实情况报安全生产监督管理部门或者港口行政管理部门备案，或者储存危险化学品的单位未将其剧毒化学品以及储存数量构成重大危险源的其他危险化学品的储存数量、储存地点以及管理人员的情况报安全生产监督管理部门或者港口行政管理部门备案的，分别由安全生产监督管理部门或者港口行政管理部门依照前款规定予以处罚。

生产实施重点环境管理的危险化学品的企业或者使用实施重点环境管理的危险化学品从事生产的企业未按照规定将相关信息向环境保护主管部门报告的，由环境保护主管部门依照本条第一款的规定予以处罚。

第八十二条 生产、储存、使用危险化学品的单位转产、停产、停业或者解散，未采取有效措施及时、妥善处置其危险化学品生产装置、储存设施以及库存的危险化学品，或者丢弃危险化学品的，由安全生产监督管理部门责令改正，处5万元以上10万元以下的罚款；构成犯罪的，依法追究刑事责任。

生产、储存、使用危险化学品的单位转产、停产、停业或者解散，未依照本条例规定将其危险化学品生产装置、储存设施以及库存危险化学品的处置方案报有关部门备案的，分别由有关部门责令改正，可以处1万元以下的罚款；拒不改正的，处1万元以上5万元以下的罚款。

第八十三条 危险化学品经营企业向未经许可违法从事危险化学品生产、经营活动的企业采购危险化学品的，由工商行政管理部门责令改正，处10万元以上20万元以下的罚款；拒不改正的，责令停业整顿直至由原发证机关吊销其危险化学品经营许可证，并由工商行政管理部门责令其办理经营范围变更登记或者吊销其营业执照。

第八十四条 危险化学品生产企业、经营企业有下列情形之一的，由安全生产监督管理部门责令改正，没收违法所得，并处10万元以上20万元以下的罚款；拒不改正的，责令停产停业整顿直至吊销其危险化学品安全生产许可证、危险化学品经营许可证，并由工商行政管理部门责令其办理经营范围变更登记或者吊销其营业执照：

（一）向不具有本条例第三十八条第一款、第二款规定的相关许可证件或者证明文件的单位销售剧毒化学品、易制爆危险化学品的；

（二）不按照剧毒化学品购买许可证载明的品种、数量销售剧毒化学品的；

（三）向个人销售剧毒化学品（属于剧毒化学品的农药除外）、易制爆危险化学品的。

不具有本条例第三十八条第一款、第二款规定的相关许可证件或者证明文件的单位购买剧毒化学品、易制爆危险化学品，或者个人购买剧毒化学品（属于剧毒化学品的农药除外）、易制爆危险化学品的，由公安机关没收所购买的剧毒化学品、易制爆危险化学品，可以并处5000元以下的罚款。

使用剧毒化学品、易制爆危险化学品的单位出借或者向不具有本条例第三十八条第一款、第二款规定的相关许可证件的单位转让其购买的剧毒化学品、易制爆危险化学品，或者向个人转让其购买的剧毒化学品（属于剧毒化学品的农药除外）、易制爆危险化学品的，由公安机关责令改正，处10万元以上20万元以下的罚款；拒不改正的，责令停产停业整顿。

第八十五条 未依法取得危险货物道路运输许可、危险货物水路运输许可，从事危险化学品道路运输、水路运输的，分别依照有关道路运输、水路运输的法律、行政法规的规定处罚。

第八十六条　有下列情形之一的，由交通运输主管部门责令改正，处 5 万元以上 10 万元以下的罚款；拒不改正的，责令停产停业整顿；构成犯罪的，依法追究刑事责任：

（一）危险化学品道路运输企业、水路运输企业的驾驶人员、船员、装卸管理人员、押运人员、申报人员、集装箱装箱现场检查员未取得从业资格上岗作业的；

（二）运输危险化学品，未根据危险化学品的危险特性采取相应的安全防护措施，或者未配备必要的防护用品和应急救援器材的；

（三）使用未依法取得危险货物适装证书的船舶，通过内河运输危险化学品的；

（四）通过内河运输危险化学品的承运人违反国务院交通运输主管部门对单船运输的危险化学品数量的限制性规定运输危险化学品的；

（五）用于危险化学品运输作业的内河码头、泊位不符合国家有关安全规范，或者未与饮用水取水口保持国家规定的安全距离，或者未经交通运输主管部门验收合格投入使用的；

（六）托运人不向承运人说明所托运的危险化学品的种类、数量、危险特性以及发生危险情况的应急处置措施，或者未按照国家有关规定对所托运的危险化学品妥善包装并在外包装上设置相应标志的；

（七）运输危险化学品需要添加抑制剂或者稳定剂，托运人未添加或者未将有关情况告知承运人的。

第八十七条　有下列情形之一的，由交通运输主管部门责令改正，处 10 万元以上 20 万元以下的罚款，有违法所得的，没收违法所得；拒不改正的，责令停产停业整顿；构成犯罪的，依法追究刑事责任：

（一）委托未依法取得危险货物道路运输许可、危险货物水路运输许可的企业承运危险化学品的；

（二）通过内河封闭水域运输剧毒化学品以及国家规定禁止通过内河运输的其他危险化学品的；

（三）通过内河运输国家规定禁止通过内河运输的剧毒化学品以及其他危险化学品的；

（四）在托运的普通货物中夹带危险化学品，或者将危险化学品谎报或者匿报为普通货物托运的。

在邮件、快件内夹带危险化学品，或者将危险化学品谎报为普通物品交寄的，依法给予治安管理处罚；构成犯罪的，依法追究刑事责任。

邮政企业、快递企业收寄危险化学品的，依照《中华人民共和国邮政法》的规定处罚。

第八十八条　有下列情形之一的，由公安机关责令改正，处5万元以上10万元以下的罚款；构成违反治安管理行为的，依法给予治安管理处罚；构成犯罪的，依法追究刑事责任：

（一）超过运输车辆的核定载质量装载危险化学品的；

（二）使用安全技术条件不符合国家标准要求的车辆运输危险化学品的；

（三）运输危险化学品的车辆未经公安机关批准进入危险化学品运输车辆限制通行的区域的；

（四）未取得剧毒化学品道路运输通行证，通过道路运输剧毒化学品的。

第八十九条　有下列情形之一的，由公安机关责令改正，处1万元以上5万元以下的罚款；构成违反治安管理行为的，依法给予治安管理处罚：

（一）危险化学品运输车辆未悬挂或者喷涂警示标志，或者悬挂或者喷涂的警示标志不符合国家标准要求的；

（二）通过道路运输危险化学品，不配备押运人员的；

（三）运输剧毒化学品或者易制爆危险化学品途中需要较长时间停车，驾驶人员、押运人员不向当地公安机关报告的；

（四）剧毒化学品、易制爆危险化学品在道路运输途中丢失、被盗、被抢或者发生流散、泄露等情况，驾驶人员、押运人员不采取必要的警示措施和安全措施，或者不向当地公安机关报告的。

第九十条　对发生交通事故负有全部责任或者主要责任的危险化学品道路运输企业，由公安机关责令消除安全隐患，未消除安全隐患的危险化学品运输车辆，禁止上道路行驶。

第九十一条　有下列情形之一的，由交通运输主管部门责令改正，可以处 1 万元以下的罚款；拒不改正的，处 1 万元以上 5 万元以下的罚款：

（一）危险化学品道路运输企业、水路运输企业未配备专职安全管理人员的；

（二）用于危险化学品运输作业的内河码头、泊位的管理单位未制定码头、泊位危险化学品事故应急救援预案，或者未为码头、泊位配备充足、有效的应急救援器材和设备的。

第九十二条　有下列情形之一的，依照《中华人民共和国内河交通安全管理条例》的规定处罚：

（一）通过内河运输危险化学品的水路运输企业未制定运输船舶危险化学品事故应急救援预案，或者未为运输船舶配备充足、有效的应急救援器材和设备的；

（二）通过内河运输危险化学品的船舶的所有人或者经营人未取得船舶污染损害责任保险证书或者财务担保证明的；

（三）船舶载运危险化学品进出内河港口，未将有关事项事先报告海事管理机构并经其同意的；

（四）载运危险化学品的船舶在内河航行、装卸或者停泊，未悬挂专用的警示标志，或者未按照规定显示专用信号，或者未按照规定申请引航的。

未向港口行政管理部门报告并经其同意，在港口内进行危险化学品的装卸、过驳作业的，依照《中华人民共和国港口法》的规定处罚。

第九十三条 伪造、变造或者出租、出借、转让危险化学品安全生产许可证、工业产品生产许可证，或者使用伪造、变造的危险化学品安全生产许可证、工业产品生产许可证的，分别依照《安全生产许可证条例》、《中华人民共和国工业产品生产许可证管理条例》的规定处罚。

伪造、变造或者出租、出借、转让本条例规定的其他许可证，或者使用伪造、变造的本条例规定的其他许可证的，分别由相关许可证的颁发管理机关处 10 万元以上 20 万元以下的罚款，有违法所得的，没收违法所得；构成违反治安管理行为的，依法给予治安管理处罚；构成犯罪的，依法追究刑事责任。

第九十四条 危险化学品单位发生危险化学品事故，其主要负责人不立即组织救援或者不立即向有关部门报告的，依照《生产安全事故报告和调查处理条例》的规定处罚。

危险化学品单位发生危险化学品事故，造成他人人身伤害或者财产损失的，依法承担赔偿责任。

第九十五条 发生危险化学品事故，有关地方人民政府及其有关部门不立即组织实施救援，或者不采取必要的应急处置措施减少事故损失，防止事故蔓延、扩大的，对直接负责的主管人员和其他直接责任人员依法给予处分；构成犯罪的，依法追究刑事责任。

第九十六条 负有危险化学品安全监督管理职责的部门的工作人员，在危险化学品安全监督管理工作中滥用职权、玩忽职守、徇私舞弊，构成犯罪的，依法追究刑事责任；尚不构成犯罪的，依法给予处分。

第八章 附 则

第九十七条 监控化学品、属于危险化学品的药品和农药的安全管理，依照本条例的规定执行；法律、行政法规另有规定的，依照其规定。

民用爆炸物品、烟花爆竹、放射性物品、核能物质以及用于国防科研生产的危险化学品的安全管理，不适用本条例。

法律、行政法规对燃气的安全管理另有规定的，依照其规定。

危险化学品容器属于特种设备的，其安全管理依照有关特种设备安全的法律、行政法规的规定执行。

第九十八条 危险化学品的进出口管理，依照有关对外贸易的法律、行政法规、规章的规定执行；进口的危险化学品的储存、使用、经营、运输的安全管理，依照本条例的规定执行。

危险化学品环境管理登记和新化学物质环境管理登记，依照有关环境保护的法律、行政法规、规章的规定执行。危险化学品环境管理登记，按照国家有关规定收取费用。

第九十九条 公众发现、捡拾的无主危险化学品，由公安机关接收。公安机关接收或者有关部门依法没收的危险化学品，需要进行无害化处理的，交由环境保护主管部门组织其认定的专业单位进行处理，或者交由有关危险化学品生产企业进行处理。处理所需费用由国家财政负担。

第一百条 化学品的危险特性尚未确定的，由国务院安全生产监督管理部门、国务院环境保护主管部门、国务院卫生主管部门分别负责组织对该化学品的物理危险性、环境危害性、毒理特性进行鉴定。根据鉴定结果，需要调整危险化学品目录的，依照本条例第三条第二款的规定办理。

第一百零一条 本条例施行前已经使用危险化学品从事生产的化工企业，依照本条例规定需要取得危险化学品安全使用许可证的，应当在国务院安全生产监督管理部门规定的期限内，申请取得危险化学品安全使用许可证。

第一百零二条 本条例自 2011 年 12 月 1 日起施行。